Enzyklopädie der griechisch-römischen Antike

Enzyklopädie der griechisch-römischen Antike

Herausgegeben
von
Aloys Winterling

in Verbindung mit
Kai Brodersen, Martin Jehne
und Winfried Schmitz

Band 9

Militär und Kriegführung in der Antike

Von
Christian Mann

Oldenbourg Verlag München 2013

Bibliografische Information der Deutschen Nationalbibliothek

Die Deutsche Nationalbibliothek verzeichnet diese Publikation in der Deutschen Nationalbibliografie; detaillierte bibliografische Daten sind im Internet über <http://dnb.d-nb.de> abrufbar.

© 2013 Oldenbourg Wissenschaftsverlag GmbH, München
Rosenheimer Straße 143, 81671 München
Internet: oldenbourg.de

Das Werk einschließlich aller Abbildungen ist urheberrechtlich geschützt. Jede Verwertung außerhalb der Grenzen des Urheberrechtsgesetzes ist ohne Zustimmung des Verlages unzulässig und strafbar. Dies gilt insbesondere für Vervielfältigungen, Übersetzungen, Mikroverfilmungen und die Einspeicherung und Bearbeitung in elektronischen Systemen.

Umschlaggestaltung: hauserlacour
Gedruckt auf säurefreiem, alterungsbeständigem Papier (chlorfrei gebleicht).

Satz: le-tex publishing services GmbH, Leipzig
Druck und Bindung: Grafik+Druck, München

ISBN 978-3-486-59682-3
E-ISBN 978-3-486-74120-9

Vorwort

Die „Enzyklopädie der griechisch-römischen Antike" richtet sich an Studierende, Lehrende und Forschende der Geschichte, an interdisziplinär interessierte Wissenschaftlerinnen und Wissenschaftler benachbarter Fächer sowie an historisch interessierte Laien. Ihnen soll ein praktisches Hilfsmittel an die Hand gegeben werden, das auf knappem Raum einen forschungsnahen, problemorientierten Zugang zu zentralen Themenfeldern des griechisch-römischen Altertums eröffnet. Die einzelnen Bände orientieren sich an der bewährten Konzeption der Reihen „Grundriss der Geschichte" und „Enzyklopädie deutscher Geschichte" des Oldenbourg Verlags: Zunächst wird jeweils eine einführende Überblicksdarstellung des Gegenstandes gegeben. Es folgt eine Analyse der wissenschaftsgeschichtlich wichtigsten sowie der aktuellen Probleme, Diskussionen und Kontroversen der Forschung. Den Abschluss bildet eine auf den Forschungsteil bezogene, ausgewählte Bibliographie.

Die thematische Gliederung des Gesamtwerks geht aus von der strukturgeschichtlichen Bedeutung städtischer Bürgerschaften für Gesellschaft und Kultur der klassischen griechisch-römischen Antike. Behandelt werden daher – teils gemeinsam, teils getrennt für Griechenland und Rom – Haus und Familie als Grundeinheiten der Stadt, soziale Strukturen und politische Organisationsformen, die auf der Basis städtischer Siedlung entstanden, schließlich außerstädtische und stadtübergreifende politische Strukturen (Reiche, Monarchien) sowie Themenfelder, die auf mehreren der drei Ebenen in Erscheinung traten (Militär, Wirtschaft, Geschlechterrollen, Religion). Methodisch sind die Bände einer Sichtweise verpflichtet, die an der Besonderheit der griechisch-römischen Antike gegenüber anderen vormodernen und gegenüber modernen Gesellschaften interessiert ist und die daher mit der Übertragung von Begriffen und Konzepten, die für moderne Sachverhalte entwickelt wurden, auf antike Phänomene vorsichtig umgeht. Entsprechend werden die begriffsgeschichtliche Dimension gegenwärtigen wissenschaftlichen Sprachgebrauchs und die kulturelle Dimension der behandelten Themen – die aus der Antike überlieferten symbolischen Sinnzuschreibungen und sprachlichen Selbstdeutungen – in die Überlegungen einbezogen.

Eine systematische Enzyklopädie, die in dieser Weise dem heutigen Bild der Antike eine kritische Bestandsaufnahme der vergangenen und gegenwärtigen wissenschaftlichen Beschäftigung mit ihr an die Seite stellt, wird in unterschiedlichen Kontexten von Nutzen sein: Studierende bekommen Überblickswissen zur Einführung geboten und zugleich einen schnellen diskursiven Zugang zu den unterschiedlichen Positionen der Forschung, die sich sonst erst nach längerer Einarbeitung in das jeweilige Thema erschließen. Lehrenden wird ein Arbeitsinstrument für modernen akademischen Unterricht an die Hand gegeben, das nicht nur die Ergebnisse historischer Forschung, das „gesicherte Wissen", sondern auch die Entstehung dieses Wissens vorstellt und das daher bestens geeignet ist für das exemplarische Erlernen der Methoden historischen Arbeitens durch Beobachtung konkreter Forschungsdiskurse. Zweifellos werden die Bände der Enzyklopädie auch in der althistorischen Wissenschaft selbst willkommen sein. Die zunehmende Spezialisierung und die steigende Quantität der Publikationen hat auch hier den Überblick über das Fach längst zum Problem gemacht und das Bedürfnis nach Orientierung über herrschende Meinungen, aber auch über Desiderate und offene Fragen wachsen lassen. Im Kontext wissenschaftlicher Arbeit erleichtert eine systematische Aufarbeitung der Forschung zudem stets auch die kritische Reflexion der Prämissen, Fragen, Begriffe, Theorien und Methoden der bisherigen Beschäftigung mit der Antike. Orientierung über vorhandenes Wissen und Selbstbeobachtung der Forschung aber sind nicht nur Voraussetzung für die Fortentwicklung einer modernen Alten Geschichte, sie erleichtern auch den Zugang zum Fach für benachbarte Disziplinen und für eine breitere, in den letzten Jahren verstärkt an der Antike interessierte Öffentlichkeit.

In gemeinsamen Treffen der beteiligten Wissenschaftlerinnen und Wissenschaftler wurden methodisch-theoretische Fragen und der Zuschnitt der einzelnen Bände diskutiert; die Manuskripte wurden von den Herausgebern vor der Drucklegung kritisch kommentiert. Trotz seines Bezugs auf das Gesamtwerk stellt gleichwohl jedes Buch eine unabhängige und eigenständige Abhandlung der jeweiligen Autorinnen und Autoren dar.

Aloys Winterling

Inhaltsverzeichnis

I. Enzyklopädischer Überblick
   1. Einleitung 1
   2. Archaisches und klassisches Griechenland 2
      2.1 Kriegführung bei Homer 2
      2.2 Die Hoplitenphalanx 5
      2.3 Sparta 9
      2.4 Athen 11
      2.5 Seekrieg 12
      2.6 Der ‚Charakter' des Krieges 15
      2.7 Söldner 17
      2.8 Die Veränderung der Kriegführung im 4. Jahrhundert v. Chr. 19
      2.9 Fortifikation und Belagerung 21
   3. Hellenismus 23
      3.1 Der Alexanderzug 24
      3.2 Die Heere der hellenistischen Könige 26
      3.3 Das Militär der hellenistischen Poleis 29
   4. Römische Republik 31
      4.1 Organisation, Rekrutierung, Heeresstärke 32
      4.2 Bewaffnung und Kampftaktik 33
      4.3 Rituale des Krieges 36
      4.4 Das Heer in den Bürgerkriegen der Späten Republik . 38
   5. Römische Kaiserzeit 40
      5.1 Entstehung und Struktur des kaiserzeitlichen Berufsheeres 40
      5.2 Rekrutierung und Alltag der Soldaten 43
      5.3 Strategie und Taktik 46
      5.4 Kaiser und Soldaten 48
      5.5 Die sozioökonomische Bedeutung der Armee 49
   6. Spätantike 49
      6.1 Organisatorische und taktische Entwicklungen 50
      6.2 Die ‚Barbarisierung' des römischen Heeres 54
   7. Militärschriftstellerei 56

II. Grundprobleme und Tendenzen der Forschung
   1. Einleitung 59
   2. Archaisches und klassisches Griechenland 63
      2.1 Kriegführung bei Homer 64

	2.2	Die Hoplitenphalanx	67
	2.3	Sparta	71
	2.4	Athen	73
	2.5	Seekrieg	75
	2.6	Der ‚Charakter' des Krieges	77
	2.7	Söldner	79
	2.8	Die Veränderung der Kriegführung im 4. Jahrhundert v. Chr.	82
	2.9	Fortifikation und Belagerung	84
3.	Hellenismus		87
	3.1	Der Alexanderzug	88
	3.2	Die Heere der hellenistischen Könige	90
	3.3	Das Militär der hellenistischen Poleis	94
4.	Römische Republik		97
	4.1	Organisation, Rekrutierung, Heeresstärke	98
	4.2	Bewaffnung und Kampftaktik	99
	4.3	Rituale des Krieges	102
	4.4	Das Heer in den Bürgerkriegen der Späten Republik	107
5.	Römische Kaiserzeit		110
	5.1	Entstehung und Struktur des kaiserzeitlichen Berufsheeres	111
	5.2	Rekrutierung und Alltag der Soldaten	113
	5.3	Strategie und Taktik	117
	5.4	Kaiser und Soldaten	120
	5.5	Die sozioökonomische Bedeutung der Armee	123
6.	Spätantike		124
	6.1	Organisatorische und taktische Entwicklungen	125
	6.2	Die ‚Barbarisierung' des Römischen Heeres	130
7.	Militärschriftstellerei		134

III. Literatur

1.	Einleitung		137
2.	Archaisches und klassisches Griechenland		139
	2.1	Kriegführung bei Homer	140
	2.2	Die Hoplitenphalanx	141
	2.3	Sparta	142
	2.4	Athen	142
	2.5	Seekrieg	143
	2.6	Der ‚Charakter' des Krieges	144
	2.7	Söldner	144

2.8 Die Veränderung der Kriegführung im 4. Jahrhundert
   v. Chr. 145
2.9 Fortifikation und Belagerung 146
3. Hellenismus 147
   3.1 Der Alexanderzug 147
   3.2 Die Heere der hellenistischen Könige 148
   3.3 Das Militär der hellenistischen Poleis 149
4. Römische Republik 149
   4.1 Organisation, Rekrutierung, Heeresstärke 150
   4.2 Bewaffnung und Kampftaktik 150
   4.3 Rituale des Krieges 151
   4.4 Das Heer in den Bürgerkriegen der Späten Republik 151
5. Römische Kaiserzeit 152
   5.1 Entstehung und Struktur des kaiserzeitlichen
       Berufsheeres 153
   5.2 Rekrutierung und Alltag der Soldaten 153
   5.3 Strategie und Taktik 154
   5.4 Kaiser und Soldaten 155
   5.5 Die sozioökonomische Bedeutung der Armee 155
6. Spätantike 156
   6.1 Organisatorische und taktische Entwicklungen 157
   6.2 Die ‚Barbarisierung' des römischen Heeres 157
7. Militärschriftstellerei 158

Abkürzungen

Register

Personenregister 161
Orts- und Sachregister 166

I. Enzyklopädischer Überblick

1. Einleitung

Der Krieg nahm, wenn man von seiner Präsenz in der Überlieferung ausgeht, im Leben und Denken der antiken Menschen eine zentrale Rolle ein. Die „Ilias" Homers, das älteste und einflussreichste literarische Werk der klassischen Antike, besteht zum Großteil aus Schlachtenschilderungen, und spätere Dichter sind diesem Vorbild gefolgt; Geschichtsschreiber von Herodot bis Prokop definierten Kriege als die zentralen Themen ihrer Werke und berichten ausführlich über Feldzüge, Schlachten und Belagerungen. Ein ähnliches Bild ergibt sich aus der archäologischen Überlieferung: Kampf und Krieg sind als Bildmotive in der Malerei und in der Skulptur omnipräsent, und in den antiken Heiligtümern zeugten zahlreiche Weihgeschenke von glorreichen Siegen auf dem Schlachtfeld. Die erhaltenen Stadtmauern und Festungen sind Zeugnisse für beständig drohende Konflikte, und in einzelnen Fällen konnten Schlachtfelder anhand von Waffen, Skeletten und Beifunden identifiziert werden. Krieg in Literatur und Bildkunst

Doch nicht nur durch seine häufige Präsenz sticht der Krieg in der Überlieferung hervor, sondern auch durch seine Bewertung. Bei den Griechen wie bei den Römern galt der Krieg als höchstes und edelstes Feld der Bewährung, denn wie viel ein Mann wert sei, zeigte sich nach allgemeiner Auffassung vor allem im kundigen Umgang mit den Waffen und im tapferen und todesmutigen Standhalten in der Schlacht. Die berühmtesten Menschen der Antike, allen voran Alexander der Große und Caesar, waren erfolgreiche Krieger. Von einer allgemeinen Verherrlichung des Krieges in der antiken Literatur kann allerdings nicht die Rede sein: Schon bei Homer wird der Krieg als zerstörerisch, sinnlos und unberechenbar gebrandmarkt, und der Kriegsgott Ares wird als roh und tölpelhaft gezeichnet. Die Sehnsucht nach Frieden durchzieht die gesamte griechische und lateinische Literatur der Antike. Ruhmerwerb

Wie Krieg für die meisten antiken Menschen zum Alltag gehörte, diente er auch als Ansatzpunkt für philosophische Reflexionen: Von Heraklit aus Ephesos ist der Aphorismus „Der Krieg ist der Vater aller Dinge" überliefert, Thukydides und Augustinus entwickelten geschichtsphilosophische Konzepte anhand von Kriegsverläufen. Und auch auf ökonomischer Ebene besaß Krieg eine große Bedeutung für antike Gesellschaften: Auf der einen Seite wurden viele Landschaften durch Kriegszerstörungen oder durch Beiträge zur Kriegführung in ihrer Entwicklung zurückgeworfen, auf der anderen Seite war Krieg das wichtigste Feld nicht nur zum Erwerb von Ehre, sondern auch von materiellen Gütern; Akkumulation Krieg und Wirtschaft von Reichtum entstand in der Antike zumeist nicht durch Produktion, sondern schneller und häufiger durch Raubzüge.

Will man die Besonderheiten der antiken Phänomene innerhalb der Vormoderne bestimmen, ist man zunächst mit dem Problem der Heterogenität des antiken Krieges konfrontiert: Die Spanne reicht von kurztägigen Scharmützeln zwischen archaischen griechischen Poleis, die Streitigkeiten um Vieh und Ackerflächen mit Waffen austrugen, bis zu den gewaltigen römischen Bürgerkriegen, die von Zigtausenden von Soldaten bestritten wurden und weiträumige, große Teile des Mittelmeerraums umfassende Operationen einschlossen. Auch die Bewaffnung, das Verhältnis von Infanterie zu Kavallerie, die Marsch- und Kampfformationen, die Ausbildung der Soldaten und die Schlachtentaktik veränderten sich im Verlauf der Antike stark. Dennoch kann man ein wichtiges verbindendes Element benennen, das der Kriegführung von der Archaik bis in die römische Kaiserzeit gemein ist: die Rückbindung des Krieges an

Bürgersoldaten die zentrale politische Bezugsgröße, die städtische Gemeinschaft. Zwar gab es in der Antike auch Söldnerarmeen und Privatheere einzelner Adliger, aber der typische und in den Quellen dominierende Soldatentypus ist der Bürger, der auf dem Schlachtfeld für seine Stadt kämpfte, sei es als Hoplit einer Polis oder als Legionär Roms. Die griechischen Polisbürger verstanden sich genauso wie der *populus Romanus* als eine Kriegergemeinschaft, der Einsatz des eigenen Lebens in der Schlacht galt als patriotische Pflicht. Und der Krieg trug, insbesondere wenn er erfolgreich geführt wurde, zur Kohäsion in der städtischen Gemeinschaft bei, durch das gemeinsame Kampferlebnis und durch die Beute, die eine Befriedigung materieller Bedürfnisse ermöglichte.

Saisonale Kriegführung Krieg war in der Antike zumeist saisonal begrenzt. Kampagnen wurden vom späten Frühjahr bis zum Herbst geführt, während im Winter die Waffen ruhten. Unter antiken Bedingungen war die Versorgung eines Heeres in den Wintermonaten schwierig, auch waren die Kommunikationswege zu Land und zur See unsicher, so dass man die Truppen lieber in sicheren Unterkünften unterbrachte oder vorübergehend auflöste.

2. Archaisches und klassisches Griechenland

2.1 Kriegführung bei Homer

Kampf und Krieg nehmen im ältesten Text der griechischen Literatur eine zentrale Stellung ein. Die aus einem mündlich tradierten Epenschatz hervorgegangene *Ilias*, entstanden um 700 v. Chr., erzählt einen Ausschnitt

Troianischer Krieg aus dem Sagenkreis über den Troianischen Krieg; ausführlich schildert der Dichter die Schlachten zwischen den Belagerern – einer Allianz grie-

2. Archaisches und klassisches Griechenland

chischer Fürsten nebst ihren Aufgeboten – auf der einen Seite und den Troianern mit ihren Bundesgenossen auf der anderen. Im Vordergrund stehen dabei die Duelle zwischen den aristokratischen Vorkämpfern (*prómachoi*). Deren Hauptwaffe bildet die Wurflanze; wird damit keine Entscheidung erzielt, geht man zum Nahkampf mit dem Schwert über. Auch Felsbrocken werfen die übermenschlich starken Helden Homers aufeinander, und manche schießen mit Pfeil und Bogen, was allerdings als feige und unehrenhafte Kampfesweise gebrandmarkt wird. Während die meisten Duelle spontan in der Schlacht entstehen, wird zweimal in der *Ilias* ein formeller Zweikampf organisiert, der stellvertretend den Ausgang des Krieges entscheiden soll; diese Konfliktlösung scheitert jedoch, in einem Fall an einem Vertragsbruch, im andern am unklaren Kampfausgang.

Zweikämpfe

Die primäre Motivation für die Helden ist der individuelle Ruhmerwerb. Denn Leistungen im Kampf sind notwendig, um sozialen Status zu gewinnen und zu festigen. Der lykische Fürst Sarpedon fürchtet, dass all die Ehrungen, die er in seiner Heimat erhalten hatte, den Menschen ungerechtfertigt erscheinen müssten, wenn er nicht Heldentaten im Kampf vollbrächte; zeige er sich jedoch als bester Kämpfer seines Volkes, würden die Leute auch akzeptieren, dass er das beste Land besitze und den besten Wein trinke (Hom. Il. 12, 310–328). Selbst der greise Nestor, der sich wegen seines Alters nicht mehr in der Schlacht beweisen muss, verweist auf seine kriegerischen Leistungen in jungen Jahren (Hom. Il. 11, 670–761). Ablesbar ist die Kampfkraft der einzelnen Helden an der Kriegsbeute, die nicht nur materiellen, sondern auch symbolischen Wert besitzt: Erbeutete Frauen, Rinder, Luxusgegenstände, vor allem aber die Rüstungen, die den bezwungenen Gegnern ausgezogen wurden, bilden sichtbare Zeugnisse kriegerischer Exzellenz.

Ruhmstreben
Beute

Nur schwach ausgeprägt ist hingegen die Solidarität innerhalb der Heere. Als der Grieche Diomedes und der troianische Verbündete Glaukos in der Schlacht aufeinander stoßen, stellen sie fest, dass ihre Großväter Gastfreunde waren; daraufhin lassen sie sofort vom Kampf ab und erneuern die ererbte Freundschaft durch den Tausch ihrer Waffen – mitten im Kampfgetümmel! Die private Bindung wiegt stärker als die Solidarität innerhalb der Heere; dies unterstreichen die Worte des Diomedes, für ihn gäbe es genügend andere Troianer zu töten, für Glaukos dagegen genügend andere Griechen (Hom. Il. 6, 215–231). Die einzelnen Helden agieren weitgehend selbstständig: Agamemnon ist zwar formal der Anführer des griechischen Heeres, aber er besitzt keine allgemeine Kommandogewalt; es ist ihm nicht möglich, den grollenden Achilleus und dessen Kontingent zur Wiederaufnahme des Kampfes zu zwingen. Auf troianischer Seite formuliert Hektor zwar die Verteidigung der Heimat als höchstes Ziel des Krieges (Hom. Il. 12, 243), doch auf den letzten Kampf gegen Achilleus lässt er sich ein, weil auch er nach Ruhm strebt und den Vorwurf der Feigheit vermeiden möchte.

Lose Heeresstruktur

Einfache Kämpfer

Während der Dichter sich auf die *prómachoi* konzentriert und mit deren Kämpfen die Erzählung strukturiert, wird aus dem Text aber zugleich deutlich, dass auch der Masse einfacher Soldaten eine wichtige Rolle zukommt. Bisweilen erscheinen diese zwar nur als Zuschauer oder Opfer der Kampfkraft einzelner Helden – Achilleus scheint eine Schlacht gegen die Troianer alleine zu gewinnen –, an anderen Stellen wird der Kampfausgang hingegen nicht als Resultat individueller, sondern kollektiver Leistungen geschildert. Insbesondere für die bedrängte Seite wird die dicht geschlossene Formation als eine Erfolg versprechende Kampfesweise beschrieben. Der soziale Hintergrund der nicht-adligen Kämpfer wird vom Dichter der *Ilias* nicht thematisiert.

Wechsel der Perspektive

In erzähltechnischer Hinsicht sind die Schlachtenschilderungen durch einen Wechsel von Weitwinkel- und Teleskop-Perspektive geprägt. Zunächst werden die Rüstung und der Aufmarsch der Heere beschrieben, wobei Metaphern von Meeresbrandung oder Tierherden die Masse der Menschen und deren kollektive Energie unterstreichen. Sobald die Heere aufeinander treffen, kommt es zu einem allgemeinen Wurf- und Nahkampf: „Als sie nun aber auf einem Raum zusammentrafen, stießen sie zusammen die Rindshautschilde, zusammen die Lanzen und die Kräfte der Männer, der erzgepanzerten, und die gebuckelten Schilde drängten einander, und viel Getöse erhob sich" (Hom. Il. 4, 446–449; Übersetzung W. Schadewaldt). Nach dieser Schilderung des allgemeinen Szenarios fokussiert der Dichter auf einzelne *prómachoi* und deren Taten; der Massenkampf hört nicht auf, er wird aber aus der epischen Schilderung ausgeblendet. Gewinnt eine Seite, häufig mit göttlicher Unterstützung, die Oberhand, kommt es zu Flucht und Verfolgung, bis sich die Unterlegenen neu ordnen, ebenfalls häufig mit Hilfe der Götter, und es zum erneuten Zusammenprall der Heere kommt. Auf diese Weise können sich Schlachten ununterbrochen vom Morgen bis zum Abend hinziehen.

Mobilität der prómachoi

Die *prómachoi* sind sehr mobil und können in verschiedenen Phasen der Schlacht an wechselnden Schauplätzen auftauchen. Auch für die Masse der Kämpfer scheint es keine festgelegte Schlachtordnung gegeben zu haben. Nestor schlägt zu Beginn der ersten Schlacht vor, das griechische Aufgebot nach „Phylen" und „Phratrien", d. h. nach ihrer Abstammung, zu sortieren, damit besser kontrolliert werden könne, wer feige und wer mutig kämpfe (Hom. Il. 2, 362–368). Bei den folgenden Schlachtschilderungen lässt sich eine solche Untergliederung des Heeres jedoch nicht erkennen, die Soldaten scheinen sich ohne allgemeine Ordnungsprinzipien formiert zu haben.

Waffen

Die Waffen der homerischen Helden weisen einige Reminiszenzen an die bronzezeitliche mykenische Palastkultur (ca. 1400–1200 v. Chr.) auf: So tragen die Kämpfer bronzene Schwerter, die zur Zeit der Verschriftlichung der Epen längst durch eiserne ersetzt worden waren; der in der *Ilias* beschriebene Eberzahnhelm (Hom. Il. 10, 261–265) findet seine Entsprechung in der materiellen Überlieferung mykenischer Zeit. Die gewaltigen, von Kopf bis Fuß reichenden und aus verschiedenen Metall- und Lederschichten bestehenden Schilde sind archäologisch nicht dokumentiert; sie wären, so wie sie vom Dichter beschrieben sind, auch kaum zu tragen. Wahrscheinlich handelt es sich hierbei um Phantasieobjekte, welche die unglaubliche Kraft der Helden einer sagenhaften Vorzeit illustrieren sollten.

Streitwagen stellten in der mykenischen Kultur eine wichtige Waffe dar, nicht mehr jedoch in homerischer Zeit. Der *Ilias* kann man entnehmen, dass sich eine Erinnerung an Streitwagen bewahrt hatte, man jedoch nicht mehr ihren zweckmäßigen Einsatz in der Schlacht kannte. Die Streitwagen der Bronzezeit dienten dazu, die gegnerischen Schlachtreihen in Unordnung zu bringen und aufzubrechen, die homerischen Helden dagegen kämpfen nur selten vom Wagen aus, sondern benutzen diesen zumeist als Transportmittel: Sie fahren zum Schlachtfeld, steigen dort ab und kämpfen zu Fuß. Streitwagen

Der Troianische Krieg wird als eine monumentale Auseinandersetzung großer Koalitionen beschrieben, die *Ilias* bietet aber auch Hinweise auf ganz andere Formen von Kriegen. Sowohl in den Erinnerungen Nestors (Hom. Il. 11, 670–761) als auch in einer Szene auf dem Schild des Achilleus (Hom. Il. 18, 509–540) spielen sich die Auseinandersetzungen auf kleiner Ebene ab: Die Kämpfe werden zwischen benachbarten Städten ausgetragen und dauern nur kurze Zeit; den Anlass bildet der Raub von Rinder- und Schafherden, Ziel des Kampfes ist nicht die Vernichtung des Gegners oder die Eroberung einer Stadt, sondern die (Rück-)Gewinnung von Vieh. Diese eher beiläufig geschilderten Raubzüge entsprachen sicherlich mehr der Realität des Krieges in homerischer Zeit, während der Troianische Krieg bewusst als Ereignis einer glanzvollen Vergangenheit stilisiert ist. Kleine Kriege

2.2 Die Hoplitenphalanx

Als charakteristische Form politischer Organisation bildete sich in archaischer Zeit die Polis heraus, eine Bürgergemeinschaft mit einem ummauerten Zentrum. Als wichtigste Bürgerpflicht galt die Verteidigung der Heimat in der Schlacht. Der Landkrieg war in archaischer und klassischer Zeit von den Hopliten dominiert, schwer bewaffneten Fußsoldaten, die in einer geschlossenen Formation, der Phalanx, kämpften. Das auffälligste Merkmal des Hopliten war sein großer Rundschild (*hóplon* oder *aspís*) am linken Arm; dessen Durchmesser lag zumeist bei etwa 90 cm, es haben sich aber auch deutlich größere Exemplare erhalten. Der Schild bestand aus Holz, das mit Bronzeblech verstärkt war, er wog etwa 6–7 kg. Von anderen Rundschilden unterschied er sich nicht nur durch seine Größe, Polis Hoplitenschild sondern auch durch die Art, wie er getragen wurde: Auf der Innenseite befand sich außer einem am Rand angebrachten Haltegriff (*antilabé*) auch eine Schlaufe (*pórpax*) in der Mitte, durch die der linke Unterarm geführt wurde; dies verlieh der Schildführung um den Preis einer geringeren Beweglichkeit zusätzliche Festigkeit. Die außerordentlich starke Wölbung ermöglichte es dem Träger, den schweren Schild eine Zeitlang auf der Schulter aufzusetzen und somit den Arm zu entlasten. In klassischer Zeit waren die Schilde mit Zeichen verziert, welche die Poliszugehörigkeit angaben.

antilabé und *pórpax*

Helme

Der häufigste Helmtyp der Hopliten war, wenn man von den Bilddarstellungen ausgeht, der so genannte korinthische Helm. Dieser war aus einem einzigen Bronzeblech gefertigt und bedeckte vom Schlüsselbein aufwärts den gesamten Kopf; lediglich ein T-förmiger Spalt für Augen, Nase und Mund blieb offen. Der größte Vorteil dieses Helmtyps war der gute Schutz, allerdings schränkte er die Sicht und vor allem das Gehör stark ein. Dieser Nachteil und der aufgrund der anspruchsvollen Herstellung hohe Preis ließ viele Hopliten auf offenere Bronzehelme oder auf Lederhelme zurückgreifen. Zur Schutzbewaffnung gehörte außerdem ein Brustpanzer, wobei auch hier die Variationsbreite groß war: Am aufwendigsten waren die so genannten Glockenpanzer, bestehend aus bronzenen Brust- und Rückenschalen, die durch Haken und Ösen miteinander verbunden waren, daneben kamen auch Panzer aus Leinen vor. Komplettiert wurde die Rüstung durch bronzene Beinschienen.

Brustpanzer

Stoßspeer

Die wichtigste Angriffswaffe war der Speer (*dóry*). Während Vasenbilder aus der Mitte des 7. Jahrhunderts v. Chr. Hopliten mit zwei Speeren abbilden, von denen wohl einer zum Wurf gedacht war, kämpfte der Hoplit der voll entwickelten Phalanx mit einem einzigen Speer. Diesen schwang er mit dem rechten Arm und versuchte, mit der eisernen Spitze in eine Lücke in der gegnerischen Rüstung zu stoßen. Der spitze Speerschuh diente als Ersatz, falls die Spitze abgebrochen war (in diesem Fall drehte der Hoplit seinen Speer einfach um), er wurde aber auch zum Todesstoß gegen am Boden liegende Gegner benutzt, da er kürzer und kräftiger war als die Spitze und damit besser geeignet, Bronzepanzer zu durchstoßen. Aufgrund ihrer Länge von 2,20–2,40 m waren die Hoplitenspeere nicht bzw. nur auf sehr kurze Distanz zum Wurf geeignet. Neben dem Schild ist der Speer die zweite charakteristische Waffe des Hopliten, wie aus Wörtern wie „speererworben" (*doriálotos*) oder „Speerkamerad" (*dorýxenos*) deutlich wird. Der Söldner Archilochos dichtete: „Auf dem Speer beruht mein Brot, und auf dem Speer mein Wein, der von Ismaros; und ich trinke auf den Speer gestützt" (Archil. F 2 West; Übersetzung J. LATACZ). Das Schwert, das der Hoplit mit sich führte, wird weit seltener im Bild dargestellt oder in der Literatur erwähnt; es diente als Ersatz, falls der Speer im Kampf brach.

Der Hoplit dominiert die Kampfdarstellungen in der Bildkunst und in der Literatur, er galt als der griechische Soldatentypus schlechthin. Anderen Truppengattungen wird in der Überlieferung geringere Beachtung geschenkt. Bogenschützen und andere Leichtbewaffnete werden in den Quellen des 7. Jahrhunderts v. Chr. bisweilen erwähnt, bis zu den Perserkriegen wurden sie jedoch immer weiter in den Hintergrund gedrängt. Kavallerie spielte in den Aufgeboten der griechischen Poleis kaum eine Rolle; schlagkräftige Reiteraufgebote gab es lediglich in einigen Regionen Mittel- und Nordgriechenlands, z. B. in Thessalien, wo weite Ebenen gute Möglichkeiten zur Aufzucht von Pferden boten. Andere Truppengattungen

Die Hopliten kämpften in einer Phalanx, einer geschlossenen Formation, in der die einzelnen Soldaten in Reih und Glied aufgestellt waren. Mit seinem Schild schützte der Hoplit nicht nur seinen eigenen Körper, sondern auch die rechte Seite seines linken Nebenmannes; dies führte dazu, dass eine Phalanx sich häufig nach rechts verschob, „weil ängstlich ein jeder sein Ungedecktes unter den Schild des rechten Nebenmannes schiebt und sich im dichtesten Zusammenschluss am besten geschirmt fühlt" (Thuk. 5,71,1; Übersetzung G. P. LANDMANN). Eine Schlacht begann mit einem Opfer, um die Zeichen der Götter für einen günstigen Schlachtausgang zu ermitteln, danach rückte das Heer in möglichst gleichmäßigem Tempo vor, um die geschlossene Formation zu wahren. Sobald die Phalangen aufeinander stießen, versuchten die Hopliten der ersten Reihen, ihre Speere in die Lücken der gegnerischen Rüstungen zu stoßen. Die hinteren Reihen – als Norm galt in der Phalanx eine Tiefe von acht Gliedern – schoben ihre Vorderleute nach vorne und versuchten auf diese Weise, die gegnerische Schlachtreihe ins Wanken zu bringen. Bei diesem „Gedränge" (*othismós*) spielte das Zahlenverhältnis eine wichtige Rolle, daneben aber auch die Kampfmoral der einzelnen Hopliten. Möglicherweise brachen die Reihen bisweilen im Verlauf der Schlacht auseinander, und es bildeten sich Gruppen- und Einzelkämpfe; dies ist aber kaum überliefert und wird auch die Ausnahme gewesen sein, denn für den Kampf Mann gegen Mann war die Bewaffnung eines Hopliten nicht funktional: Der große und schwere Schild schützte die rechte Seite nur unzureichend, der Speer war aufgrund seiner Länge eine zu schwerfällige Waffe, um damit einen einzelnen Gegner zu treffen.

Musste eine Schlachtreihe zurückweichen, war der Kampf in der Regel entschieden, denn eine Phalanx war nach einer Flucht nicht mehr zu reorganisieren. Im Gegensatz zu Schilden mit Trageriemen, die auch auf den Rücken geworfen werden konnten, bot der Hoplitenschild hinten keinen Schutz; deshalb warfen die Fliehenden ihn weg, um schneller laufen zu können. Es galt als ehrenhaft, stets mit dem Schild aus der Schlacht zurückzukehren, denn in diesem Fall hatte der Hoplit offenbar nicht die Flucht ergriffen. Da die siegreichen Hopliten die Fliehenden nicht einholen konnten, ohne selbst die Schilde abzulegen und die eigene Formation aufzulösen, und zumeist keine Kavallerie zur Verfügung stand, gab es kaum Tote bei der Verfolgung. Die unterlegene Seite erkannte ihre Niederlage an, indem sie eine Waffenruhe erbat, um die Gefallenen bergen zu können. Die Sieger errichteten an dem Ort, wo sich die gegnerische Phalanx zur Flucht gewandt hatte, ein Tropaion (von *trépo* = „wenden") als Siegeszeichen, bestehend aus einem Pfahl mit daran aufgehängten Rüstungsteilen. Außerdem wurde ein Teil der Beute zum Dank den Göttern geweiht – so stammen die meisten erhaltenen Waffen aus Heiligtümern, vor allem aus Olympia.

Tropaion

Trotz der angesprochenen Varianzen in der Bewaffnung der Hopliten ging die Einführung der Phalanxtaktik mit einer Vereinheitlichung einher. Allerdings konnte sich nur ein Teil der Bürger, neben den Adligen vor allem die Gruppe der landbesitzenden Bauern, eine Hoplitenrüstung leisten. Als Hoplit zu kämpfen, war ein Statusabzeichen; in der griechischen Literatur erscheint der Hoplit als sprichwörtlich guter Bürger, der seine Heimat unter Einsatz seines Lebens verteidigt. Die Vorstellung einer „Hoplitenrevolution", in der die Bauernschaft aus ihrer gestiegenen militärischen Bedeutung eine größere politische Mitsprache abgeleitet habe, wird in der neueren Forschung zu Recht abgelehnt, doch eine Wechselwirkung mit der Polisbildung ist zu vermuten. Die Phalanx reduzierte die Bedeutung der körperlichen und kampftechnischen Fertigkeiten des einzelnen Kämpfers. Für einen heroischen Einzelkampf, wie er bei Homer beschrieben wird, bot die Phalanx keinen Raum. Das Szenario einer Hoplitenschlacht betonte das Kollektiv; dies setzt einerseits eine gewisse Solidarität innerhalb der Phalanx voraus, andererseits konnte das Erlebnis einer solchen Schlacht, gerade aufgrund der Abhängigkeit des Einzelnen vom Nebenmann und aufgrund des Massendrucks der Phalanx, auch zu einer erhöhten Identifikation des Hopliten mit der Gemeinschaft führen. Krieg wurde zunehmend als Einsatz für die Polis verstanden, das Moment des individuellen Ruhmerwerbs verlor dagegen an Bedeutung. Auch die Rolle des Feldherrn war begrenzt: Seine Aufgabe bestand im Wesentlichen darin, Ort und Zeit der Kampagne zu bestimmen und vor der Schlacht eine günstige Position zu wählen sowie die Motivation des Heeres zu heben. Sobald die Schlacht begonnen hatte, gab es nur noch geringen Spielraum für taktische Eingriffe, zumal keine Reserven gebildet wurden.

Hoplitenrüstung als Statussymbol

Feldherr

Hoplitenheere bestanden allerdings nicht immer aus den Aufgeboten einer Polis. Einzelne Adlige formierten aus ihren Anhängern kleinere Heere, mit denen sie in Bürgerkriegen oder bei privaten Feldzügen fernab der Polis kämpften. Und viele Griechen traten als Söldner in den Dienst orientalischer Könige (s. Kap. I.2.7). Kämpften die Hopliten nicht gegeneinander, sondern gegen fremde Truppen, behielten sie zumeist die Oberhand, auch gegen die großen persischen Heere: In den Schlachten bei Marathon (490 v. Chr.) und Plataiai (479 v. Chr.) erwiesen sich

Kampfkraft der Hopliten

2.3 Sparta

Sparta, in der Landschaft Lakonien im Südosten der Peloponnes gelegen, erscheint in den homerischen Epen als eine reiche und mächtige, aber strukturell nicht von anderen unterschiedene Stadt. Ihre spezifische Ausprägung erhielt sie erst durch die erbitterten Kriege, in denen im 7. Jahrhundert v. Chr. die fruchtbare Landschaft Messenien erobert und behauptet wurde, wodurch Spartas Territorium im Vergleich zu den anderen Poleis gewaltige Dimensionen annahm. Die Machtbasis wurde noch verbreitert, als die Spartaner im 6. Jahrhundert v. Chr. ein Bündnissystem mit zahlreichen anderen Poleis errichteten (Peloponnesischer Bund); Sparta erlangte damit eine Vormachtstellung im griechischen Mutterland, die durch den Aufstieg Athens im 5. Jahrhundert v. Chr. bedroht wurde, aber erst durch die Niederlage gegen die Thebaner bei Leuktra (371 v. Chr.) und den darauf folgenden Verlust Messeniens ein Ende fand.

Messenische Kriege

Peloponnesischer Bund

Die Anzahl der – männlichen – Vollbürger (Spartiaten) war in Relation zur Größe des Landes gering; die Spartiaten bestellten die Felder auch nicht selbst, sondern ließen dies von Unfreien, so genannten Heloten, erledigen. Die Spartiaten führten ein von der Familie gelöstes Leben, in dessen Zentrum gemeinsame sportliche und militärische Übungen standen, aber auch der durch gemeinsames Speisen und Trinken zelebrierte Zusammenhalt; Speisegemeinschaften (*syssítia*) von etwa 15 Männern bildeten die kleinsten Einheiten der spartanischen Gesellschaft. Die Erziehung der Kinder lag im Unterschied zu anderen Poleis nicht in den Händen der Familie, sondern fand gemeinschaftlich statt. Die Knaben wurden mit ihren Altersgenossen aufgezogen und dabei einem harten Training unterworfen. Nach dem Ende der Erziehung (*agogé*), im Alter von 20 Jahren, wurden sie in die Gemeinschaft der Männer aufgenommen, was neben der Teilnahme an den Syssitien vor allem den Dienst in der Phalanx zur Folge hatte; die Wehrpflicht endete im Alter von 60 Jahren.

Männergemeinschaften

Erziehung

In Sparta hatte sich – ein weiterer Unterschied zu anderen Poleis – das monarchische Element in Form eines Doppelkönigtums erhalten. Während die politische Macht der beiden Könige im Verlauf der archaischen Zeit stark eingeschränkt wurde, behielten sie die militärische Kommandogewalt. Jeweils einer der Könige führte das Heer an und kämpfte in der Schlacht in der ersten Reihe; ihn umgaben etwa 300 so genannte „Reiter" (*híppeis*), die trotz ihres Namens keine Kavallerieeinheit, sondern eine Eliteeinheit innerhalb der Phalanx bildeten. Die Mitglieder der einzelnen *syssítia* standen auch in der Schlacht beisammen, was die soziale

Könige als Heerführer

Kontrolle und die Kampfmoral wirksam erhöhte. Disziplin und Gehorsam wurden im spartanischen Heer hoch geschätzt, jedoch kam es auch vor, dass Befehle aufgrund höherer Gesetze missachtet wurden: Herodot berichtet, dass der Spartiate Amompharetos vor der Schlacht von Plataiai einen Rückzugsbefehl missachtete, da er nicht schmachvoll vor „Barbaren" zurückweichen wollte; nach seinem Tod in der Schlacht wurde er in Sparta hoch geehrt.

Heeresgliederung — Spartanische Hopliten waren an ihrem scharlachroten Gewand zu erkennen, außerdem an dem Buchstaben Lambda (= *Lakedaimónioi*) auf ihren Schilden. Die kleinste taktische Einheit der Phalanx war der *lóchos* mit einer Sollstärke von 144 Mann, die größte Gliederungseinheit die aus vier *lóchoi* zusammengesetzte *móra*. Alle diese Abteilungen hatten ihre eigenen Befehlshaber. Die spartanische Armee erlangte durch diese feine Untergliederung, die anderen griechischen Poleis unbekannt war, in Verbindung mit dem beständigen militärischen Training eine Überlegenheit hinsichtlich von Beweglichkeit und taktischer Flexibilität. Auch gelang es den Spartanern offensichtlich besser als ihren Konkurrenten, beim Anmarsch zur Schlacht die Formation zu wahren; für ein gleichmäßiges Tempo sollten wohl auch die Flötenspieler sorgen, die bei der spartanischen Armee zum Einsatz kamen.

Tyrtaios — In den antiken Quellen wird die besondere Kampfmoral und Todesverachtung der Spartiaten hervorgehoben; in den Kampfliedern des Tyrtaios (7. Jahrhundert v. Chr.) kommt die Verherrlichung des Kampfes und die Verachtung für Feigheit deutlich zum Ausdruck: „Denn kein Mann weist sich ja als fähig aus im Kampf, / wenn er nicht ausharrt auch beim Anblick blutigen Gemetzels / und nach den Feinden stößt aus allernächster Näh! / Das ist die Leistung! Dieser Preis ist auf der Welt der beste / und auch der schönste, den erringen kann ein junger Mann!" (Tyrt. F 12 West, 10–14; Übersetzung J. LATACZ). Man muss allerdings relativierend anführen, dass ähnliche Kampfaufforderungen auch aus anderen Poleis überliefert sind; es würde außerdem zu weit gehen, wollte man das Leben der Spartiaten allein auf den Krieg reduzieren. Vielmehr lassen sich die Elemente der griechischen Adelskultur, z. B. Lyrik, Tanz und materieller Luxus, auch in Sparta nachweisen.

Niedergang — Während die spartanische Phalanx lange Zeit als unbesiegbar galt, geriet sie im 4. Jahrhundert v. Chr. ins Hintertreffen. Dies lag vor allem am dramatischen Rückgang der Spartiatenzahl; man sah sich bereits im 5. Jahrhundert v. Chr. gezwungen, auch die Periöken – Freie ohne politische Rechte – in die Phalanx aufzunehmen, in Krisenzeiten sogar die Heloten. Außerdem schlug die Schwäche hinsichtlich der Kavallerie immer stärker zu Buche. Zwar hatte Sparta bereits im Peloponnesischen Krieg (431–404 v. Chr.) Reiterabteilungen eingerichtet, war in dieser Waffengattung jedoch weder den Thebanern noch den Makedonen ebenbürtig.

2.4 Athen

Im Vergleich zu Sparta war die Bürgerschaft in Athen ökonomisch stärker differenziert, und dies bildete sich auch in der militärischen Ordnung ab: Großgrundbesitzer und landbesitzende Bauern dienten als Hopliten, während die Masse der Bürger, die nicht über die notwendigen Mittel für den Kauf einer Hoplitenrüstung verfügte, als Leichtbewaffnete oder als Ruderer eingesetzt wurde. Athen war eine große und bevölkerungsreiche Polis, doch erst mit den Reformen des Kleisthenes 508/7 v. Chr. begann ein Sonderweg auf der institutionellen Ebene. Kleisthenes führte eine neue politische Gliederung ein; das Gebiet Athens wurde in zehn Phylen eingeteilt, die jeweils aus drei unterschiedlichen Distrikten zusammengesetzt waren; diese Phylen bildeten fortan die wichtigsten Untereinheiten in der politischen Ordnung, die von einer zunehmenden Partizipation und Macht des Volkes geprägt war. *Hopliten und Leichtbewaffnete*

Das militärische Oberkommando hatten, analog zur Anzahl der Phylen, zehn Strategen inne. Während fast alle anderen Ämter über das Losverfahren vergeben wurden, um eine möglichst breite Streuung in der Bürgerschaft zu gewährleisten, wurden die Strategen gewählt – offenbar scheute man bei dieser verantwortungsvollen Funktion die Zufälle des Losverfahrens. Eine weitere Besonderheit des Strategenamtes bestand in der Möglichkeit zur Iteration, so dass man wiederholt auf bewährte Männer zurückgreifen konnte. Als Befehlshaber einer Milizarmee von selbstbewussten Bürgern mussten Strategen den richtigen Umgangston treffen, denn von ihnen wurde die Wahrung der Disziplin erwartet, zugleich aber auch ein respektvoller Umgang mit den einzelnen Soldaten. In vielen Fällen wurden unbeliebte oder erfolglose Strategen vor Gericht gezogen und verurteilt; auf der anderen Seite bot die Führung von Feldzügen die beste Möglichkeit zum Prestigeerwerb. Dadurch bildete das Strategenamt eine wichtige Machtbasis für einflussreiche Politiker, z. B. Perikles. Im 4. Jahrhundert v. Chr. hingegen kam es zu einer Ausdifferenzierung des Führungspersonals, die Strategen waren nun zumeist reine Militärs ohne nennenswerten politischen Einfluss. *Strategen*

Wenn die Volksversammlung den Beschluss für einen Feldzug fasste, setzte sie einen oder mehrere Strategen als Kommandanten ein. Im Landkrieg bestand die erste Aufgabe in der Rekrutierung der Hopliten: Anhand der Hoplitenlisten (*katálogoi*) entschieden die Strategen, welche Bürger eingezogen wurden, wobei auf eine gleichmäßige Verteilung auf die zehn Phylen geachtet wurde. Die Einberufungslisten wurden auf der Agora in Athen aufgestellt und durch Herolde in Attika verkündet; die Einberufenen mussten sich, sofern sie nicht wegen Krankheit, der Bekleidung eines Amtes oder anderen Gründen Einspruch gegen die Einberufung einlegten, am festgesetzten Tag und Ort einfinden und neben ihren Waffen auch Verpflegung für drei Tage mitbringen. Im *Rekrutierung*

4. Jahrhundert v. Chr. wurde dieses System modifiziert, indem nicht mehr einzelne Bürger, sondern ganze Altersgruppen einberufen wurden. Dies hatte gegenüber der individuellen Auslese durch die Strategen den Vorteil, dass die Hopliten schneller mobilisiert werden konnten, außerdem wurde die Verteilung der militärischen Lasten als gerechter wahrgenommen.

Ein nennenswertes Hoplitentraining gab es in Athen ebenso wenig wie in den anderen griechischen Poleis außer Sparta; die Flotte führte regelmäßig Manöver durch (s. Kapitel 2.8), das Landheer hingegen kam *Ephebie* ausschließlich zu Feldzügen zusammen. Eine wichtige Bedeutung hatten Kriegsübungen allerdings im Rahmen der Ephebie, der institutionalisierten Übergangsphase, die junge Athener vor der Aufnahme in die Bürgerschaft zu durchlaufen hatten. Die Ephebie wurde wohl bereits im 5. Jahrhundert v. Chr. eingeführt, ist jedoch erst in der reformierten Form nach der Schlacht von Chaironeia (338 v. Chr.) im Detail überliefert. In dieser Zeit stellte die Ephebie einen zweijährigen Militärdienst dar, der für alle Athener im Alter von 18 Jahren verpflichtend war. Die jungen Männer wurden von spezialisierten Ausbildern in sportlichen Übungen und im Waffengebrauch unterwiesen, sie leisteten auch Dienst in den Festungen an den Grenzen Attikas. In der Ephebie ist die Idee des Bürgersoldaten greifbar: Der zweijährige Dienst wurde als Ausbildung zum guten Bürger verstanden, und dabei spielte der Kriegsdienst für die Heimat die entscheidende Rolle. Dies schlägt sich auch in der Überreichung von Schild und Speer an die Epheben nieder. Allerdings bestand das athenische Heer in klassischer Zeit nicht nur aus Bürgern; zahlreiche in Athen ansässige Nichtbürger (Metöken) und Söldner kämpften für die Interessen der Polis Athen.

Öffentliches Begräbnis In jedem Winter wurden die Gefallenen des Jahres öffentlich geehrt. Die Gebeine wurden drei Tage lang auf einem eigens errichteten Gerüst aufgestellt, die Hinterbliebenen brachten ihnen Grabspenden dar. Danach wurden sie in Schreinen zu einem öffentlichen Grab gebracht, in dem sie nach Phylen geordnet bestattet wurden; Inschriften verzeichneten die Namen der Gefallenen. In einer Leichenrede wurde der Tod in der Schlacht als die rühmenswerteste Tat eines athenischen Bürgers gepriesen, zugleich die Einheit und Größe der Polis beschworen. Kriegswaisen wurden auf Kosten der Polis aufgezogen.

2.5 Seekrieg

Aufgrund der großen Bedeutung, die das Meer bei den Griechen für den Transport von Menschen und Gütern besaß, spielten Seeraub und Seekrieg eine wichtige Rolle. In der archaischen Zeit ist Piraterie vielfach belegt. Schiffe wurden außerdem zum Transport von Soldaten und

2. Archaisches und klassisches Griechenland 13

auch für Seeschlachten größerer Verbände eingesetzt; vor allem Korinth und Samos verfügten über beträchtliche Flotten. Spezielle Kriegsschiffe gab es jedoch nicht; dies änderte sich erst an der Wende vom 6. zum 5. Jahrhundert v. Chr., als zunächst von den Phöniziern und ionischen Griechen, dann auch im griechischen Mutterland die Triëre, wörtlich „Dreiruderer", eingeführt wurde. Bei diesem Schiffstyp wurden die Ruderer auf drei Ebenen übereinander angeordnet; dafür wurden Ausleger angebracht, die eine Führung der Ruder außerhalb der Bordwand ermöglichten. Auf diese Weise konnte die Anzahl der Ruderer auf etwa 170 erhöht werden, wodurch die Triëre deutlich schneller und wendiger wurde als ältere Schiffstypen. Außer den Ruderern befanden sich auf einer Triëre zumeist noch zehn Hopliten und vier Bogenschützen, außerdem die Steuerleute, Zahlmeister und Matrosen; insgesamt umfasste die Besatzung etwa 200 Mann. [Triëre]

In einer Seeschlacht strebten die Rudermannschaften und Steuerleute danach, durch geschicktes Manövrieren das gegnerische Schiff in die Seite zu rammen und dadurch zu versenken – zur Erhöhung der Schlagkraft befand sich am Bug auf Höhe der Wasserlinie ein bronzener Rammsporn. Für diese Art des Kampfes war die Triëre hervorragend geeignet; weniger gut war sie dagegen für den Enterkampf zu gebrauchen, da sie nur eine begrenzte Anzahl von Fußsoldaten aufnehmen konnte – in Athen waren zehn Hopliten und vier Bogenschützen üblich. Das Streben nach schnellen und manövrierfähigen Schiffen ging außerdem auf Kosten der Seetauglichkeit: Triëren waren zu leicht gebaut, um Tag und Nacht auf See zu bleiben, so dass sie auf nahe gelegene Landeplätze angewiesen waren. Auch mussten sie regelmäßig aufgedockt werden, um zu trocknen und nicht an Geschwindigkeit zu verlieren. Und schließlich waren sie aufgrund ihres hohen Schwerpunktes anfällig gegen schwere See. In der Schlacht wurden Triëren stets gerudert, über weitere Entfernungen konnten sie aber zur Schonung der Ruderer auch gesegelt werden. Für den Transport von Truppen, Pferden oder Nachschub waren Triëren ungeeignet, so dass für weiträumige strategische Operationen auch Transportschiffe nötig waren. [Rammsporn] [Transportschiffe]

Die Geschichte der Triëre ist eng verbunden mit dem Aufstieg Athens zur Großmacht. 483 v. Chr. beschloss die athenische Volksversammlung auf Antrag des Themistokles, mit den Einnahmen aus dem attischen Silberbergbau eine Flotte von 200 Triëren zu bauen. Es ist unklar, ob sich diese Aufrüstung zur See gegen die Rivalin Ägina richtete oder bereits vorausschauend gegen die sich abzeichnende persische Invasion; jedenfalls kam der athenischen Flotte 480/79 v. Chr. ein entscheidender Anteil am Sieg der Griechen über die Perser zu. Auf der Basis dieses Erfolges erfolgte eine athenische Expansion, die Athen in kurzer Zeit zur Herrin der Ägäis und zur stärksten Flottenmacht im östlichen Mittelmeer machte. Die Überlegenheit der athenischen Flotte beruhte zum einen auf der [Flottenbauprogramm des Themistokles]

Maritime Überlegenheit Athens

Finanzkraft der Polis, die aufgrund der Einnahmen durch Silberbergbau, Hafenzölle und Tribute der Bundesgenossen in der Lage war, eine große Anzahl von Schiffen zu unterhalten. Zum anderen erlangten die athenischen Mannschaften während des 5. Jahrhunderts v. Chr. durch ständige Einsätze und Übungen einen Erfahrungsvorsprung. In Feldzügen gegen die Perser und gegen abgefallene Bundesgenossen entwickelten die Athener außerdem Fertigkeiten in kombinierten Operationen zu Land und zur See.

Zusammenspiel der Ruderer

Da bei der praktizierten Kampfesweise das Schiff selbst die Waffe bildete, kam den Ruderern, die das Schiff bewegten, die entscheidende Bedeutung zu. Die komplizierten Durchbruchs- und Wendemanöver, mit denen die Triëre in eine günstige Position für den Rammstoß gebracht werden sollte, erforderten neben individueller Kraft und Ausdauer vor allem ein exaktes Zusammenspiel von Ruderern und Steuerleuten. Versuche mit einer nachgebauten Triëre bestätigten die antiken Quellenaussagen, dass dauernde Übung der Mannschaften notwendig ist, um die Möglichkeiten des Schiffes hinsichtlich von Geschwindigkeit und Wendigkeit ausschöpfen zu können. In der Konsequenz wurden Ruderer zu einer spezialisierten Truppe und nur noch in Ausnahmefällen im Landkampf eingesetzt.

Flotte und Demokratie

Dies wiederum hatte politische Auswirkungen. In Athen wurden die Ruderbänke von den ärmsten Bürgern besetzt, die sich keine Hoplitenrüstung leisten konnten. Diese Gruppe erlangte, da die Macht Athens in klassischer Zeit auf der Flotte beruhte, militärisch das entscheidende Gewicht. Mehrere antike Gewährsleute ziehen einen Zusammenhang zwischen der Flottenmacht und der Demokratie in Athen; so schreibt ein unbekannter Autor gegen Ende des 5. Jahrhunderts v. Chr.: „Zuerst also werde ich dies aussprechen, dass hier die Armen und das Volk mit Recht beanspruchen, mehr zu haben als die Vornehmen und die Reichen, deswegen, weil das Volk es ist, das die Schiffe rudert und dadurch der Stadt ihre Macht verschafft" ([Xen.] Ath.pol. 1,2; Übersetzung G. WEBER). Allerdings reichten die athenischen Bürger nicht aus, um die Schiffe zu bemannen; eingesetzt wurden außerdem in Athen ansässige Nichtbürger (Metöken), auswärtige Söldner und auch Sklaven.

Kosten des Seekriegs

Die Kriegführung wurde durch die Bedeutungszunahme des Seekriegs im 5. Jahrhundert v. Chr. komplexer, vor allem aber wurde sie teurer. Bau und Unterhalt von Schiffen sowie Versorgung und Bezahlung der Mannschaften erforderten ein Vielfaches der für den Landkrieg aufzuwendenden Summen, hinzu kamen die Kosten für die Infrastruktur an Land. Die militärische Schlagkraft einer Polis wurde damit von ihrer Finanzkraft abhängig: „Der Krieg ist nicht so sehr Sache der Waffen wie des Geldes" (Thuk. 1,83,2). In Athen und den meisten anderen Poleis wurden die Kosten zwischen öffentlichen Kassen und Privatleuten geteilt: Das Schiff wurde von der Polis gestellt, die Verantwortung für die Ausrüstung aber lag bei einem „Triërenherren" (*triérarchos*) aus dem Kreis der vermögenden Bürger, der das Schiff auch kommandierte. Dieser jährlich wechselnde Dienst war für die vermögenden Bürger verpflichtend, er wurde aber auch als Chance betrachtet, Ehre in der Polis zu erwerben.

Triërarchen

Triëren blieben während der gesamten Antike in Gebrauch, jedoch verloren sie bereits im 4. Jahrhundert v. Chr. ihre überragende Bedeutung im Seekrieg. Der Trend ging zu größeren Schiffen, die eine größere Anzahl von Flottensoldaten und auch Katapulte aufnehmen konnten; der Seekrieg veränderte damit seinen Charakter grundlegend.

Wandel des Seekriegs

2.6 Der ‚Charakter' des Krieges

Die Dominanz von Hoplitenschlachten erscheint als ein militärgeschichtliches Paradoxon: Aufgrund der naturräumlichen Gegebenheiten ist das bergige Griechenland bestens geeignet für leicht bewaffnete, bewegliche Truppen, für Guerillakriege und Hinterhalte, doch stattdessen war die Kriegführung von offenen Feldschlachten zwischen schwer bewaffneten Fußsoldaten geprägt. Dies liegt darin begründet, dass die Kriegführung nicht allein an strategischen und taktischen Bedürfnissen orientiert war, sondern auch an Ehrvorstellungen. Die Hoplitenschlacht galt als Ideal, als beste und heldenhafteste Form des Krieges. Überfälle in unwegsamem Gelände kamen zwar vor, die meisten Kriege wurden jedoch in Schlachten in der Ebene entschieden.

Paradoxon der Hoplitenschlacht

In archaischer Zeit war Krieg zumeist ein räumlich und zeitlich eng begrenztes Phänomen: Die meisten überlieferten Kriege fanden zwischen benachbarten Poleis statt, zumeist lag ein Streit um eine im Grenzgebiet gelegene fruchtbare Ebene zugrunde. Die Kriegführung war auf den Sommer beschränkt; die Kampagnen dauerten nur wenige Tage und wurden in einer einzigen Schlacht entschieden. Während sich die Unterlegenen in ihre Stadt zurückzogen, plünderten die Sieger das umliegende Land. Ein starker Wille, den Feind zu vernichten, lässt sich nicht ausmachen, und die Belagerungstechnik war unterentwickelt.

Begrenzung des Krieges

Eine tiefe Zäsur markierte die Invasion des Xerxes 480/79 v. Chr.: Die Koalition griechischer Poleis, die sich den Persern entgegenstellte, musste ein Verteidigungskonzept entwickeln, das in räumlicher und zeitlicher Dimension den gewohnten Rahmen der Kriegführung sprengte; eine besondere Schwierigkeit stellte das Zusammenspiel zwischen Landheer und Flotte dar. Während sich die militärische Leitung während der Perserkriege von den neuen Herausforderungen überfordert zeigte, perfektionierten die Athener im Verlauf des 5. Jahrhunderts v. Chr. den kombinierten Einsatz von Land- und Seekräften, insbesondere bei ihren Feldzügen gegen abgefallene Mitglieder des Delisch-attischen Seebundes.

Xerxeszug

Peloponnesischer Krieg

Einen weiteren wichtigen Einschnitt bildete im Peloponnesischen Krieg (431–404 v. Chr.) der Plan der Athener, eine Landschlacht gegen das spartanische Aufgebot zu vermeiden, sich hinter die Mauern der Stadt zurückzuziehen und stattdessen mit der Flotte die Küsten Spartas und seiner Verbündeten anzugreifen. Diese Abkehr vom Primat der Hoplitenschlacht führte zu einem lange andauernden, asymmetrischen Abnutzungskrieg, der immer komplexere Herausforderungen hinsichtlich von Dislozierung und Koordination von Truppen stellte. Im 4. Jahrhundert v. Chr. sorgten der Bedeutungsgewinn von Leichtbewaffneten und Kavallerie und der zunehmende Einsatz von Söldnern für stetig wachsende Anforderungen an den Feldherrn; die Tendenz zur einer komplexeren Kriegführung hielt an.

Religion

Die religiöse Dimension des Krieges wird ersichtlich an der Befragung von Orakeln vor Feldzügen, an Opfern und Vorzeichensuche vor der Schlacht, an der Weihung von Beutestücken nach einem Sieg und an der Berücksichtigung von Götterfesten bei der Feldzugsplanung. Hier bestanden allerdings deutliche Unterschiede zwischen den Poleis: Während die Spartaner in religiösen Dingen als besonders gewissenhaft galten und nach der Überlieferung mehrfach Feldzüge wegen Kultfeiern aufschoben (Hdt. 6, 106. 120), scheinen die Athener weit weniger Rücksichten dieser Art genommen zu haben. Religionskriege gab es nicht; den Glauben an bestimmte Götter mit Waffengewalt zu verbreiten bzw. zu bekämpfen, war in der polytheistischen griechischen Religion nicht einmal konzeptionell denkbar.

Bedeutung des Krieges

Krieg war ein häufiges und allgemein akzeptiertes Phänomen. Tapferkeit in der Schlacht galt als Zeichen männlichen Heldenmutes, mit der zunehmenden Intensivierung der Polisgemeinschaft auch als höchste patriotische Leistung. Ablesbar ist dies an den Ehren, die Gefallenen erwiesen wurden, und an den zahlreichen Siegesdenkmälern in den Städten und Heiligtümern Griechenlands. Auf einen Pazifismus im Sinne einer allgemeinen Ablehnung von Krieg stößt man in den Quellen nicht, wohl aber auf den Gedanken, Konflikte sollten, um menschliches Leid zu vermeiden, lieber anders gelöst werden als durch Kriege. Diese

Kriegskritik

Form von Kriegskritik lässt sich schon in den homerischen Epen greifen; deutlichsten Ausdruck findet sie in den athenischen Dramen aus der Zeit des Peloponnesischen Krieges. In Aristophanes' Komödien *Acharner*, *Frieden* und *Lysistrate* bildet das Streben nach Frieden den Ausgangspunkt der Handlung, Euripides' Tragödie *Troerinnen* stellt die Opfer des Krieges in den Mittelpunkt. Dies ist auch im Zusammenhang mit der Brutalisierung der Kriegführung zu sehen, die sich im Peloponnesischen Krieg vollzog: In zahlreichen Fällen wurde eine Polis nach der Eroberung ausgelöscht, d. h. die männliche Bevölkerung getötet, Frauen und Kinder in die Sklaverei verkauft.

Instrumente zur friedlichen Beilegung von Konflikten waren vorhanden: Andere Poleis oder die Priesterschaften von panhellenischen Heiligtümern konnten als Vermittler herangezogen werden, ebenso als Hüter beeideter Friedensverträge. Im 4. Jahrhundert v. Chr. wird, auch bedingt durch die Erschütterungen des Peloponnesischen Krieges, die Forderung nach einem allgemeinen Frieden (*koiné eiréne*) zu einem wichtigen Element der Diplomatie; jedoch hatten die Friedensschlüsse niemals lange Bestand, weil es vor der makedonischen Dominanz keine Macht gab, die über deren Einhaltung hätte wachen können.

Schiedsgerichte

2.7 Söldner

Nicht alle griechischen Hopliten kämpften für ihre eigene Polis. Seit dem 7. Jahrhundert v. Chr. ist gut bezeugt, dass sich zahlreiche Griechen im östlichen Mittelmeer als Söldner verdingten, darunter auch die Dichter Archilochos und Alkaios. Angeworben wurden die Griechen vor allem von den orientalischen Monarchen, z. B. den Königen von Babylonien und Ägypten; unter Pharao Apries (589–570 v. Chr.) sollen laut Herodot (2,163) 30 000 griechische und karische Söldner gekämpft haben. Den meisten Armeen des Vorderen Orients fehlte eine eigene schwere Infanterie, so dass die Hopliten, die „Männer aus Bronze", eine Lücke füllten und sich in Schlachten als sehr erfolgreich erwiesen; sie wurden aber auch zur Bemannung von Festungen eingesetzt. Viele Söldner siedelten sich an der Levante und in Ägypten an, ein Teil kehrte in die Heimat zurück; beim kulturellen Kontakt zwischen Griechenland und dem Orient spielten Söldner eine wichtige Rolle. Auch von den Persern wurden zahlreiche Griechen angeworben; noch Alexander der Große kämpfte gegen griechische Hopliten in persischen Diensten.

Söldner im Orient

Auch einige griechische Tyrannen errangen und sicherten ihre Herrschaft, indem sie auf Söldner zurückgriffen, die weniger der Polis als vielmehr der Person des Tyrannen verpflichtet waren. Einen Sonderfall bilden die Tyrannen von Gela und von Syrakus, die Söldner nicht nur als Stützen ihrer Herrschaft, sondern auch in äußeren Kriegen einsetzten: Mit deren überlegener Kampfkraft gelang es ihnen, große Teile Siziliens unter ihre Herrschaft zu bringen. Die Kosten für die Soldaten waren enorm, sie konnten aber – militärischen Erfolg vorausgesetzt – aus den Ressourcen des eroberten Gebietes bestritten werden.

Tyrannen

Auch die griechischen Poleis setzten Söldner ein, schon in archaischer Zeit, in großem Umfang aber seit dem Peloponnesischen Krieg. Vor allem wurden Truppengattungen angeworben, die in den traditionellen Polisaufgeboten unterrepräsentiert waren: leichtbewaffnete Infanteristen, d. h. Schleuderer, Bogenschützen oder die mit Speer und Schild bewaffneten Peltasten. Der Ruderdienst auf den Triëren wurde ebenfalls zu einem beträchtlichen Teil von Söldnern versehen; Athen und Sparta versuchten in

Wandel im Peloponnesischen Krieg

manchen Phasen des Krieges, durch höhere Soldzahlungen die Ruderer der Feinde zum Übertritt zu veranlassen. Im 4. Jahrhundert v. Chr. gewann außerdem auch die Söldnerreiterei an Bedeutung.

Vor- und Nachteile von Söldnerheeren — Aus der Sicht der Polis hatte der Einsatz von Söldnern den Vorteil, dass lange Abwesenheiten oder gar Verlust von Bürgern durch den Krieg vermindert werden konnten. Auch waren die professionellen, spezialisierten Söldner einem Milizheer im Hinblick auf die kampftechnischen Fähigkeiten überlegen. Auf der anderen Seite stand die geringere Identifikation mit den Kriegszielen; auch waren die Kosten für die Söldner hoch, wenn sie vollständig aus der Poliskasse bezahlt wurden. Sollten sie sich hingegen ganz oder teilweise vom Krieg selbst ernähren, bestand das Risiko, dass Söldnerheere eher Ziele angriffen, die reiche und leichte Beute versprachen, anstatt den Feind zu bekämpfen, gegen den sie ausgesandt waren. Auch konnten große, unterfinanzierte Söldnerheere die Sicherheit einer Polis gefährden.

Motive für den Söldnerdienst — Sucht man nach den Motiven, warum viele Männer die Kriegführung zum Beruf machten, ist zunächst wirtschaftliche Not zu nennen. Ähnlich der Schweiz in der frühen Neuzeit dienten vor allem arme, abgelegene Regionen als Reservoir für Söldner, etwa das bergige Arkadien. Aussicht auf materiellen Gewinn in Form von Sold und Beute war hier die entscheidende Triebfeder. Es konnte aber auch ganz andere Motive geben, etwa Abenteuerlust oder das Streben nach kriegerischem Ruhm. Außerdem befanden sich unter den Söldnern auch Aristokraten, die von Bürgerkriegen aus ihrer Heimat vertrieben worden waren.

Zug der Zehntausend — Auch der Athener Xenophon, dem wir die beste Schilderung eines Söldnerzuges verdanken, verließ seine Heimat aufgrund von politischen Konflikten. Er nahm am so genannten Zug der Zehntausend (401-399 v. Chr.) teil, der als persischer Thronstreit begonnen hatte. Der Königssohn Kyros hatte eine große Anzahl griechischer Söldner angeworben, um mit deren Hilfe seinen Bruder vom Thron zu stoßen. In Mesopotamien kam es zur Schlacht, die zwar von Kyros' Heer gewonnen wurde, der Anführer selbst jedoch fiel in der Schlacht. Ohne den Thronprätendenten war der Feldzug seiner Grundlage beraubt, die griechischen Söldner mussten sich ihren Rückmarsch ans Schwarze Meer durch Feindesland erkämpfen. Aus dem Bericht Xenophons wird deutlich, dass Kyros vor Beginn des Feldzuges verschiedene Personen gebeten hatte, Söldner zu rekrutieren. Diese führten ihm Kontingente zu, die zumeist von der landschaftlichen Herkunft her homogen waren, und blieben deren Befehlshaber; sie fungierten auch als Bindeglied und Vermittler zwischen der Truppe und Kyros, etwa im Fall von Konflikten aufgrund ausstehender Soldzahlungen.

2.8 Die Veränderung der Kriegführung im 4. Jahrhundert v. Chr.

Die großen Feldschlachten im Peloponnesischen Krieg zwischen Athen und Sparta wurden noch in herkömmlichem Stil, als frontaler Aufprall zweier Hoplitenphalangen, geführt. In diesem Krieg zeichnete sich aber bereits das Ende der Dominanz der Hopliten ab, insbesondere wurde deren Verwundbarkeit nachgewiesen, wenn sie ohne sichere Stützpunkte und ohne Unterstützung durch Reiterei oder leichte Truppen operierten. 426 v. Chr. erlitt ein athenisches Hoplitenaufgebot in bergigem Gelände gegen die leichter bewaffneten und schnelleren Truppen der Ätoler empfindliche Verluste, ein Jahr später konnten athenische Leichtbewaffnete eine Abteilung der als unbesiegbar geltenden spartanischen Phalanx auf der Insel Sphakteria zur Kapitulation zwingen, indem sie diese einem beständigen Beschuss aussetzten und dem Nahkampf auswichen. In der Konsequenz verstärkten beide Parteien im Verlauf des Krieges ihre Aufgebote an Reiterei und Leichtbewaffneten, indem sie eigene Korps aufstellten oder Söldner anwarben.

<small>Verwundbarkeit der Hoplitenphalanx</small>

Die im Peloponnesischen Krieg sichtbare Tendenz verstärkte sich im 4. Jahrhundert v. Chr. An Bedeutung gewannen vor allem die Peltasten, benannt nach ihrem halbrunden Schild (*pélte*), der bedeutend leichter als der Hoplitenschild war; auch auf andere schwere Rüstungsteile wurde verzichtet. Die Peltasten kamen ursprünglich aus Thrakien, rekrutierten sich aber bald aus allen Regionen Griechenlands; ihre Stärke lag im Kampf in unwegsamem Gelände, wo sie den Gegner mit Wurfspeeren attackierten und durch ihre Schnelligkeitsvorteile von Hopliten nicht zum Nahkampf gezwungen werden konnten. Als der athenische Feldherr Iphikrates 390 v. Chr. bei Korinth mit seiner Peltastenarmee eine spartanische *móra* aufreiben konnte, wurde der Wandel in der Kriegführung offenbar.

<small>Peltasten</small>

Dennoch blieb die Hoplitenphalanx in den Heeren der griechischen Poleis der zentrale Bestandteil, allerdings veränderte sich die Kampfesweise. Der bronzene Brustpanzer war bereits im 5. Jahrhundert v. Chr. weitgehend vom Leinenpanzer abgelöst worden, die gewonnene Beweglichkeit wurde für neue Kampftaktiken genutzt: An die Stelle des simplen frontalen Zusammenstoßes traten Flankenangriffe und diagonal geführte Attacken, auch kam man von der üblichen Stärke von acht Gliedern ab und experimentierte mit deutlich tieferen Aufstellungen. Eine wichtige Neuerung in vielen Poleis war die Aufstellung von Eliteeinheiten aus besonders gedrillten und motivierten Kämpfern. Die neuen Hoplitentaktiken und die Bedeutungszunahme von Truppentypen Leichtbewaffneten und Reiterei machten die Kriegführung komplexer und stellten die Feldherren vor zunehmend schwierige Aufgaben; insbesondere das Zusammenspiel der verschiedenen musste koordiniert werden.

<small>Veränderung der Hoplitentaktik</small>

<small>Kampf der verbundenen Waffen</small>

Besonderen Erfolg mit den neuen Phalanxtaktiken erzielte der thebanische Feldherr Epameinondas. Traditionell war der rechte Flügel einer Phalanx der Ehrenplatz, an dem die besten Truppen standen; dies führte gemeinsam mit der typischen Rechtsbewegung häufig dazu, dass beide Heere an ihrem rechten Flügel siegreich blieben. Epameinondas hingegen verstärkte den linken Flügel, indem er hier die sehr tiefe Staffelung von 50 Gliedern wählte und die thebanische Eliteeinheit, die „Heilige Schar" postierte, während der rechte Flügel zurückgehalten wurde. Mit dieser so genannten „schiefen Schlachtordnung" konnte er 371 v. Chr. bei Leuktra die Spartaner besiegen, indem deren rechter Flügel überwältigt wurde, bevor die Schlacht auf der anderen Seite der Heere überhaupt begonnen hatte.

<small>Schiefe Schlachtordnung</small>

Während sich die griechischen Poleis durch beständige Kriege mit wechselnden Bündnissen gegenseitig schwächten, erstarkte mit Makedonien ein Königreich am Rande der griechischen Welt, das lange als unterentwickelt und schwach gegolten hatte. Philipp II. (König 360–336 v. Chr.) führte grundlegende Reformen durch und strukturierte auch das Militärwesen um: Die Phalanx wurde mit der Sarissa ausgerüstet, einer ca. 5,5 m langen Lanze. Bei dieser Länge musste sie mit beiden Händen geführt werden, so dass der Hoplitenschild durch einen kleinen, um den Hals gehängten Rundschild ersetzt wurde. Diese neue Phalanx erhielt durch die größere Reichweite und Dichte der Sarissen – die Spitzen der ersten fünf Reihen ragten aus der Kampflinie hervor – eine gesteigerte Durchschlagskraft, gleichzeitig wurden die Gegner auf Distanz gehalten. Doch auch die Anforderungen an Disziplin und Koordination wuchsen: Die Bewegung in Formation musste geübt werden, damit man nicht mit den langen Lanzenschäften die Hintermänner verletzte, auch war unbedingt auf die Geschlossenheit der Formation zu achten, da die Sarissa für den Einzelkampf noch weniger geeignet war als der Hoplitenspeer.

<small>Makedonien</small>

<small>Sarissa</small>

Das personale Rückgrat der makedonischen Phalanx bildeten die Wehrbauern, die aufgrund der ständigen Kriege Philipps II. de facto Berufssoldaten waren; ihre Ausrüstung mussten sie nicht selbst besorgen, sondern sie wurde gestellt. Hinsichtlich von Bewaffnung, Erfahrung, Disziplin und Homogenität erwiesen sich die makedonischen Phalangiten als den Hopliten der griechischen Poleis überlegen.

<small>Wehrbauern</small>

Wichtige Veränderungen gab es auch bei der Kavallerie, einer Truppengattung, in der Makedonien aufgrund seiner Landesnatur den griechischen Poleis numerisch deutlich überlegen war. Hinzu kam eine neuartige Bewaffnung: Während die griechische Reiterei traditionell mit Wurfspeeren kämpfte, wurden die Makedonen mit langen Lanzen ausgerüstet. Damit korrespondierte eine neue taktische Aufgabe: Herkömmlicherweise diente die Reiterei vor allem der Absicherung von Flanken, der Sicherung der eigenen und der Störung der gegnerischen Nachschubwege sowie der Verfolgung flüchtender Gegner, die Makedonen führten hingegen häufig die entscheidende Attacke in der

<small>Reiterei</small>

Feldschlacht mit der Reiterei, wofür die Stoßlanzen besser geeignet waren. Ebenso wichtig wie diese taktische Funktion war die Reiterei aber auch im Hinblick auf die Integration des makedonischen Adels. In einer um den König gruppierten Eliteeinheit, den so genannten Gefährten (*hetaíroi*), kämpften die Angehörigen der führenden makedonischen Familien; Kommandostellen in der Kavallerie befriedigten deren Bedürfnis nach Ruhm und Status.

Zusammen mit den ökonomischen Ressourcen Makedoniens und den strategischen und taktischen Fähigkeiten Philipps II. gaben die militärtechnischen Neuerungen den Ausschlag dafür, dass Makedonien zum Hegemon in Griechenland aufstieg. Insbesondere bei dem Sieg über Thebaner und Athener bei Chaironeia 338 v. Chr. zeigte sich, dass das Zusammenspiel von Reiterei und Infanterie, das im Verlauf des 4. Jahrhunderts v. Chr. an Bedeutung gewonnen hatte, vom makedonischen Heer perfektioniert worden war. Die entscheidende Kavallerieattacke befehligte Philipps 18-jähriger Sohn Alexander.

Sieg der Makedonen

2.9 Fortifikation und Belagerung

Im griechischen Mythos spielen Belagerungen eine wichtige Rolle, etwa der zehn Jahre dauernde Kampf der Griechen gegen Troja oder der Zug der „Sieben gegen Theben". In der Realität der archaischen Zeit hingegen waren Belagerungen selten, da die griechischen Poleis weder den Willen noch die technischen und organisatorischen Möglichkeiten aufwiesen, langwierige Operationen gegen eine feindliche Stadt durchzuführen.

Belagerungen im Mythos

Die Befestigungsmauern waren – gerade im Vergleich zu den mächtigen „zyklopischen" Mauern mykenischer Zeit – sehr einfach gebaut, indem auf einem steinernen Sockel Lehmziegel aufgeschichtet wurden. Während zumeist eine Ringmauer dieser Art um die gesamte Stadt gezogen wurde, war bei einigen nur der Burgberg (Akropolis) befestigt; Sparta besaß sogar überhaupt keine Verteidigungsanlagen. Lediglich an den Randzonen der griechischen Welt, wo man mit den überlegenen Belagerungstechniken der Perser oder Karthager konfrontiert war, waren die Befestigungen weiter entwickelt.

Lehmziegel

Im 5. Jahrhundert v. Chr., als die Kriege weiträumiger wurden, gewannen Belagerungen an Bedeutung. Athen zwang mehrfach abgefallene Bundesgenossen durch lange andauernde Kampagnen in den Seebund zurück, und während des Peloponnesischen Krieges fanden Belagerungen an vielen verschiedenen Kriegsschauplätzen statt. Da man noch über keine wirksamen Maschinen zur Zerstörung der Mauern verfügte, hatten Sturmangriffe schlechte Erfolgschancen; in seltenen Fällen wurden Rampen errichtet, damit die Angreifer die Mauernhöhe erreichen konnten. Weitaus häufiger wurden Städte durch Verrat eingenommen; wenn dies

Belagerungstechniken

nicht gelang, versuchten die Angreifer, die belagerte Stadt von der Außenwelt abzuschneiden, und zwar durch die Anlage von Sperrmauern, wie sie die Athener vor Syrakus errichteten.

Das 5. Jahrhundert v. Chr. sah auch neue Typen von Festungsanlagen. Von großer strategischer Bedeutung waren so genannte „Lange Mauern", die eine Stadt mit ihrem Hafen verbanden. Das berühmteste Beispiel führte über eine Länge von 6 km von Athen bis zum Piräus, jedoch legten auch andere Städte ähnliche Befestigungen an. Die „Langen Mauern" schufen die Bedingung dafür, dass Athen im Peloponnesischen Krieg Landschlachten gegen das spartanische Aufgebot vermeiden und die Bevölkerung Attikas hinter die Mauern zurückziehen konnte, denn der Nachschub war über den Seeweg gesichert. Eine weitere Neuerung war der Bau von im Feindesland gelegenen Festungen (*epiteichismoí*), durch die man dem Warenverkehr permanent zusetzen konnte und zugleich eine Anlaufstelle für flüchtige Sklaven schuf. Zunächst errichteten die Athener solche Festungen auf der Peloponnes, noch erfolgreicher aber war später die spartanische Maßnahme, einen Stützpunkt in Dekeleia in Attika einzurichten: Landwirtschaft und Warentransport wurden schwer beeinträchtigt, der ökonomische Schaden für Athen war groß.

Eine rasante technologische Entwicklung bewirkte im 4. Jahrhundert v. Chr. einen fundamentalen Wandel der Belagerungstechnik (Poliorketik). Dionysios I., Tyrann von Syrakus (405–367 v. Chr.), lernte während der Kriege gegen die Karthager deren technische Errungenschaften kennen und adaptierte sie. Die folgenreichste Erfindung war das Katapult, das sich von Sizilien ausgehend rasch in der gesamten griechischen Welt ausbreitete. Zunächst nur mit Pfeilen bestückt, wurden bald Katapulte entwickelt, die schwere Steine gegen Mauern schleudern und diese zertrümmern konnten. Dadurch ging der strategische Vorteil vom Verteidiger auf den Belagerer über. Zugleich aber führten die neuen Maschinen zu einer weiteren Zunahme von Komplexität und Kosten der Kriege: Nun führten die Heere neben einem Maschinenpark auch Ingenieure und Artilleristen und damit weitere Spezialtruppen mit sich.

Die neuen Technologien hatten gravierende Auswirkungen auf den Festungsbau. Die herkömmlichen Lehmziegelmauern waren nun ein völlig unzureichender Schutz, man ging zur Anlage von steinernen Mauern über. Außerdem wurden Geschütztürme mit Plattformen für Katapulte gebaut, die zuvor üblichen Schießscharten für Bogenschützen durch Öffnungsklappen ersetzt. Ein frühes Beispiel für die neue Befestigungstechnik ist Messene, das nach der Befreiung von der spartanischen Herrschaft 369/68 v. Chr. neu gegründet wurde.

3. Hellenismus

Aus militärgeschichtlicher Perspektive bildet der Alexanderzug einen tiefen Einschnitt in der griechischen Geschichte. In einem beispiellosen, Zeitgenossen wie Nachwelt gleichermaßen erstaunenden Siegeszug eroberte Alexander mit seinen makedonischen und griechischen Soldaten einen großen Teil der bekannten Welt und drang bis nach Ägypten, in den Hindukusch und das Indusgebiet vor. Damit erreichte die Kriegführung ganz neue Dimensionen, denn vergleichbar weiträumige Feldzüge hatte es in der griechischen Geschichte noch nicht gegeben. Alexander starb jung, und sein Riesenreich zerfiel sofort nach seinem Tod (323 v. Chr.); er blieb aber für alle hellenistischen Monarchen (und auch für manche Römer) das militärische Leitbild. Von den politischen Einheiten, die sich in den jahrzehntelangen Kämpfen um seine Nachfolge herausbildeten, waren die Reiche der Ptolemäer in Ägypten, der Antigoniden in Makedonien und der Seleukiden in Asien die bedeutendsten; ihre Heere dominierten die Schlachtfelder im östlichen Mittelmeergebiet bis zum Auftreten der Römer.

Alexanderzug als Epochenschwelle

Die Zentralisierung von Ressourcen in den Händen der Könige führte zu großen, häufig bunt gemischten Heeren. Im Orient hatten die Griechen und Makedonen neue Truppentypen kennen gelernt, die sie in ihre Armeen integrierten, z. B. Kriegselefanten und schwere Panzerreiter. Hinzu kamen neue Typen von Infanterie und leichter Reiterei; die seit dem Beginn des 4. Jahrhunderts v. Chr. erkennbare Komplexitätszunahme des Krieges setzte sich im Hellenismus fort. Kriegführung wurde zunehmend als Wissenschaft verstanden, was sich in einer Blüte der militärischen Fachschriftstellerei niederschlug. Auch die militärtechnische Entwicklung schritt rasant voran und führte zu besseren Katapulten und Belagerungsmaschinen, außerdem zu viel größeren Schiffen, als sie in klassischer Zeit üblich gewesen waren.

Neue Truppentypen

Die Heere der Könige dominierten die Schlachtfelder, aber die Poleis verloren nicht ihre Bedeutung. Einige von ihnen, z. B. Athen und Rhodos, bildeten in bestimmten Epochen wichtige Faktoren auf der politischen Bühne, andere schlossen sich zu Bünden zusammen und verstärkten damit ihren Einfluss. Auch gab es nach wie vor neben den ‚großen' Kriegen auch kleinere Auseinandersetzung zwischen benachbarten Poleis.

Militär der Poleis

Seit dem späten 3. Jahrhundert v. Chr. griffen römische Heere im östlichen Mittelmeer ein. Die Legionen erwiesen sich auf dem Schlachtfeld als überlegen und besiegten nacheinander die einzelnen hellenistischen Reiche; als letztes wurde Ägypten 30 v. Chr. dem Imperium Romanum einverleibt.

Römer

3.1 Der Alexanderzug

Vorgeschichte Bereits Philipp II. hatte einen Feldzug gegen das Perserreich geplant, wurde jedoch ermordet (336 v. Chr.), bevor er sein Vorhaben in die Tat umsetzen konnte. Sein Sohn Alexander, der sich rasch in den folgenden Thronstreitigkeiten durchsetzte, konsolidierte die makedonische Machtstellung zunächst in erfolgreichen Feldzügen gegen die Illyrer und die aufständischen Thebaner, ehe er die Pläne seines Vaters wieder aufnahm.

Alexanders Heer 334 v. Chr. setzte er schließlich mit einer Armee aus etwa 40 000 Infanteristen und 5000 Reitern nach Asien über. Ein Drittel der Truppen bestand aus Makedonen, hinzu kamen zahlreiche Söldner sowie Kontingente der Nachbarstämme Makedoniens und der griechischen Poleis; diese blieben nach Herkunft geordnet in eigenen Einheiten beisammen, wurden aber makedonischen Offizieren unterstellt. Die Griechen waren durch den von Philipp II. geschaffenen Korinthischen Bund zur Heeresfolge verpflichtet; um sich als Vorkämpfer griechischer Interessen zu stilisieren und die Akzeptanz des Perserkrieges zu steigern, deklarierte Alexander diesen als panhellenische Vergeltung für den Xerxeszug von 480/79 v. Chr.

Niemand, außer vielleicht Alexander selbst, konnte erahnen, dass der Feldzug in seiner räumlichen und zeitlichen Erstreckung alle bekannten Dimensionen sprengen würde. In einer ersten Phase wurden die persischen Statthalter Kleinasiens geschlagen (Schlacht am Granikos 334 **Unterwerfung Kleinasiens** v. Chr.), die griechischen Städte liefen zu Alexander über, einige wurden auch mit Gewalt genommen. Höhepunkte der zweiten Phase waren zwei Siege über das vom Perserkönig Dareios III. angeführte persische **Issos und Gaugamela** Reichsheer, bei Issos (333 v. Chr.) und bei Gaugamela (331 v. Chr.); in der Zeit zwischen diesen beiden Schlachten wurden die persischen Flottenstützpunkte an der Levante ausgeschaltet und ein Zug nach Ägypten unternommen. Bald nach Gaugamela wurde Dareios von seinen Gefolgsleuten ermordet, womit der Feldzug eine dritte, grundlegend andere Phase erreichte: Nun trat Alexander nicht mehr als Gegner, sondern als legitimer Nachfolger des Perserkönigs auf. Seine Herrschaft wurde in den östlichen Provinzen, vor allem in Baktrien und Sogdiane (gelegen im heutigen Usbekistan, Turkmenistan und Afghanistan), allerdings erst **Indienfeldzug** nach langwierigen und verlustreichen Gebirgsfeldzügen anerkannt. Der anschließende Zug in das Indusgebiet gestaltete sich als schwierig; zwar blieben Alexanders Truppen in einer Schlacht über den Inderkönig Poros siegreich (326 v. Chr.), aber die Unzufriedenheit im Heer wuchs, und schließlich musste Alexander einer Umkehr zustimmen. Nach weiteren Kämpfen und einem beschwerlichen, verlustreichen Rückmarsch durch die Gedrosische Wüste erreichte Alexander seine neue Residenz Babylon. **Tod Alexanders** Dort starb er im Alter von 33 Jahren (323 v. Chr.) bei der Vorbereitung weiterer Feldzüge.

Alexander der Große ist einer der erfolgreichsten Eroberer der Weltgeschichte. Besonders beeindruckt zeigten sich antike und moderne Militärhistoriker davon, dass sein Heer in kurzer Zeit völlig unterschiedliche Herausforderungen bewältigte: Feldschlachten gegen die numerisch deutlich überlegenen Heere des Dareios, langwierige Belagerungen wie diejenige von Tyros in Phönizien, Gebirgsfeldzüge, die eine weite Dislozierung von Truppen notwendig machten, und den Kampf gegen die Kriegselefanten des Poros.

Die Gründe für die Erfolge sind vielfältig: Erstens hatte Alexander in vielen Situationen großes Glück, bereits am Granikos wäre er um ein Haar gefallen; auch profitierte er von strategischen und taktischen Fehlern der Perser. Zweitens hatte Alexander von Philipp II. ein äußerst schlagkräftiges Heer übernommen, das für jede Anforderung gerüstet war. In offenen Schlachten kamen besonders der mit Sarissen ausgerüsteten Phalanx und der makedonischen Reiterei große Bedeutung zu: In der Regel sollte die Phalanx das Zentrum halten, während der entscheidende Angriff mit den Eliteeinheiten der Kavallerie unter Alexanders persönlicher Führung erfolgte. Daneben verfügte das Heer über Spezialtruppen für jede Situation und jedes Gelände: eine effektive Artillerie für Belagerungen, leichtbewaffnete Fußsoldaten, die insbesondere beim Kampf im Gebirge unverzichtbar waren, dazu leichte Reiterei, die zur Flankensicherung und zur Aufklärung eingesetzt wurde. Auch funktionierte die Logistik der Armee in den meisten Situationen so gut, dass sie sich mit einer höheren Geschwindigkeit als die Gegner bewegen konnte.

Drittens erwies sich Alexander als fähiger Feldherr, der sich auf verschiedene Situationen und Gegner rasch einzustellen vermochte. Die Schlachtaufstellungen bei Issos und Gaugamela zeigen, dass der im Verlauf des 4. Jahrhunderts v. Chr. entwickelte Kampf der verbundenen Waffen eine neue Qualität gewonnen hatte; insbesondere setzte Alexander aus Infanterie und Kavallerie gemischte Einheiten ein, die sich im Kampf gegen die persischen Reiter als sehr effektiv erwiesen. Darüber hinaus operierte Alexander mit taktischen Reserven, die je nach Verlauf der Schlacht eingesetzt werden konnten. Noch wichtiger als diese taktischen Qualitäten war Alexanders Fähigkeit, seine Truppen zu Höchstleistungen anzuspornen, indem er selbst die Mühen und Gefahren mit ihnen teilte. Als Inbegriff des ‚heroischen Heerführers' führte er Schlachten und Belagerungen an der Spitze seiner Truppen und erlitt mehrfach schwere Verwundungen.

Aber nicht nur in akuten militärischen Entscheidungssituationen, auch auf lange Sicht gelang es Alexander, seine Truppen zu motivieren. Viel ist darüber geschrieben worden, dass Alexander von seinem Heer schließlich zur Umkehr gezwungen wurde; viel bemerkenswerter aber ist, dass es ihm durch so viele, bei Feldzugsbeginn nicht erwartete Beschwernisse gefolgt war. Allein mit der Aussicht auf Beute und der Angst vor disziplinarischen Strafen ist dies nicht zu erklären, es gelang Alexander vielmehr, dem Heer immer wieder den Glauben zu vermitteln, etwas Großes zu vollbringen. Die Selbststilisierung als Gottessohn, unter anderem als neuer Achilleus und als Sohn des Zeus-Ammon, und die damit verbundene heroische Überhöhung des gesamten Feldzugs spielten hierbei eine wichtige Rolle.

Veränderung des Heeres

In den ersten Kriegsjahren wurden Verluste noch durch Zuführung von frischen Truppen aus Makedonien ausgeglichen, doch später veränderte sich die Zusammensetzung des Heeres markant. Nach dem Sieg über Dareios wurden die griechischen Verbündeten in ihre Heimat entlassen, dafür zahlreiche Perser in das Heer aufgenommen. Alexander ging – zweifellos zu Recht – davon aus, dass zur Kontrolle des Riesenreiches eine viel breitere Basis notwendig sei als das griechisch-makedonische Heer, und betrieb deswegen eine Politik der Annäherung an die persische Führungsschicht. Dies führte zu harten Konflikten mit dem makedonischen Adel, der sich zurückgesetzt fühlte und insbesondere die neu eingeführten, an orientalische Traditionen angelehnten Hofrituale ablehnte. Mehrfach wurden Verschwörungen aufgedeckt und Personen aus dem engsten Führungszirkel hingerichtet; dass Alexander damit auch fähige Truppenführer verloren gingen, wurde insbesondere beim Indienfeldzug schmerzhaft deutlich.

3.2 Die Heere der hellenistischen Könige

Bunt gemischte Heere

Die Königreiche, die aus den Kämpfen nach Alexanders Tod entstanden, waren keine Flächenstaaten, sondern umfassten neben dem Königsland auch Poleis mit weit reichender Autonomie, Stammesgebiete und lokale Fürstentümer. Diese Vielfalt und die enorme Ausdehnung mancher Reiche, vor allem des Seleukidenreiches, führten auch zu sehr bunt gemischten Armeen. Am liebsten griffen die Könige auf das Wehrpotenzial Griechenlands und Makedoniens zurück, aber dieses genügte den Reichen in Asien und Ägypten nicht, um die Heere zu füllen. Je weiter die Zeit fortschritt, desto stärker wurde die indigene Bevölkerung militärisch integriert, wobei man sie teils auf makedonische Weise ausrüstete, teils in traditioneller Bewaffnung kämpfen ließ. So entstanden Heere aus ganz verschiedenen Truppentypen mit unterschiedlichen Kampfesweisen, die auf der einen Seite für eine enorme Flexibilität sorgten, auf der anderen Seite den Heerführer vor die schwierige Aufgabe stellten, die unterschiedlichen Einheiten koordiniert einzusetzen.

Heeresgrößen

Ein weiteres Kennzeichen der hellenistischen Kriegführung sind die enormen Heeresgrößen. In manchen Schlachten kämpften mehr als 100 000 Soldaten, was die Dimensionen klassischer Zeit weit übersteigt. Die meisten hellenistischen Soldaten waren Berufssoldaten, d. h. entweder Söldner, deren Anteil seit dem 4. Jahrhundert v. Chr. weiter zunahm, oder Soldaten, die vom König ein Stück Land erhalten hatten, das sie in Friedenszeiten bewirtschaften konnten; in Kriegszeiten standen sie weiter zu Diensten.

Auch wenn die Unterschiede zwischen den einzelnen Königreichen beträchtlich waren – das Antigonidenreich in Makedonien hatte ein verhältnismäßig homogenes, das Seleukidenreich ein besonders stark gemischtes Heer –, so ähnelte sich doch die prinzipielle Kampftaktik; man folgte hier der Tradition des großen Vorbilds Alexander. Das Rückgrat der Heere bildete während der gesamten hellenistischen Zeit die makedonische, sarissenbewehrte Phalanx, die im Zentrum der Schlachtreihe aufgestellt wurde. Die Sarissen wurden im Hellenismus noch weiter verlängert, was die Schlagkraft der Phalanx weiter erhöhte. Daneben kamen andere Typen von Infanteristen auf, z. B. der Thyreophoros, der nach seinem langen ovalen Schild (*thyreós*) benannt war. Spezialisierte Söldnertruppen, etwa kretische Bogenschützen oder rhodische Schleuderer, fanden sich in vielen hellenistischen Armeen. Kampftaktik Phalanx

Große Veränderungen vollzogen sich auf dem Gebiet der Kavallerie. Zahlenmäßig nahm deren Bedeutung seit dem Tod Alexanders ab, aber dafür kamen neue Typen auf. Beim Alexanderzug hatte man in den östlichen Gebieten des Perserreiches Kataphrakten kennen gelernt, die von Kopf bis Fuß gepanzert waren und auf ebenfalls gepanzerten Pferden ritten; sie waren mit Stoßlanzen bewaffnet. Eine solche – den mittelalterlichen Rittern ähnliche – schwere Stoßkavallerie war in Griechenland unbekannt gewesen, die hellenistischen Könige, vor allem die Seleukiden, nahmen sie in ihre Heere auf. Ein neuer Typ leichter Kavallerie waren die so genannten Tarentiner, die mit Wurfspeeren, bisweilen auch mit dem Schwert kämpften; sie stammten, wie der Name sagt, zunächst aus Tarent, aber bald übernahmen auch Reiter aus anderen Gebieten diese Kampfesweise. Kavallerie

Streitwagen waren den Griechen archaischer und klassischer Zeit fremd gewesen, im Hellenismus bildeten sie wieder einen Bestandteil mancher Heere. Ihr Einsatz erfolgte in der Regel gleich zu Beginn der Schlacht; mit Sicheln an den Deichseln versehen, sollten sie Breschen in die gegnerischen Reihen schlagen und dort für Unruhe sorgen, bevor der Hauptkampf begann. Eine schlachtentscheidende Wirkung vermochten sie allerdings nicht zu entfalten. Streitwagen

Die wichtigste militärische Neuerung des Hellenismus stellen die Kriegselefanten dar. Alexander hatte bei seinem Indienfeldzug gegen die Elefanten des Königs Poros gekämpft und ein großes Interesse für diese Waffe entwickelt. In den Kämpfen um seine Nachfolge spielten Elefanten bereits eine wichtige Rolle; vor allem Seleukos I., der über 500 Tiere verfügt haben soll, setzte sie mit großem Erfolg ein: Bei Ipsos (301 v. Chr.) blockierten seine Elefanten die unter Demetrios' Kommando stehenden besten Kavallerieeinheiten des Gegners, was sich als schlachtentscheidend erwies. Elefanten entfalteten ihre größte Wirkung, wenn die Gegner – vor allem deren Pferde! – nicht an sie gewöhnt waren. In diesem Fall konnten sie Kavallerieeinheiten allein durch ihren Geruch und Anblick zersprengen und dicht stehende Infanterie niedertrampeln. Das beste Beispiel ist der Sieg der seleukidischen Armee in der so genannten Elefantenschlacht (277 v. Chr.) gegen die Galater; bereits der erste Angriff der Elefanten, die den Galatern völlig unbekannt gewesen waren, schlug diese in die Flucht. Nachteilig waren die hohen Kosten für die Beschaffung und den Unterhalt, vor allem aber die hohen Risiken des Elefanteneinsatzes: Es kam vor, dass die Tiere in Panik gerieten und in die eigenen Reihen einbrachen. Auch waren Elefanten anfällig gegen Beschuss durch Pfeile und Speere, und Heere, die sich auf Elefanten eingestellt hatten, bildeten Lücken für die heranstürmenden Tiere, so dass diese wenig Schaden anrichteten und hinter den Linien getötet werden konnten. Dies alles führte dazu, dass die Elefanten zunehmend ihre Wirkung verloren und im 2. Jahrhundert v. Chr. wieder aus den Heeren verschwanden.

Könige als Kriegsherren — Ein hellenistischer König musste verschiedene Rollen ausfüllen, die wichtigste Rolle war aber zweifellos diejenige eines erfolgreichen Kämpfers und Heerführers. Die Stellung eines Königs hing wesentlich von seinem Erfolg in den Schlachten ab; Siege stabilisierten die Herrschaft, während Niederlagen häufig unmittelbar Usurpationen zur Folge hatten. Dies liegt zum einen daran, dass ein siegreicher König die materiellen Bedürfnisse seiner Soldaten und Untertanen besser befriedigen konnte, zum anderen aber – und das ist der bedeutendere Aspekt – ging es um das Sieger-Image: Ein hellenistischer Monarch musste, wenn seine Herrschaft Akzeptanz finden sollte, sieghaft sein, ähnlich den homerischen Helden. Aus diesem Grund führten die Könige ihre Heere zumeist persönlich an und kämpften wie Alexander an vorderster Front mit. Die Quellen berichten sogar mehrfach davon, dass die feindlichen Heerführer in der Schlacht das persönliche Duell suchten, um ihre kriegerische Exzellenz unter Beweis zu stellen.

Der kriegerische Charakter der hellenistischen Monarchie ergibt sich aus ihren Ursprüngen. Alexander war das große Vorbild, das man zu erreichen suchte, in den Nachfolgekämpfen setzten sich die besten Heerführer durch. Dabei kam es nicht allein auf strategische und taktische Fähigkeiten an, sondern vor allem um die glaubwürdige Vermittlung eines *Sieger-Image* — nes Sieger-Images. Denn in manchen der Schlachten stießen Truppen aufeinander, die noch gemeinsam unter Alexander gekämpft hatten; unter diesen Umständen konnte keiner der Heerführer der Loyalität seiner Truppen sicher sein. Der Krieg zwischen Antigonos Monophthalmos und Eumenes beispielsweise wurde letztlich nicht in einer Schlacht, sondern durch die Meuterei von Eumenes' Truppen entschieden. Auch im weiteren Verlauf der hellenistischen Zeit waren die Truppen nicht immer zuverlässig. Neben der pünktlichen Soldzahlung und Beteiligung an der Kriegsbeute banden die Könige die Soldaten am wirksamsten an sich, indem sie das Gefühl vermittelten, unter einem heroischen Heerführer zu kämpfen.

Starke Veränderungen in hellenistischer Zeit sah die Seekriegführung. Der seit dem frühen 4. Jahrhundert v. Chr. erkennbare Trend zu größeren Schiffen setzte sich fort; in der Seeschlacht vor Salamis auf Zypern setzte Demetrios bereits Siebenruderer ein (307 v. Chr.). Exemplarisch ist an dieser Schlacht ein grundsätzlicher Wandel der Taktik ablesbar: Die neuen Großschiffe waren langsamer und schwerfälliger als die klassischen Triëren, dafür konnten sie deutlich mehr Truppen aufnehmen. Der Enterkampf gewann, Manövrierkunst und das Zusammenspiel zwischen Steuerleuten und Ruderern hingegen verloren an Bedeutung, ohne dass der Rammstoß außer Gebrauch gekommen wäre. Auch Katapulte wurden in hellenistischer Zeit im Seekrieg eingesetzt, was wiederum große Schiffe erforderte. Allerdings waren auch immer noch kleinere Schiffe im Einsatz, die Flotten der hellenistischen Reiche waren, wie auch die Landheere, viel stärker differenziert als die Vorgänger klassischer Zeit. _{Seekrieg}

Einen enormen Aufschwung erlebte die Belagerungstechnik durch die Entwicklung immer neuer Maschinen. Technischer Fortschritt, der auch durch die Konzentration von Ressourcen in den Händen der Könige möglich gemacht wurde, führte zu größeren Katapulten, die zentnerschwere Steine schleudern konnten. Eine Neuerung hellenistischer Zeit waren Belagerungstürme, der berühmteste wurde von Demetrios Poliorketes bei seinem Angriff auf Rhodos (305/4 v. Chr.) eingesetzt. Obwohl die Belagerung letztlich fehlschlug, mehrte sie Demetrios' Ruhm; daran wird ersichtlich, dass die Belagerungsmaschinen, ebenso wie Elefanten oder große Kriegsschiffe, nicht nur eine praktische Funktion besaßen, sondern auch dem Prestige ihres Besitzers dienten. _{Poliorketik}

3.3 Das Militär der hellenistischen Poleis

Die militärischen Aufgebote der Poleis waren den Armeen hellenistischer Könige weit unterlegen, doch sie wurden nicht bedeutungslos. Die meisten Poleis behielten, auch wenn sie Glieder eines Reiches waren, ihre innere Autonomie und auch außenpolitischen Spielraum. Dieser ergab sich vor allem aus der Konkurrenz der Könige untereinander. Da die Belagerung einer gut befestigten Stadt auch für die hochgerüsteten hellenistischen Heere eine langwierige Aufgabe sein konnte, bemühten sich die Könige zumeist um ein gutes Verhältnis zu den Poleis. In vielen Fällen finanzierten sie sogar Befestigungsanlagen, um sich einerseits die Dankbarkeit der Bevölkerung zu sichern, andererseits aber auch Boll- _{Autonomie}

werke ihrer Herrschaft zu errichten. Es gab allerdings auch Festungen, die der Kontrolle von Poleis durch eine königliche Garnison dienten.

Stadtverteidigung
Allgemein lässt sich bei den hellenistischen Poleis eine Verschiebung der Gewichte vom Feldheer zu Festungstruppen beobachten. Eine Feldschlacht gegen eine königliche Armee war aussichtslos, deshalb wurde mehr Wert auf eine starke Befestigung und Besatzung gelegt, die im Fall einer Belagerung Widerstand leisten sollte, bis Hilfe nahte. Bogenschützen, Schleuderer und Artilleristen gewannen gegenüber den schwer bewaffneten Fußsoldaten an Bedeutung.

Ebenso wie von den Königen wurden auch von den Poleis zahlreiche Söldner eingesetzt, doch die Bürgermiliz leistete weiterhin einen großen Anteil an der Verteidigung der Polis; zahlreiche Inschriften belegen, dass gerade sensible Bereiche der Befestigungen mit Bürgertruppen bemannt waren. Die militärische Ausbildung reagierte auf das veränderte Kriegsszenario: Die Jugendlichen, die im Gymnasion zu Polisbürgern ausgebildet wurden, mussten neben dem Kampf mit Schild, Schwert und Speer vor allem den Gebrauch jener Waffen lernen, die bei einer Belagerung von Bedeutung waren: Bogenschießen, Steineschleudern, Katapultschießen und selbst die Reparatur eines Katapults wurden geübt. In all diesen Disziplinen wurden Wettkämpfe abgehalten, die besten jeder Alterskohorte wurden öffentlich geehrt. Die Vorstellung, die Polisgemeinschaft sei ein Kriegerverband, lebte fort; es ist sogar festzustellen, dass den militärischen Übungen in der Erziehung der Jugendlichen ein breiterer Raum zugemessen wurde als in klassischer Zeit. Die Entwicklung, die sich bei der Einrichtung und Reform der athenischen Ephebie im 4. Jahrhundert v. Chr. bereits abgezeichnet hatte, setzte sich fort.

Militärische Ausbildung

,Kleine' Kriege
Häufig wird übersehen, dass es im Hellenismus außer den großen Kriegen der Könige auch kleine Kriege zwischen benachbarten Poleis gab, die den Auseinandersetzungen archaischer und klassischer Zeit recht ähnlich waren. Den Anlass bildete zumeist ein Streit um ein Stück Land, Raub von Vieh oder ein Übergriff auf fremdes Territorium. Wurde der Konflikt nicht durch den Schiedsspruch eines Königs oder einer befreundeten Polis beigelegt, versuchten die jeweiligen Aufgebote, der Nachbarpolis durch Zerstörung der Ernte oder kleinere Plünderungszüge wirtschaftlichen Schaden zuzufügen; es kam aber auch zu offenen Feldschlachten.

In großem Stil konnten die Poleis nur selten aktiv werden; Athen versuchte mehrere Male, an die Großmachtpolitik der klassischen Zeit anzuknüpfen, scheiterte jedoch an der maritimen Überlegenheit der Könige. Rhodos hingegen gelang es im 3. und frühen 2. Jahrhundert v. Chr. dank seiner wirtschaftlichen Leistungsfähigkeit und dem Vorteil der Insellage, eine Flotte zu unterhalten, die keinen Gegner zu fürchten brauchte. Als erfolgreichstes Modell, um die Stellung der Poleis gegenüber den Königen zu stärken, erwies sich im Hellenismus indes der Bund (*koinón*) aus mehreren Poleis bzw. Stämmen. Die einzelnen Mitglieder behielten

Rhodos

Bundesstaaten

ihre Autonomie, vereinten aber ihre militärischen Ressourcen in Bundesheeren, die den königlichen Armeen ähnelten; die Entscheidung über Krieg und Frieden lag bei der Bundesversammlung, die Befehlsgewalt in der Hand der gewählten Strategen. Obwohl Interessenkonflikte zwischen den einzelnen Mitgliedern an der Tagesordnung waren, erwiesen sich die Bünde als stabil, insbesondere der Ätolische und der Achäische Bund, die an militärischer Schlagkraft den Königen kaum nachstanden. Fast überall setzte sich im Verlauf des 3. Jahrhunderts v. Chr. die makedonische Bewaffnung durch, der klassische Hoplitenspeer wurde durch die längere Sarissa ersetzt.

4. Römische Republik

Roms Entwicklung in republikanischer Zeit ist von einer rasanten Expansion geprägt. Bis zur Mitte des 4. Jahrhunderts v. Chr. lediglich eine regionale Vormacht in Mittelitalien, konnte Rom bis 272 v. Chr. ganz Italien bis zum Po unter seine Herrschaft führen. In zwei langen, verlustreichen und wechselvollen Kriegen (264–241, 218–201 v. Chr.) gelang es, die Macht Karthagos zu brechen; Rom wurde damit zur unumstrittenen Herrscherin des westlichen Mittelmeerraums. Unmittelbar nach dem Sieg über Karthago griffen die Römer energisch auch nach Osten aus und blieben sowohl gegen die Könige Makedoniens (200–197, 171–167 v. Chr.) als auch gegen den Seleukiden Antiochos III. siegreich (192–188 v. Chr.); danach galten sie aus der Perspektive der mediterranen Kulturen als Herren der Welt. Im ersten vorchristlichen Jahrhundert verschärften sich die innerrömischen Konflikte, so dass römische Heere nun oft gegeneinander kämpften; der Expansion tat dies jedoch keinen Abbruch, Bürgerkriege waren häufig mit Kriegen gegen auswärtige Feinde verflochten. Schließlich besiegte Octavian, der spätere Augustus, in der Seeschlacht bei Actium 31 v. Chr. seinen römischen Rivalen Marcus Antonius und die ägyptische Königin Kleopatra, Ägypten wurde dem Römischen Reich einverleibt. Damit war die Zeit der Bürgerkriege beendet und zugleich das letzte der einstmals mächtigen hellenistischen Großreiche zerschlagen.

Aufstieg zur Weltherrschaft

Die Gründe dafür, dass die Römer ein Weltreich erobern und konsolidieren konnten, sind vielfältig und nicht allein militärischer Natur, aber dem römischen Heer kommt eine entscheidende Bedeutung zu. Die Überlegenheit der Römer auf dem Schlachtfeld beruhte auf dem großen Wehrpotenzial Italiens und einer effektiven Militärorganisation, aber auch auf einer wirksamen Bewaffnung und Kampftaktik, welche die Römer den jeweiligen Gegebenheiten anzupassen wussten. Auch die hohe Kampfmoral der römischen Truppen ist zu berücksichtigen; diese

Gründe für militärischen Erfolg

beruhte zum einen auf der starken Identifikation des Einzelnen mit der *res publica*, zum anderen auf einer militaristischen Ethik, die sich auch in einer massiven Präsentation von Krieg im öffentlichen Raum ausdrückte.

4.1 Organisation, Rekrutierung, Heeresstärke

Milizheer
Das römische Heer war zunächst ein reines Milizheer, das bei Kriegsbeginn aufgestellt und nach dem Feldzug vollständig demobilisiert wurde. Jeder Bürger im Alter von 17 bis 46 Jahren war wehrpflichtig, der Kriegsdienst galt als die wichtigste und ehrenvollste Aufgabe eines römischen Bürgers. Politische und militärische Ordnung waren aufeinander bezogen: *Centuria* bezeichnete sowohl eine militärische Einheit als auch eine Stimmkörperschaft in den Zenturiatkomitien, also derjenigen Volksversammlung, die für die Wahl der höchsten Beamten zuständig war. Deren Gliederung entsprach der ursprünglichen Heeresversammlung. Auch auf einer anderen Ebene korrespondierte der Aufbau des Heeres mit den gesellschaftlichen Strukturen: Es bestand eine klare Trennlinie zwischen den Mannschaften, die aus der Masse der Bürger rekrutiert wurden, und den höheren Offizieren, die aus der Gruppe der Senatoren und Ritter stammten.

Während sich für die Frühzeit nur wenige zuverlässige Angaben über die Wehrordnung erhalten haben, ist die Zeit der großen Expansion (3./2. Jahrhundert v. Chr.) recht gut dokumentiert. Der griechische

Polybios als Quelle
Politiker und Geschichtsschreiber Polybios, der als Geisel nach Rom deportiert worden und dort mit den höchsten senatorischen Kreisen in Kontakt gekommen war, widmete der römischen Militärorganisation eine längere Passage in seinem Werk (6,19–42), für die er sowohl auf eigene Beobachtungen als auch auf ein militärisches Handbuch zurückgriff. Nach Polybios hatte die wichtigste Einheit der römischen Armee, die Legion, eine Sollstärke von 4200 Soldaten, konnte in Zeiten äußerster Gefahr aber auf 5000 Mann aufgestockt werden. Im Normalfall kommandierte jeder der beiden Konsuln zwei Legionen, so dass sich eine Gesamtzahl von vier Legionen ergibt. Polybios gibt ferner an, dass

Dienstpflicht
Fußsoldaten ihre Dienstpflicht nach 16 Jahren im Felde, Reiter nach zehn Jahren erfüllt hatten, doch dabei handelt es sich um schematische Angaben: Viele Römer werden deutlich weniger Dienstjahre absolviert haben, auf der anderen Seite erwähnt Livius (42,34) einen 50-jährigen Mann, der 22 Jahre lang an Feldzügen teilgenommen hatte. Wer sich dem Kriegsdienst zu entziehen versuchte, musste mit harten Strafen rechnen, die bis zum Verkauf in die Sklaverei reichten.

Nach Polybios' Angaben mussten sich alle Wehrpflichtigen vor Beginn eines Feldzugs auf dem Kapitol in Rom einfinden, doch dabei handelt es sich um eine Rückprojektion auf die Zeit, als das Bürgergebiet Roms nur die Stadt selbst und das unmittelbare Umland umfasste; zu Polybios' Zeit hingegen lebten viele Bürger fernab der Hauptstadt, so dass von einem dezentralisierten Verfahren auszugehen ist. Die Auswahl der Soldaten erfolgte in einem komplizierten Musterungsakt, bei dem die Militärtribunen der Legionen jeweils abwechselnd aus Vierergruppen ihren Soldaten auswählten; dieses Verfahren sollte dazu dienen, den einzelnen Legionen eine möglichst gleichmäßige Qualität zu verleihen, und gleichzeitig für eine regionale Vermischung der Einheiten sorgen. Abgeschlossen wurde die Musterung durch den Fahneneid (*sacramentum*), allen Befehlen der Vorgesetzten zu gehorchen. Gesprochen wurde der Eid durch ausgewählte Soldaten, alle übrigen sprachen eine verkürzte Formel nach.

Musterung

Eingeteilt wurden die Truppen nach ihrem Alter und ihrem Besitz. Für den Eintritt in die Legion war ein Mindestzensus von 11 000 Assen, seit dem 2. Punischen Krieg von 4000 Assen nötig, die Ärmeren mussten den gering angesehenen Flottendienst verrichten. Von den übrigen wurden die jüngsten und ärmsten Rekruten als Leichtbewaffnete (*velites*) eingesetzt, die Mehrheit leistete ihren Kriegsdienst in der schwerbewaffneten Infanterie; die Kavallerie setzte sich aus Angehörigen der angesehensten römischen Familien zusammen. Zu diesem römischen Aufgebot kamen noch die Kontingente der Bundesgenossen hinzu, die etwas mehr als die Hälfte des gesamten Heeres gestellt haben dürften.

Durch die Eingliederung Italiens in den römischen Herrschaftsbereich wuchs das Wehrpotenzial stark an. Zwar ist die Zahl von 770 000 potenziellen Soldaten, mit der Polybios für das Jahr 225 v. Chr. die Wehrkraft Italiens beziffert (2,24), deutlich zu hoch gegriffen, doch im Gegensatz zu seinen Gegnern war Rom in der Lage, große Verluste immer wieder auszugleichen. In der Spätphase des Hannibalkrieges, als bereits Zigtausende Legionäre ihr Leben auf dem Schlachtfeld verloren hatten, war Rom immer noch in der Lage, 150 000 Mann ins Feld zu schicken, und in ähnlichen Dimensionen bewegt sich die Zahl der Soldaten, die im 2. Jahrhundert v. Chr. in oft zeitgleichen Kriegen im östlichen Mittelmeer, Spanien und Nordafrika kämpften. Die Männer standen nun oft mehrere Jahre außerhalb Italiens in Waffen, so dass sich das Heer zunehmend professionalisierte und von der zivilen Gesellschaft zu lösen begann.

Wehrpotenzial

4.2 Bewaffnung und Kampftaktik

Im 6. und 5. Jahrhundert v. Chr. kämpften die Römer wohl ebenso wie die etruskischen Aufgebote nach griechischem Vorbild in der Phalanx. Im 4. Jahrhundert v. Chr. kam man von dieser starren Formation ab und entwickelte eine flexiblere Kampfesweise, die so genannte Manipulartaktik, die von kleinen Einheiten und einer lockeren Aufstellung geprägt war. Die Legion, die selbst eine administrative, aber keine taktische Einheit

Manipulartaktik

bildete, wurde in 30 Manipel eingeteilt, genauer in drei Treffen à zehn Manipel: Die vorderste Kampflinie bildeten die *hastati*, in der Regel junge Männer, dahinter waren die *principes* aufgestellt, und das letzte Treffen bildeten die ältesten und erfahrensten Soldaten, die *triarii*. Römische Redensarten wie „Die Sache fällt auf die Triarier zurück" bezeichnen eine ernste Gefahr und lassen darauf schließen, dass die *triarii* dann zum Einsatz kamen, wenn der Gegner großen Widerstand zu leisten vermochte. Die leichtbewaffneten *velites* bildeten keine eigenen Einheiten, sie traten zu Beginn der Schlacht als Plänkler in Aktion, um die Reihen der Gegner in Unordnung zu bringen, oder wurden zu Flankenangriffen eingesetzt. Im Regelfall umfassten die Manipel der *hastati* und *principes* etwa 120–150 Mann, die Manipel der *triarii* waren etwas kleiner.

Bewaffnung der Legionäre *Hastati*, *principes* und *triarii* trugen das *scutum*, einen ovalen Schild aus Holz, der über einen kräftigen Mittelbuckel verfügte und mit Leinen oder Leder überzogen war, außerdem eine Brustplatte oder ein Kettenhemd und einen bronzenen Helm. Da die Ausrüstung von den Soldaten selbst gestellt wurde, muss man mit einer gewissen Varianz rechnen. Für den Angriff verfügten sie über den *gladius*, ein aus Spanien übernommenes kurzes Schwert, das beidseitig geschliffen und sowohl für den Stoß als auch für den Hieb geeignet war; außerdem trugen die *hastati* und *principes* je ein leichtes und ein schweres *pilum*, die *triarii* hingegen waren mit langen Speeren ausgerüstet. Die *pila* bestanden aus einem ungefähr 90 Zentimeter langen Holzschaft, an den eine lange eiserne Spitze angenietet war. Sie verfügten über Widerhaken und waren so konstruiert, dass sich die Spitze beim Aufprall auf einen Schild umbog, damit die Geschosse nicht herausgezogen und zurückgeworfen werden konnten; gleichzeitig machten sie den Schild des Feindes unbrauchbar. Das leichtere *pilum* wog etwa 2 Kilogramm und wurde bei der Annäherung der Heere geworfen, das schwere *pilum* (ca. 4,5 Kilogramm) konnte ebenfalls geworfen, aber auch als Stoßwaffe eingesetzt werden, Letzteres vor allem gegen Reiterei.

Kampfformation Das römische Heer nahm beim Anmarsch in die Schlacht einen verhältnismäßig großen Raum ein, denn der Abstand zwischen den Soldaten war deutlich größer als in einer Phalanx, um dem Legionär Raum für den Wurf seiner *pila* zu verschaffen. Die Manipel selbst waren auf Lücke gestellt: Zwischen den Manipeln der *hastati* ließ man Zwischenräume, hinter denen die *principes* aufgestellt waren; hinter diesen, wiederum versetzt, nahmen die *triarii* Aufstellung. Diese lockere Aufstellung machte es leichter, die Formation beim raschen Vorrücken zu wahren, sie barg allerdings das Risiko, dass die kleinen Manipel vom Feind in die Zange genommen würden. In diesem Fall lag es an den hinteren Manipeln, rasch vorzustoßen und die Lücken zu schließen; die Kampfkraft der *hastati* beruhte ganz wesentlich auf dem Vertrauen in die *principes*, ihnen im Fall eines Flankenangriffs zu Hilfe zu eilen.

4. Römische Republik

Solche Manöver mussten rasch vonstatten gehen und konnten in der Hitze der Schlacht nicht vom Feldherrn angeordnet werden. Hier waren die Zenturionen gefordert, von denen jedes Manipel über zwei verfügte; insgesamt gehörten damit 60 Zenturionen zu einer Legion. Die Zenturionen wurden aus Soldaten ausgewählt, die sich im Kampf durch Tapferkeit und Umsicht ausgezeichnet hatten, und ihre Entscheidungen waren für den Erfolg der Armee von größter Bedeutung. Die Zenturionen einer Legion standen in einem hierarchischen Verhältnis zueinander – der erste Zenturio des ersten Manipels, am rechten Flügel postiert, besaß den höchsten Rang –, so dass es immer die Möglichkeit eines weiteren Aufstiegs und damit Anreize für höchsten Einsatz gab. *Zenturionen*

Insbesondere gegen die makedonische Phalanx bewährte sich die römische Manipularordnung hervorragend, die Gründe dafür legte Polybios in den Grundzügen treffend dar (Pol. 18,28–32): Zwar konnte die sarissenbewehrte Phalanx beim ersten Aufprall die Manipel zurückdrängen, da sie dichter gestaffelt war und die langen Sarissen die Legionäre auf Abstand hielten; aber wenn sich im Verlauf der Schlacht Lücken auftaten, wie es aufgrund von Geländeunebenheiten oder ungleichmäßigem Druck zwangsläufig geschah, dann konnten die Legionäre auf Befehl der Zenturionen in diese Lücken hineinstoßen. Und sobald es zum Nahkampf kam, war der Phalangit gegenüber dem Legionär, der mit dem spanischen Schwert und seinem *scutum* für den Kampf Mann gegen Mann bestens ausgerüstet war, vollkommen chancenlos. Viele Schlachten, z. B. 168 v. Chr. bei Pydna, endeten nach anfänglichem Erfolg der Phalanx in deren vollständiger Niederlage. Auch gegen andere Infanterie erwies sich die Kombination aus *pila*, die Lücken in die Formation der Feinde rissen und viele Schilde unbrauchbar machten, und spanischem Schwert als sehr wirkungsvoll. *Legion gegen Phalanx*

Ein weiterer Grund für den römischen Erfolg ist in der hohen Kampfmoral zu suchen. Häufig entschied die größere Widerstandskraft Schlachten zugunsten der Römer, und selbst bei verheerenden Niederlagen wie 216 v. Chr. bei Cannae kämpften die Legionäre auch in fast aussichtsloser Lage weiter. Ein Vorteil des römischen Heeres war ferner seine Homogenität, die dem Feldherrn seine Aufgabe recht einfach machte, denn römische Schlachtpläne waren in der Regel sehr simpel: Die Legionen sollten das gegnerische Zentrum angreifen und durchbrechen, während die Kavallerie die Flanken sicherte; in der Regel funktionierte dies gut. Die gegnerischen Heere, insbesondere die Aufgebote der hellenistischen Könige, waren dagegen häufig Amalgame ganz unterschiedlicher Truppengattungen mit unterschiedlichen Bewaffnungen, unterschiedlichen Kampfesweisen und unterschiedlicher Kampfmoral. Gut eingesetzt konnten diese Armeen große Wirkung entfalten, wie etwa die Siege Alexanders und Pyrrhos' zeigen, aber die taktischen Anforderungen an den Feldherrn waren hoch (s.o. Kap. I.2.8). *Kampfmoral*

Marschlager   Großer Wert wurde in der römischen Armee auf die Ordnung gelegt. Voller Bewunderung schildert Polybios, wie die Römer am Ende jedes Marschtages ein festes Lager aufschlugen, das immer nach dem gleichen Schema aufgebaut war. In der Realität werden die Besonderheiten des jeweiligen Geländes zwar zu Variationen geführt haben, doch die klare Untergliederung des Lagers in einzelne Bezirke mit festgelegten Funktionen – einer Stadt ähnlich – werden die Soldaten in dem Glauben bestärkt haben, in einer wohlgeordneten und damit schlagkräftigen Armee zu dienen.

Seekrieg   Der Seekrieg beschränkte sich für die Römer lange Zeit auf private Kaperfahrten. Erst im 1. Punischen Krieg war der Bau einer Flotte notwendig, um im Kampf um Sizilien bestehen zu können. Die nautische Überlegenheit der Karthager versuchten die Römer durch eine neue Erfindung auszugleichen: eine Enterbrücke, durch die sich eine See- in eine Landschlacht verwandeln ließ. Diese Erfindung erwies sich in mehreren Gefechten als erfolgreich, und obwohl die Römer durch die Unerfahrenheit ihrer Admiräle einige Flotten in Stürmen verloren, gelang es ihnen, die karthagische Seeherrschaft zu brechen, was sich für den Ausgang des Krieges als entscheidend erwies.

4.3 Rituale des Krieges

domi militiae   Die Römer sahen das Stadtgebiet Roms (*domi*) als Gebiet permanenten Friedens an, das von der Zone des Krieges (*militiae*) scharf zu unterscheiden sei. Das *pomerium*, die sakrale Grenze der Stadt Rom, trennte die beiden Sphären, und viele Regelungen lassen das ernste Bestreben der Römer erkennen, militärische Gewalt aus der Stadt herauszuhalten: Die ursprüngliche Heeresversammlung und die aus ihr hervorgegangenen Zenturiatkomitien wurden außerhalb des *pomerium* abgehalten, und Magistrate mit militärischer Befehlsgewalt (*imperium*) wechselten das Gewand, wenn sie die Stadtgrenze erreichten: Die Toga als Kleidungsstück des römischen Zivillebens wurde ab-, der Feldherrnmantel angelegt. Kehrte der Magistrat wieder in das Stadtgebiet zurück, verlor er auch sein *imperium*. Bewaffnete Soldaten durften sich nicht in Rom aufhalten, außer wenn sie an einem Triumphzug teilnahmen.

Kriegsgötter   Auch der Tempel einer wichtigen Kriegsgöttin, der Bellona, befand sich außerhalb des *pomerium* auf dem Marsfeld, also an dem Ort, wo sich vor dem Triumph die siegreichen Truppen sammelten. Neben Bellona waren noch zahlreiche weitere Gottheiten für die Kriegführung ‚zuständig', vor allem Jupiter, der höchste Gott in der römischen Religion. Der eigentliche Kriegsgott der olympischen Götterwelt, Mars, spielte in der kultischen Verarbeitung des Krieges hingegen nur eine Nebenrolle.

Von großer Bedeutung für die Eröffnung der Kriege war die Priesterschaft der Fetialen. Wenn der Senat einen Krieg gegen Nachbarn ins Auge fasste, entsandte er die Fetialen ins Feindesland. Diese überschritten die Grenze und forderten, indem sie Jupiter und andere Götter als Zeugen anriefen, die Feinde auf, den Rom zugefügten Schaden zu kompensieren und die Schuldigen zu übergeben (*repetitio rerum*). Diese Forderung wurde drei Male erhoben: Wenn die Fetialen den ersten Bürger der Feinde trafen, wenn sie das Stadttor erreichten und wenn sie auf den Marktplatz traten. War die Wiedergutmachung nach einer Frist von 30 Tagen nicht erfolgt, drohten die Fetialen den Krieg an und erstatteten dem Senat Bericht. Dieser konnte einen Kriegsbeschluss fassen, der von der Volksversammlung ratifiziert werden musste. Als die Dimensionen der römischen Kriege zunahmen und die Feinde immer weiter von den Toren Roms entfernt waren, wurden die Forderungen nach Genugtuung von Gesandten des Senats ausgesprochen.

Rituelle Kriegseröffnung

Durch viele weitere Rituale wollten die Römer sicherstellen, dass Kriege mit dem Segen der Götter geführt würden. Der Feldherr legte, bevor er zum Heer aufbrach, am Jupitertempel auf dem Kapitol ein Gelübde ab, im Falle des Sieges Jupiter an der Beute teilhaben zu lassen. Sobald er beim Heer eintraf, wurde dieses rituell gereinigt (*lustratio*); vor dem Feldzug und vor Schlachten wurden außerdem Vogelzeichen eingeholt und andere Divinationsakte vollzogen. Die genaue Befolgung von religiösen Ritualen, vor allem die von den Fetialen ausgeführten, war im römischen Denken die Grundlage dafür, dass ein „gerechter Krieg" (*bellum iustum*) vorliege; zu dieser formalen Bestimmung trat jedoch auch eine inhaltliche dazu: Die Römer bemühten sich darum, Kriege nicht als aggressive Übergriffe Roms, sondern als Reaktion auf zugefügtes Unrecht oder als Hilfe für Bundesgenossen erscheinen zu lassen.

bellum iustum

Ebenso wie der Beginn des Krieges war auch das Ende mit Ritualen markiert. Das wichtigste von diesen, der Triumphzug, entwickelte eine enorme politische Bedeutung, weil hier nicht nur die Sieghaftigkeit Roms, sondern auch des jeweiligen Feldherrn mit großem Pomp inszeniert wurde. Auf Tragegestellen wurde die Kriegsbeute präsentiert, Bilder führten der Bevölkerung Roms die siegreichen Schlachten und Belagerungen vor Augen. Auch eine Auswahl der Besiegten wurde in Fesseln vorgeführt, die Anführer der feindlichen Heere sogar manchmal im Anschluss an den Triumphzug getötet. Das siegreiche Heer zog in frühester Zeit in voller Stärke in Rom ein; als die Dimensionen der Kriege wuchsen, war dies nicht mehr praktikabel, so dass man sich auf ausgewählte Truppen beschränkte. Die größte Aufmerksamkeit aber genoss der Feldherr, der, auf einem Wagen fahrend, einen Ornat trug, der ihn an die altrömischen Könige und an Jupiter anglich: Am Körper trug er eine purpurfarbene Toga, auf dem Kopf einen Lorbeerkranz. Diesen legte er am Ende des Triumphzuges, nachdem er zum Kapitol emporgestiegen war, in den Schoß der

Triumphzug

Statue des Jupiter. Als Triumphator in Rom einzuziehen galt als das Größte, was ein Römer in seinem Leben erreichen konnte.

Nur der Senat konnte einen Triumph bewilligen, nachdem geprüft worden war, ob die Voraussetzungen erfüllt waren. Nur Siege in einem *bellum iustum* konnten in einem Triumph gefeiert werden, Bürger- und Sklavenkriege zählten nicht dazu. Valerius Maximus (2,8,1) überliefert außerdem eine Mindestzahl von 5000 getöteten Feinden als Voraussetzung für einen Triumph, aber dabei wird es sich nicht um eine feste Regel gehandelt haben.

4.4 Das Heer in den Bürgerkriegen der Späten Republik

Vom Manipel zur Kohorte

Gegen Ende des 2. Jahrhunderts v. Chr. kam es zu einem markanten Wandel in der römischen Armee: Das Manipel wurde als wichtigste taktische Einheit von der Kohorte ersetzt, statt in 30 Manipel gliederte sich die Legion nun in 10 Kohorten, jede mit einer Sollstärke von 480 Mann. Die Differenzierung der Legionäre in *hastati*, *principes* und *triarii* fiel weg, alle Legionäre wurden nun mit *pila* ausgerüstet, während der Speer der *triarii* als Legionärswaffe außer Gebrauch kam. Es handelte sich allerdings nicht um einen abrupten Wechsel: Bereits im Hannibalkrieg finden sich Erwähnungen von Kohorten, und Manipel werden als Einheiten auch in der Späten Republik und sogar in der Kaiserzeit noch erwähnt; bis zur Zeit Caesars hatte sich jedoch die Kohortengliederung als Standard durchgesetzt. Die Bedeutung des schwerbewaffneten Fußvolks innerhalb der römischen Soldaten nahm durch diese Entwicklungen noch zu: Die Legionen wurden nun nummeriert und erhielten ein besonderes Feldzeichen, den Adler. *Velites* sind zum letzten Mal im Jugurthinischen Krieg (112–105 v. Chr.) erwähnt, römische Bürgerreiterei wurde nach dem Bundesgenossenkrieg (91–89 v. Chr.) nicht mehr eingesetzt.

„Marianische Heeresreform"

Die wichtigste Änderung betraf aber die Rekrutierungspraxis. Sallust (Iug. 86) schreibt dem römischen Feldherrn Marius, dessen größte militärische Leistung in der Vernichtung von germanischen Verbänden bestand (102/1 v. Chr.), die zuvor den Römern schwere Niederlagen beigebracht hatten, zwei Neuerungen zu: Erstens habe Marius auch und gerade besitzlose Römer angeworben, also die Bindung des Legionärsdienstes an einen Mindestzensus außer Kraft gesetzt, und zweitens habe er nicht nach traditioneller Weise die Rekruten bestimmt, sondern Freiwillige angeworben. Allerdings markiert Marius nur eine Etappe in einem längeren Prozess: Ein von Gaius Gracchus 123 v. Chr. eingebrachtes Gesetz hatte geregelt, dass die Ausstattung der Soldaten fortan von der *res publica* gestellt wurde, und möglicherweise hatte man kurz zuvor den seit dem Hannibalkrieg geltenden Mindestzensus von 4000 auf 1500 Asse gesenkt; man hatte sich also schon vor Marius von dem Konzept des sich selbst bewaffnenden

Milizsoldaten verabschiedet. Auch die Anwerbung von Freiwilligen hatte bereits vor Marius stattgefunden.

Man darf vermuten, auch wenn sich dies nicht empirisch erhärten lässt, dass der Dienst in den Legionen vor allem für die ärmeren Schichten der römischen Bevölkerung attraktiv war, und damit war die Idee vom Bauern, der von seinem Hof in den Krieg zog und nach der Schlacht wieder auf seinen Hof zurückkehrte, obsolet geworden. Der landbesitzende Milizionär wurde abgelöst vom Soldaten, der Krieg als sein Handwerk betrachtete, die Trennung zwischen Militär und Zivilbevölkerung wurde dadurch schärfer; dabei handelt es sich freilich um Entwicklungen, die erst unter Augustus abgeschlossen waren. Die Effizienz der Kriegführung wurde durch den Wandel gesteigert: Intensivierte Übungen in Waffengebrauch und Kampftaktik erhöhten die Schlagkraft in der Schlacht, die Beweglichkeit der Truppe wurde durch eine Verkleinerung des Trosses verbessert. Besonders Caesar bewies, mit welcher Schnelligkeit römische Truppen zu operieren in der Lage waren. *[Professionalisierung des Heeres]*

Gravierend waren die politischen Auswirkungen der militärischen Reformen, denn die Legionäre fühlten sich in der Späten Republik mehr dem Feldherrn verpflichtet als der *res publica*. Da die meisten von ihnen keinen Hof hatten, auf den sie nach der Entlassung aus der Armee zurückkehren konnten, erwarteten sie vom Feldherrn, dass er sie mit einem Stück Land versorge. *Coloniae* wurden nun nicht mehr – wie in der Frühen und Mittleren Republik – gegründet, um Bollwerke römischer Macht zu schaffen, sondern zur Befriedigung der Bedürfnisse von Veteranen. Die Bereitstellung von Land für die *coloniae* oder die individuelle Landzuteilung an Veteranen ging jedoch nicht konfliktfrei vonstatten, da große Umverteilungen notwendig waren; auch setzte der Senat den Ansiedlungsprojekten häufig Widerstand entgegen. *[Veteranenversorgung]*

Eine tiefe Zäsur markiert das Jahr 88 v. Chr. Der amtierende Konsul, Lucius Cornelius Sulla, wurde auf Betreiben seiner Gegner durch einen Beschluss der Volksversammlung seines militärischen Kommandos enthoben. Doch er fügte sich nicht, sondern brachte seine Legionen dazu, mit ihm nach Rom zu ziehen. Nach der Aussage antiker Autoren war sein entscheidendes Argument, dass sein Nachfolger im Amt nicht mit diesen Soldaten, sondern mit einem anderen Heer in den lukrativen Krieg gegen Mithridates von Pontos ziehen würde. *[Sullas Marsch auf Rom]*

Mit Sulla beginnt die Phase der römischen Bürgerkriege, doch die Expansion des römischen Reiches setzte sich fort, in manchen Fällen war sie sogar eine Konsequenz der Verschärfung innerrömischer Machtkämpfe. Denn um in Rom an die Spitze zu gelangen, benötigte man ein schlagkräftiges und ergebenes Heer, wie es nur durch siegreiche Kriege zu schmieden war. Dies ist der entscheidende Grund dafür, dass Gaius Julius Caesar 58 v. Chr. einen Krieg in Gallien vom Zaune brach; auf dem Höhepunkt des Krieges verfügte er über 50 000 bestens bewaffnete und geschulte,

Bürgerkriege hoch motivierte und durch die gemeinsam erfochtenen Siege auf seine Person eingeschworene Legionäre; auf dieser Basis wagte er den Krieg gegen Pompeius und die Senatsmehrheit. Wer in Rom die Macht hatte, entschied sich nicht mehr im Senat, sondern auf den Schlachtfeldern. Das Resultat waren blutige, große Teile des Mittelmeerraumes verheerende Bürgerkriege zwischen Caesar und seinen Gegnern (49–45 v. Chr.), zwischen Caesarianern und Caesarmördern (43/42 v. Chr.) und schließlich zwischen Octavian und Marcus Antonius (31/30 v. Chr.).

5. Römische Kaiserzeit

5.1 Entstehung und Struktur des kaiserzeitlichen Berufsheeres

Die Bürgerkriege wurden mit sehr großen Heeren ausgefochten, und nach der Schlacht von Actium verfügte Octavian über die gewaltige Streitmacht von 60 Legionen, etwa 400 Kriegsschiffen sowie zahlreichen Hilfstruppen. Viele Soldaten standen bereits seit Jahrzehnten im Feld, und ihre Versorgung war für den neuen Alleinherrscher die erste und dringlichste Aufgabe, mit deren Bewältigung man unmittelbar nach dem **Veteranenversorgung** Sieg begann. Zunächst wurde den Veteranen vor allem Land in Italien zugewiesen, jedoch waren hier die Kapazitäten begrenzt, so dass man bald dazu überging, sie entweder in den Provinzen anzusiedeln oder ihnen eine Abfindung in Form einer Geldsumme zu bezahlen. Während das Geld zunächst aus der Privatschatulle des Octavian/Augustus bezahlt wurde, wurde 6 n. Chr. eine eigene Militärkasse (*aerarium militare*) eingerichtet, die durch neu eingerichtete Steuern gefüllt wurde; als Grundstock stellte der Princeps 170 Millionen Sesterzen zur Verfügung (Res Gestae 17). Damit war die Veteranenversorgung, die in der Späten Republik große politische und soziale Konflikte hervorgerufen hatte, auf eine solide Grundlage gestellt. Welch große Bedeutung Augustus diesem Thema zumaß, ist an dem Umstand abzulesen, dass er gleich zu Anfang seines Tatenberichts die Zahlen nennt: 500 000 Soldaten hätten unter seinem Kommando gedient, 300 000 habe er ehrenvoll aus dem Dienst entlassen und mit Land oder Geld versorgt (Res Gestae 4).

Wie aber sollte die künftige römische Armee aussehen? Das Prinzip der Milizarmee war durch die Expansion Roms seit Langem überholt – der Weg zu einem Berufsheer war vorgezeichnet, aber in der Gestaltung boten sich erhebliche Spielräume. Es ist bemerkenswert, dass die Lösungen, die Augustus und seine Berater hier fanden, in ihrem Kern für mehrere Jahrhunderte wirksam blieben. Die erste wichtige Entscheidung war, das Heer radikal zu verkleinern, von den 60 Legionen blieben bis zum Tod des Augustus nur 25 übrig. Ein wichtiger Grund für die Verkleinerung der Armee werden die Kosten gewesen sein, daneben hoffte man, eine verkleinerte Armee besser kontrollieren zu können. Denn das wichtigste Ziel der augusteischen Militärreformen bestand darin, die Armee wieder auf ihre primäre Aufgabe, den Kampf gegen die Feinde Roms, zu beschränken, und deshalb wurde die neue Armee an den Grenzen des Reiches stationiert, zunächst in mobilen Holzlagern, zunehmend aber in dauerhaften steinernen Kastellen.

Verkleinerung der Armee

Augustus war sich der Gefahr bewusst, dass ein Heerführer seine Truppen gegen die neue Herrschaft mobilisieren könnte, und wirkte dem mit zahlreichen Maßnahmen entgegen. Bei der Teilung der Provinzen zwischen Princeps und Senat, wie sie erstmals 27 v. Chr. vorgenommen wurde, erhielt Augustus die Grenzprovinzen mit den größten Kontingenten, während dem Senat vor allem die befriedeten und daher truppenarmen Provinzen zufielen. Die Legaten, die Augustus in seine Provinzen entsandte, amtierten nur für einen kurzen Zeitraum und waren in ihrer Kommandogewalt eingeschränkt; wenn die militärische Lage es erforderte, größere Truppenmassen unter einem Feldherrn zu vereinigen, betraute er mit dieser Aufgabe Personen, auf deren Loyalität er sich verlassen konnte: seinen engsten Vertrauten und Schwiegersohn Agrippa oder seine Stiefsöhne Tiberius und Drusus. Und die höchsten militärischen Ehrungen wurden vom Kaiser und seiner Familie monopolisiert: Der letzte Triumph eines römischen Heerführers, der nicht dem engeren kaiserlichen Umkreis angehörte, fand 19 v. Chr. statt.

Begrenzung von Kommanden

Den Kern der römischen Armee bildeten auch in der Kaiserzeit die schwerbewaffneten Infanteristen mit römischem Bürgerrecht, die Legionäre. Die Dienstzeit wurde unter Augustus mehrfach modifiziert, zuletzt setzte sich die Dauer von 25 Jahren durch. Dabei handelt es sich jedoch nur um einen Regelwert, in der Praxis wird es, je nach militärischer Situation und verfügbaren neuen Rekruten, Varianzen gegeben haben, zumal jedes Jahr neue Soldaten in Dienst genommen, Entlassungen jedoch zumeist nur alle zwei Jahre vollzogen wurden. Der Jahressold eines Legionärs betrug 900 Sesterzen, unter Domitian wurde er auf 1200 Sesterzen erhöht, ein Wert, auf dem er bis in severische Zeit blieb. Die Waffen musste der Soldat in der Regel selbst kaufen; erst im 3. Jahrhundert ging man dazu über, die Soldaten mit Waffen zu versorgen und die Ausgaben vom Sold abzuziehen.

Regulierung der Dienstzeit

Die Struktur der Legion wurde in den Grundzügen beibehalten. Jede Legion war in zehn Kohorten gegliedert, die wiederum aus sechs Zenturien à ungefähr 80 Mann bestanden; diese Zenturien bildeten die kleinsten taktischen Einheiten. Aus einigen Quellen lässt sich erschließen, dass die erste Kohorte jeder Legion lediglich fünf Zenturien umfasste, diese jedoch eine höhere Mannschaftsstärke hatten. Kommandiert wurde die Legion

42   I. Enzyklopädischer Überblick

Legionskommando von einem Legaten aus dem Senatorenstand; diesem unterstanden sechs Militärtribunen, von denen einer ebenfalls senatorischen Ranges war, die anderen hingegen dem Ritterstand angehörten. Neu geschaffen wurde in der Kaiserzeit das Amt des Lagerpräfekten (*praefectus castrorum*), das in der Regel von einem ehemaligen Zenturio bekleidet wurde; der Lagerpräfekt stand in der Hierarchie der Legion hinter dem Legaten und dem senatorischen Militärtribun an dritter Stelle.

Zenturionen Die Zenturionen bildeten wie in republikanischer Zeit das Rückgrat der Armee. Ein Teil von ihnen bestand aus verdienten Soldaten, die aus den Mannschaftsrängen aufgestiegen waren; daneben wurden aber auch Männer aus dem Zivilleben direkt zu Zenturionen berufen. Voraussetzung dafür war ein gehobener sozialer Status, so finden sich in der kaiserzeitlichen Armee viele Zenturionen ritterlichen Ranges. Trotz aller Leistungsanreize und Beförderungsmöglichkeiten in der römischen Armee blieb somit die Rückbindung des Heeres an die gesellschaftliche Struktur erhalten. Unterhalb der Zenturionenränge gab es eine Vielzahl von Chargen, die mit einer Solderhöhung und Privilegien verbunden waren.

Prätorianer Die ranghöchsten Einheiten in der römischen Armee waren die Prätorianer, die zunächst in Landstädten Italiens stationiert, schließlich aber in Kasernen am Rande Roms untergebracht wurden. Ihnen fiel die Aufgabe zu, die Person des Kaisers zu beschützen – wenn auch viele Kaiser aus Misstrauen gegenüber den Prätorianern lieber eine germanische Leibwache unterhielten –, sie wurden jedoch auch im Kampf eingesetzt. Da fast alle anderen Truppen an den Grenzen des Reiches, zumindest aber fern der Hauptstadt stationiert waren, kam ihnen trotz ihrer geringen Stärke von insgesamt 4500 Mann eine entscheidende politische Rolle zu, und bei Kaiserwechseln bildeten sie häufig das Zünglein an der Waage; der Kommandant dieser Truppen, der Prätorianerpräfekt, war einer der mächtigsten Männer Roms. Der Sonderstatus der Prätorianer ist auch daran abzulesen, dass sie mehr als das Dreifache des Legionärssoldes erhielten.

Hilfstruppen Die Hilfstruppen (*auxilia*) hatten insgesamt etwa die gleiche Truppenstärke wie die Legionen, also beim Tod des Augustus ungefähr 125 000 Mann. Die Infanterie war gegliedert in Kohorten von 500 oder 1000 Mann, die Reiterei in Alen. Außerdem gab es noch die *numeri*, Einheiten niederen Status, deren Gliederung ganz uneinheitlich ist; zumeist handelt es sich dabei um Truppen, die ihre heimische Bewaffnung, Kampftaktik und Truppengliederung stärker bewahrt hatten als andere *auxilia*. Generell hatten alle Provinzialen die Pflicht, Truppen zu stellen, die Rekrutierung erfolgte durch die römische Administration. Davon versprach man sich nicht nur eine Steigerung der römischen Kampfkraft, zugleich entzog man der provinzialen Bevölkerung einen Teil der wehrfähigen Bevölkerung und schwächte damit das Potenzial für Aufstände.

In der frühen Kaiserzeit wurden die Auxiliareinheiten häufig von einheimischen Offizieren kommandiert, doch damit machte man schlechte Erfahrungen – die berühmtesten abtrünnigen Auxiliaroffiziere sind der Cherusker Arminius und Civilis, der Anführer des Bataver-Aufstandes – und ging in der Folge dazu über, das Kommando an römische Offiziere zu vergeben.

Wenn in einem bestimmten Gebiet größere Truppenverbände benötigt wurden, man jedoch keine kompletten Einheiten verlegen wollte, konnten *vexillationes* gebildet werden. Mit diesem Begriff bezeichnete man Abordnungen von Soldaten, die aus einer Einheit herausgelöst und zu einem neuen Einsatzort gebracht wurden. *[Randnotiz: vexillationes]*

Die römische Flotte hatte in der Kaiserzeit keine Seeschlachten zu bestehen, da das Mittelmeer ein römisches Binnengewässer geworden war. Die größten Geschwader waren in Misenum und in Ravenna stationiert; von diesen Stützpunkten aus sollten sie die Sicherheit der Seewege garantieren; militärische Bedeutung besaß die Flotte vor allem in der Versorgung der Truppen und in Aufklärungsfahrten, beispielsweise an der Nordsee und an der Küste Britanniens; wichtig war sie aber auch an Rhein und Donau bei der logistischen Vorbereitung von Feldzügen und der Kontrolle der Grenzen. *[Randnotiz: Flotte]*

5.2 Rekrutierung und Alltag der Soldaten

Prinzipiell bestand in der Kaiserzeit die Wehrpflicht für römische Bürger fort, und Aussagen der Geschichtsschreiber sowie Gesetze gegen die Umgehung der Dienstpflicht zeigen, dass es noch zu Zwangsaushebungen kam; doch zumeist reichten die Freiwilligen aus, um die Legionen auf Sollstärke zu halten. Die Aufsicht über die Rekrutierung lag beim Provinzstatthalter, der dienstwillige Männer in einem Musterungsverfahren (*probatio*) auf ihre Tauglichkeit prüfen ließ: Vorausgesetzt wurden eine Körpergröße von mindestens 1,65 m, eine kräftige Statur, ausreichende Sehfähigkeit und gewisse Lateinkenntnisse, um Befehle verstehen zu können. Auch sollte sichergestellt werden, dass das Bürgerrecht vorhanden war und dass der künftige Soldat sich keiner schweren Verbrechen schuldig gemacht hatte. Nach erfolgreich absolvierter Musterung wurde der Rekrut in die Armeelisten eingetragen und erhielt eine Metallplakette (*signaculum*) als Zeichen der neuen Zugehörigkeit. Die Aufnahme wurde in einer feierlichen Zeremonie besiegelt, in der man den Eid auf den Kaiser ablegte. *[Randnotiz: Wehrpflichtige und Freiwillige]*

Ein festes Eintrittsalter gab es nicht, aus den Inschriften lässt sich aber errechnen, dass die meisten Männer im Alter zwischen 17 und 20 Jahren in die Legion kamen. Insbesondere für die ärmeren Schichten war der Dienst in der Armee eine attraktive Option, trotz aller Risiken, die der

Krieg mit sich brachte, und trotz aller Einschränkungen der persönlichen Freiheit, denen man als Legionär unterworfen war. Denn im Gegenzug war man materiell abgesichert, erhielt ausreichend zu essen und hatte auch Zugang zu medizinischer Versorgung. Auch galt es in der römischen Gesellschaft als ehrenvoll, Soldat zu sein. Deshalb war der Zugang zu den Legionen reglementiert. Zwar gelangten manchmal auch Sklaven in die Mannschaften, doch dies war auf die Unaufmerksamkeit der Musterungskommission zurückzuführen und wurde bestraft (Plin. ep. 10, 29f.). Am römischen Bürgerrecht als Voraussetzung für den Dienst in den Legionen hielt man in der Kaiserzeit fest; allerdings war es insbesondere im frühen Prinzipat in den östlichen Provinzen nicht einfach, Bürger in ausreichender Zahl zu finden. In diesen Fällen wurde Peregrinen das Bürgerrecht verliehen, damit sie in die Legion eintreten konnten.

Während die Italiker zu Beginn des Prinzipats noch einen beträchtlichen Anteil der Legionäre stellten, nahm ihr Anteil bald ab; bereits unter Vespasian (69–79) sind sie nur noch selten anzutreffen. Stark an Bedeutung gewannen als Rekrutierungsgebiete hingegen die seit Längerem von Rom beherrschten und stark romanisierten Provinzen, z. B. Gallia Narbonensis, Baetica, Africa und Macedonia. Ein Teil der Legionäre blieb in der Nähe der Heimat stationiert, aber viele wurden in entfernten Gebieten eingesetzt. Auch konnten ganze Legionen aus strategischen Gründen verlegt werden, und manche Zenturionen wechselten häufig die Einheit und damit auch den Stationierungsort. Berühmt ist das Beispiel des Marcus Petronius Fortunatus (CIL VIII 217), der seinen Dienst bei der *legio I Italica* in der Provinz Moesia Inferior (Bulgarien) begann, im Verlauf seiner militärischen Karriere aber noch zwölf weitere Legionen und deren Standorte in Britannien, am Niederrhein, in Anatolien, Syrien und Pannonien kennen lernte, ehe er sich schließlich im heutigen Tunesien niederließ.

Der Eintritt in die Armee war ein tiefer Einschnitt im Leben eines Römers, denn fortan bestimmte seine Identität als Soldat sein Leben. Während ihrer Dienstzeit durften Legionäre nicht heiraten und damit auch keine legitimen Kinder zeugen; zwar unterhielten sie, wie aus zahlreichen Inschriften ersichtlich ist, eheähnliche Verhältnisse mit Frauen, aber erst nach der Entlassung aus dem Dienst konnten diese in eine rechtmäßige Ehe überführt werden. Das Heiratsverbot sollte die Trennung der Soldaten von den Zivilisten betonen und Bindungen, welche die Disziplin hätten beeinträchtigen können, schwach halten; doch in der Praxis sah die römische Administration die Realitätsferne dieser Bestimmung ein und lockerte sie durch verschiedene Regelungen: Hadrian legte fest, dass Kinder von Soldaten erbberechtigt seien, wenn es keine anderen Blutsverwandten gäbe, und in Ägypten haben sich „Geburtszertifikate" erhalten, welche die Abstammung von Soldaten urkundlich festhielten und damit die Illegitimität der Soldatenkinder relativierten. 197 hob Septimius Severus das Heiratsverbot auf.

Die Frauen lebten nicht im Lager, sondern in den so genannten Lagersiedlungen (*canabae*) außerhalb der Festungsmauern; hier war auch der Tross untergebracht, außerdem ließen sich hier viele Menschen nieder, die mit den Truppen Geschäfte machten, z. B. Kneipiers, Händler und Handwerker. Zunächst bestanden die *canabae* nur aus einfachen Baracken. Nachdem die Truppenlager selbst zunehmend in Stein gebaut und damit dauerhaft wurden, versah man auch die *canabae* mit fester Architektur; sie nahmen den Charakter von kleinen Städten an, ohne jedoch munizipale Rechte zu besitzen.   *canabae*

Der Alltag der Soldaten war vom Training bestimmt. Der Gebrauch des Schwertes wurde in Hieben und Stößen gegen einen hölzernen Pfahl geübt, außerdem verbesserte man die taktische Flexibilität der Truppen durch Übungen in Formation. Auch Märsche mit Gepäck gehörten zum Programm der Soldaten; Flavius Josephus schreibt voller Bewunderung, dass die Römer das militärische Training jederzeit so ernst betrieben, als stünde eine Entscheidungsschlacht unmittelbar bevor (bell. Iud. 3, 70–78). Die römische Armee der Kaiserzeit war die am besten ausgebildete Armee der Antike, und neben dem konkreten militärischen erfüllten die Übungen auch noch einen weiteren Zweck: Permanent standen die Soldaten unter dem Druck, ihre Leistungsfähigkeit zu zeigen und sich dem Vergleich mit den Kameraden zu stellen.   Training

Am Ende der Dienstzeit stand die ehrenvolle Entlassung der Soldaten (*honesta missio*), die feierlich begangen wurde. Neben einem Stück Land oder einer Geldzahlung erhielten sie als Veteranen auch weitere Privilegien, z. B. die Befreiung von kostspieligen kommunalen Leistungen. Manche Veteranen kehrten in ihre Heimat zurück (z. B. CIL III 7505), die meisten aber blieben in der Nähe ihrer Truppe. Tacitus (ann. 14,27) berichtet, dass die Ansiedlung von Veteranen in Antium und Tarent gescheitert sei, weil diese sich mit dem bäuerlichen Leben nicht hätten anfreunden können und wieder zu ihrer alten Truppe geströmt seien. Es gibt aber auch viele Belege für Veteranen, die nach ihrer Entlassung als Bauern, Schwerthändler, Schiffsbauer oder in anderen Berufen Fuß fassten. Auffällig ist allerdings, dass die Söhne von Soldaten ihrerseits sehr häufig in die Legion eintraten.   Entlassung

Wie für römische Bürger, so bestand auch für die peregrine Bevölkerung eine Wehrpflicht, und der Anteil an Zwangsrekrutierten dürfte bei den Auxiliareinheiten höher gelegen haben als bei den Legionen. Dennoch gab es auch in diesen zahlreiche Freiwillige, denn die meisten Vorzüge einer militärischen Karriere galten trotz ihres geringeren Prestiges auch für die *auxilia*: materielle Sicherheit und die Möglichkeit des sozialen Aufstiegs. Attraktiv war vor allem die Aussicht auf eine Verbesserung des personenrechtlichen Status, denn nach ihrer 25-jährigen Dienstzeit   *auxilia* erhielten Auxiliarsoldaten das römische Bürgerrecht, und sie konnten ihre Beziehung zu einer Frau in eine förmliche Ehe überführen und damit auch für die Frau und die Kinder das Bürgerrecht erlangen.

5.3 Strategie und Taktik

Bewaffnung
Die Ausrüstung der Legionäre veränderte sich in der Kaiserzeit zunächst kaum. Wie in der Republik trugen die Legionäre Helme verschiedenen Typs und einen Körperpanzer, sei es in Gestalt eines Kettenhemdes, eines Muskelpanzers oder der berühmten *lorica segmentata* aus Eisenschienen; außerdem trugen die meisten Legionäre auch Beinschienen. Der große rechteckige Schild diente gleichermaßen der Verteidigung wie dem Angriff – Tacitus erwähnt, dass Schilde auch zum Stoß genutzt wurden (ann. 14,36). Die wichtigsten Angriffswaffen des Legionärs blieben *pilum* und Schwert; bei der Verteidigung von Festungen wurde auch ein schwerer hölzerner Pflock, das *pilum murale*, auf kurze Distanzen geworfen.

Die Bedeutung von Artillerie in der römischen Kriegführung wuchs von der Republik zur Kaiserzeit. Standard waren 60 Torsionsgeschütze (*ballistae*) pro Legion, darunter vor allem kleinere Pfeilgeschütze, aber auch große Steinschleudern. Die größte Bedeutung besaß die Artillerie bei Belagerungen, sie wurde aber auch in Feldschlachten eingesetzt, z. B. in der Schlacht von Cremona 69 n. Chr. (Tac. hist. 3,25).

auxilia
Die *auxilia* verstärkten die römische Armee zahlenmäßig, vor allem aber übernahmen sie Aufgaben, für die schwerbewaffnete römische Legionäre nicht geeignet waren. Der Mangel an römischen Reitern wurde wie schon in der Späten Republik von den Bundesgenossen ausgeglichen; daneben sind auch Spezialtruppen wie kretische Bogenschützen oder balearische Schleuderer zu nennen. Unter Trajan wurde sogar eine Ala aus Kamelreitern eingerichtet, was die Vielfalt der *auxilia* unterstreicht. Auf dem Schlachtfeld wuchs die Bedeutung der *auxilia*, Agricola stellte sie in der Schlacht gegen die Briten am Mons Graupius (83 oder 84 n. Chr.) in die Frontlinie und übertrug ihnen damit die Hauptlast des Kampfes, während er die Legionen in Reserve behielt. Bei diesen *auxilia* dürfte es sich um Truppen gehandelt haben, die ähnlich den auf der Trajanssäule dargestellten Truppen mit ovalem Schild ausgerüstet waren und mit Speeren und Schwert kämpften. Durch die Anlage zahlreicher Auxiliarkastelle entlang der Grenzen stieg die Bedeutung der Hilfstruppen für die Verteidigung des Reiches.

Schlachtordnung
Die Schlachtordnung eines römischen Heeres war abhängig von Gelände und Gegner, prinzipiell aber blieb es beim alten Schema, dass die Legionen im Zentrum angriffen, während Reiterei und Leichtbewaffnete die Flanken deckten. Arrianos skizziert in seiner Schrift „Schlachtordnung gegen die Alanen" einen verstärkten Einsatz von Artillerie und Bo-

genschützen, um die Attacke der alanischen Lanzenreiter abzuschwächen. Die Reiterei befand sich nach diesem Plan zunächst hinter den Legionen, sollte aber mit Schlachtbeginn auf die Flügel rücken, um den Feinden dort zuzusetzen; Elitereiterei und einige Kohorten sollten in Reserve bleiben und vom Feldherrn je nach Schlachtverlauf eingesetzt werden können.

Während Arrianos in griechischer Tradition dem Feldherrn taktische Aufgaben zuweist, erwarten die römischen Autoren vor allem moralische Qualitäten. Corbulo, den Tacitus zum idealen Truppenführer stilisiert, wird besonders dafür gelobt, dass er durch persönliches Vorbild und rigide Strafen die Moral in einer undisziplinierten Armee wiederherstellte (ann. 13,35). Wenn Moral und Disziplin intakt waren, bedurfte es nach römischer Vorstellung keiner besonderen strategischen oder taktischen Fähigkeiten, um ein römisches Heer zum Sieg zu führen. Und in der Tat waren die Römer zumeist jedem ihrer Gegner überlegen, indem sie ihre Vorteile – gute Bewaffnung, gute Ausbildung und hohe Kampfmoral der Truppen – ausspielten. In Schwierigkeiten gerieten sie manchmal gegen die Parther und Sassaniden, die den Legionen mit dem kombinierten Einsatz von Panzerreitern und berittenen Bogenschützen zusetzten, sowie bei unerwarteten Angriffen in unübersichtlichem Gelände, wie z. B. bei der Niederlage des Varus 9 n. Chr.

<small>Aufgabe der Feldherren</small>

Die überlegene Organisation und Logistik der römischen Armee machte sich vor allem bei Belagerungen bemerkbar. Durch Artilleriebeschuss zwangen die Römer die Verteidiger in Deckung, und sie verfügten über eine breite Palette an Angriffsmethoden; zumeist wurde eine Rampe errichtet und Türme und Rammböcke gegen die Mauern geführt, manchmal aber auch die Befestigungen durch Tunnel zum Einsturz gebracht. Das langwierige Aushungern war hingegen eine Option, die von den römischen Feldherren seltener gewählt wurde.

<small>Belagerungen</small>

Im Verlauf der Kaiserzeit wurde die römische Kriegführung allmählich modifiziert. Die wichtigste Entwicklung stellte die Bedeutungszunahme der Reiterei dar: Rein zahlenmäßig stieg ihr Anteil im römischen Heer im 2. und 3. Jahrhundert an, und auch ihre taktische Bedeutung wuchs. Von den Feinden an Euphrat und Donau übernahm man die Panzerreiter; Hadrian richtete die erste Einheit von *cataphractarii* ein, die am ganzen Körper von einem Schuppenpanzer geschützt waren. Diese Truppengattung wurde in den folgenden Jahrhunderten massiv aufgestockt. Während bei der Reiterei eine Tendenz zu schwererer Bewaffnung zu erkennen ist, war die Entwicklung bei der Infanterie gegenläufig. Bei den Legionären wird der Brustpanzer seit dem 2. Jahrhundert öfters weggelassen, auch verwendete man häufiger leichtere Wurfwaffen als die schweren *pila*. Insgesamt näherten sich die Legionen und die Infanterieeinheiten der *auxilia* hinsichtlich ihrer Bewaffnung und taktischen Aufgaben im Verlauf der Kaiserzeit einander an.

<small>Kataphrakten</small>

5.4 Kaiser und Soldaten

Donative — Zusätzlich zum Sold erhielten die Soldaten Sonderzuwendungen (Donative). Der wichtigste und sensibelste Anlass für ein Donativ war der Herrschaftsantritt eines neuen Kaisers; Tiberius und Caligula hatten es hier recht einfach, da sie lediglich das Testament ihrer Vorgänger vollstrecken und die darin festgesetzten Zahlungen in die Wege leiten mussten. Claudius, dessen Vorgänger Caligula kein Testament hinterlassen hatte, setzte eine Zahlung von 15 000 Sesterzen für jeden Prätorianer fest; von Sueton (Claudius 10,4) wird das als „Kauf" der Soldaten betrachtet, was jedoch die symbolische Dimension des Donativs verkennt. Kein Kaiser konnte es sich leisten, auf ein Donativ zu verzichten; dies wurde jedermann sichtbar, als Galba (68/69) eine Auszahlung verweigerte, was er mit dem Ausspruch untermauerte, er pflege Soldaten auszuheben, nicht zu kaufen: Er wurde von den Prätorianern umgebracht. Donative wurden auch bei der Bekanntmachung des Nachfolgers gezahlt sowie nach politischen Krisen; so zahlte Tiberius den Prätorianern 4000 Sesterzen pro Kopf, nachdem sie sich beim Sturz ihres Präfekten Seianus als kaisertreu erwiesen hatten.

Kaiserstatuen — In den Truppenlagern besaß der Kaiser eine massive symbolische Präsenz: Seine Statue stand in jedem Lager, sein Bildnis war auf manchen Feldzeichen angebracht. Auch die *phalerae* – bronzene Scheiben für den Brustpanzer, die verdienten Soldaten als Auszeichnung verliehen wurden – trugen manchmal ein Kaiserporträt. Was die physische Präsenz des Kaisers betrifft, so lässt sich eine markante Verschiebung beobachten: Während die Kaiser des frühen Prinzipats zumeist in Rom blieben, hielten Trajan (98–117) und Marcus Aurelius (161–180) sich bereits längere Zeit bei der Truppe auf; unter Septimius Severus (193–211) nahm die Bindung zwischen Kaiser und Heer noch weiter zu, und die „Soldatenkaiser" des 3. Jahrhunderts hielten sich fast ausschließlich bei ihren Truppen auf. Entsprechend verschob sich der Einfluss der Truppen auf die Kaisererhebung: Während die Prätorianer zunächst von allen Truppenteilen den bei weitem größten Einfluss auf den Sturz und die Ernennung von Kaisern hatten, verlagerte sich dieser Einfluss zu den Grenztruppen: Im Jahr 235 wurde Maximinus Thrax, der wohl als einfacher Soldat in die Armee eingetreten war und eine rein militärische Karriere durchlaufen hatte, von den Truppen in Mainz zum Kaiser proklamiert. Maximinus war denn auch der erste Kaiser, der in den Schlachten selbst mitfocht, während zuvor ein solcher Nachweis persönlichen Heldenmutes von den römischen Monarchen, im Gegensatz zu den hellenistischen Königen, nicht erwartet worden war.

Krise des 3. Jahrhunderts — Gegenüber den äußeren Feinden sah das 3. Jahrhundert die römische Armee in der Defensive: Ständige Kämpfe zwischen den Thronprätendenten entblößten die Grenztruppen, so dass es an mehreren Grenzen zu massiven Einfällen von Kriegerverbänden kam; das Dekumatenland jenseits von Rhein und Donau musste ganz aufgegeben werden. Auch gegen die Sassaniden, welche die Parther als Herrscher in Mesopotamien und Persien abgelöst hatten und sich als gefährlicher Gegner erwiesen, erlitten die Römer empfindliche Niederlagen; mit Valerian (253–260) geriet sogar ein römischer Kaiser in sassanidische Gefangenschaft. Die unsichere Lage in den Provinzen lässt sich auch daran ablesen, dass viele Städte während des 3. Jahrhunderts befestigt wurden, auch Rom selbst erhielt unter Aurelian (270–275) eine Ringmauer.

5.5 Die sozioökonomische Bedeutung der Armee

Die römische Armee bildete den mit Abstand größten Ausgabeposten des Römischen Reiches, ihre Finanzierung stellte, insbesondere in wirtschaftlichen Krisenzeiten, eine enorme Herausforderung dar. Auf der anderen Seite trieb das Militär aber auch den Ausbau der Infrastruktur voran: Soldaten errichteten Straßen, Brücken, Häfen und Aquädukte und trugen damit zur wirtschaftlichen Belebung bei. Darüber hinaus schuf die Truppenpräsenz eine Nachfrage, die der betreffenden Provinz und dem Hinterland starke Impulse verlieh. Die Soldzahlungen führten zu einer Monetarisierung der Wirtschaft, auch an der Peripherie des Reiches; so zeigen die Holztäfelchen aus Vindolanda (England) einen regen Geldfluss in diesem entlegenen Winkel des Römischen Reiches, und zwar bereits kurze Zeit nach der römischen Eroberung. — *Infrastruktur*

Immense Bedeutung hatte die Armee auch für die Integration von Provinzialen. Die Auxiliartruppen kämpften gemeinsam mit den Bürgertruppen für Rom; die Verleihung des Bürgerrechts an die ausgedienten Soldaten führte nicht nur zu einer Vermehrung der römischen Bürger, sondern sie machte auch allen Peregrinen deutlich, dass eine Aufnahme in die Bürgergemeinschaft prinzipiell für alle erreichbar war. — *Romanisierung*

6. Spätantike

Die Zeit Diokletians (284–305) und Konstantins (306–337) sah nach der Krise des 3. Jahrhunderts eine Konsolidierung der römischen Macht. An allen Fronten wurden Siege errungen, die Rhein- und die Donaugrenze stabilisiert, den Sassaniden große Teile Mesopotamiens abgerungen. In der zweiten Hälfte des 4. Jahrhunderts verschlechterte sich die Lage wieder: Der katastrophale Ausgang von Julians Perserfeldzug 363 führte zu Gebietsverlusten und einer zunehmenden Bedrohung Syriens, noch gravierender waren aber die Ereignisse im Balkanraum. 375 überschritten die „Goten" – dieser und andere Stammesnamen suggerieren eine ethnische — *Vorübergehende Konsolidierung*

Homogenität, die in der historischen Realität nicht gegeben war –, ihrerseits hart bedrängt von den Hunnen, die Donau und baten um Aufnahme ins Reich. Kaiser Valens akzeptierte dies zunächst, rüstete aber bald darauf zum Krieg, der in eine Katastrophe für das Römische Reich mündete: In der Schlacht von Adrianopel am 9. August 378 fielen der Kaiser und mit ihm ein großer Teil seiner Truppen. Die Goten konnten nun nicht mehr aus dem Reichsgebiet vertrieben werden, aus den Plünderungszügen germanischer Stämme hatte sich eine dauerhafte Invasion entwickelt. 406 überschritten Vandalen, Alanen und Sueben den Rhein und drangen in den folgenden Jahren tief nach Gallien, Spanien und sogar nach Afrika vor; der Westen des Reiches entglitt der römischen Kontrolle. Große symbolische Bedeutung kam der Eroberung Roms durch die Westgoten im Jahr 410 zu, ein Ereignis, das die militärische Schwäche Roms augenfällig machte. Im Verlauf des 5. Jahrhunderts löste sich die römische Armee im Westen auf, das Ostreich hingegen überlebte die Völkerwanderung, aber auch hier kam es zu einer grundlegenden Umgestaltung des Militärs.

"Völkerwanderung"

6.1 Organisatorische und taktische Entwicklungen

Tetrarchie

Diokletian führte ein neues Herrschaftssystem ein, die so genannte Tetrarchie, in der sich zwei ranghöhere *Augusti* und zwei rangniedere *Caesares* die Macht im Reich teilten. Diese Neuerung hatte einen militärischen Hintergrund: Nun konnte an mehreren Fronten des Römischen Reiches mit kaiserlicher Autorität gekämpft werden, Usurpationen sollten damit verhindert werden. Dieses System setzte allerdings einvernehmliches Handeln der vier Kaiser voraus und funktionierte nur so lange, wie Diokletian selbst seine Autorität in die Waagschale warf, um größere Konflikte unter den Tetrarchen zu unterbinden. Nach seinem Rücktritt kam es bald zu Machtkämpfen, in denen sich schließlich Konstantin als alleiniger Herrscher durchsetzte. Im Verlauf des 4. Jahrhunderts wurde das Reich noch mehrfach geteilt und vereint, bis es schließlich 395 zu einer endgültigen Trennung in ein Ost- und ein Westreich kam.

Eine wichtige Entwicklung der Spätantike war die Trennung von militärischen und zivilen Laufbahnen. Schon um 260 findet man unter den Legionslegaten in erster Linie Ritter, nicht mehr die früher dominierenden Senatoren; offensichtlich qualifizierte man sich für diese Positionen nun weniger durch gesellschaftlichen Rang als durch militärische Meriten. Den senatorischen Statthaltern nahm Diokletian in manchen Provinzen die Kommandogewalt, indem er ihnen einen *dux* als Truppenführer an die Seite stellte. Noch folgenreicher war die Umgestaltung der Prätorianerpräfektur durch Konstantin: Das Amt wurde zwar beibehalten, den Präfekten aber jeglicher Einfluss auf militärische Operationen entzogen, indem ihre Aufgaben auf die Rekrutierung und

Neue militärische Ämter

Versorgung der Soldaten beschränkt wurden. Das militärische Kommando wurde zwei *magistri militum* übertragen, einem ranghöheren für die Kavallerie (*magister equitum*) und einem rangniederen für die Infanterie (*magister peditum*). Ebenso wie die *duces* waren die *magistri militum* zumeist ehemalige Militärtribune, sie hatten eine rein militärische Karriere durchlaufen. Nach Konstantins Tod kam es zu einer Einteilung des Reiches in verschiedene Militärbezirke, die jeweils ihre eigenen *magistri militum* hatten.

Die Prätorianerkohorten wurden von Konstantin nach der Schlacht an der Milvischen Brücke (312) aufgelöst – sie hatten verbissen auf der Seite des Maxentius gekämpft. Als neue kaiserliche Garde schuf er die *scholae palatinae*, fünf Einheiten von je 500 Reitern, die unter den Germanen angeworben wurden. Diese Garde, von Konstantin in Schlachten als taktische Reserve eingesetzt, stockte man im Laufe der Zeit immer weiter auf, so dass ihr der Charakter einer kleinen Armee zukam.

scholae palatinae

Viele Entwicklungen der Kaiserzeit setzten sich in der Spätantike fort, so die Tendenz zur Bildung einer mobilen Feldarmee. Eine kaiserliche Eskorte gab es seit dem Beginn des Prinzipats, deren Dimensionen nahmen aber seit dem späten 2. Jahrhundert enorm zu, so dass ein neues, unmittelbar kaisergebundenes Heer entstand. Die Truppen, die Severus Alexander 231/232 aufstellte, folgten diesem zunächst in den Kampf gegen die Perser, anschließend zur Rheingrenze, wo sie nach dem Tod des Kaisers die Erhebung von Maximinus auf den Thron begünstigten. Gallienus (253–268) zog in Norditalien starke Reiterverbände zusammen, die teilweise aus *vexillationes*, teilweise aber auch aus frisch ausgehobenen Truppen bestanden.

Mobile Feldarmee

Diese mobilen kaiserlichen Heere waren jedoch noch keine dauerhaften Einrichtungen, erst unter Konstantin kommt es zu einer Trennung der römischen Armee in „Grenztruppen" (*limitanei*) und „Begleittruppen" (*comitatenses*): *Limitanei* waren in Kastellen entlang der Grenze stationiert, während die *comitatenses* im Hinterland standen und keinem Grenzabschnitt zugeteilt waren; vielmehr sollten sie vom Kaiser rasch in bedrohte Regionen geführt werden können. Im Zuge der Regionalisierung der römischen Armee nach Konstantins Tod bildeten sich mehrere Heere von *comitatenses* heraus, die nun zwar grenznah postiert waren, aber weiterhin ihren Namen als „Begleiter" des Kaisers behielten. Die mit dem Kaiser ziehenden Truppen wurden *palatini* genannt.

limitanei und *comitatenses*

Zwischen den *comitatenses* und den *limitanei* bestand ein Gefälle hinsichtlich des Prestiges und der Kampfkraft, denn es gibt zahlreiche Hinweise dafür, dass den *limitanei* Land zur Bewirtschaftung zugewiesen wurde und somit das militärische Training in den Hintergrund trat. Auch wurde dadurch ihre Bindung an den Stationierungsort stärker, so dass notwendige Truppenverlegungen auf Unwillen stießen. Da auch die

Verlust an Mobilität *comitatenses* im Verlauf des 4. Jahrhunderts ihre Mobilität verloren, sank die Zahl der für Feldzüge verfügbaren Truppen merklich, obwohl die Gesamtstärke der römischen Armee stieg: Insgesamt standen 500 000–550 000 Mann unter Waffen, hingegen konnte Valens bei Adrianopel nur etwa 10 000 Fußsoldaten und 3000 Kavalleristen einsetzen. Die Fähigkeit der römischen Armee, Schlachten zu verlieren und trotzdem Kriege zu gewinnen, sank durch den Rückgang der Mobilität merklich.

Der Wandel in der Kriegführung ist auch am Festungsbau abzulesen. **Festungsbau** Vor allem Diokletian ließ zahlreiche Festungen errichten, die mit dicken Mauern und wuchtigen Türmen versehen waren. Wichtige Verkehrswege wurden durch ein Festungsnetz geschützt, wie sich an den Forts entlang der englischen Küste oder an den Fernstraßen Galliens zeigen lässt. Die Festungen dienten nicht nur als Bollwerke bei feindlichen Invasionen, sondern auch der Beobachtung von Feinden. Mittels eines Signalsystems teilte man dem mobilen Feldheer mit, wo sich feindliche Verbände befanden, damit ein Versuch unternommen werden konnte, diese zu stellen und ihnen die Beute wieder abzunehmen.

Hinsichtlich der Bewaffnung und der Kampftaktik ist die Quellenlage für die Spätantike verhältnismäßig gut. Dies ist vor allem auf die Trennung von militärischen und zivilen Karrieren zurückzuführen: Während in früheren Jahrhunderten die Autoren davon ausgehen konnten, dass ein Großteil der Leser selbst militärische Erfahrung gesammelt hatte, gab es nun in der politisch führenden Schicht reine Verwaltungsspezialisten; viele Erklärungen, beispielsweise im Werk des Ammianus Marcellinus, scheinen sich an diese militärischen Laien zu richten.

Von einer einheitlichen römischen Kriegführung kann nicht die Rede sein, da die Gegner ganz unterschiedliche Anforderungen stellten. In **Unterschiedliche Schauplätze** den zahlreichen Kriegen gegen die Sassaniden ging es um die Gewinnung von Gebieten und strategisch wichtigen Punkten, während es an Rhein und Donau vor allem darum ging, Raubzüge von Kriegergruppen zu unterbinden. Trotz dieser Unterschiede lassen sich einige allgemeine Veränderungen erkennen, die zumeist Entwicklungen der Kaiserzeit fortsetzten.

Bewaffnung Das *pilum*, das sich in der römischen Militärgeschichte als eine höchst wirkungsvolle Waffe gegen Infanterie erwiesen hatte, erzielte aufgrund der geringen Reichweite gegen Reiter keine vergleichbare Wirkung; in den spätantiken Schlachtenszenarien, in denen die Römer zumeist gegen starke Reiterverbände kämpften, verlor es an Bedeutung. Häufig wurde es durch die *lancea* ersetzt, einen Wurfspeer, der zur Erhöhung der Reichweite mit einer Schlaufe versehen war. Auch wurden die Legionäre nun häufig mit Pfeil und Bogen ausgerüstet. Schwerter blieben ein wichtiger Teil der Ausrüstung, allerdings wurde das traditionelle spanische Kurzschwert durch die *spatha* abgelöst, die länger und breiter war und als Hiebwaffe eingesetzt wurde. Auch Äxte sind für die Spätantike als Waffen römischer Legionäre nachgewiesen. Hinsichtlich der Schutzbewaffnung kam der Brustpanzer zunehmend außer Gebrauch, allerdings gab es auch Einheiten, die ihn weiterhin trugen. Für die Kämpfe gegen Reiter – die Legionäre mussten sich nun vor allem gegen von oben geführte Schwertstreiche wappnen – wurden die Helme nun regelmäßig mit einem Nackenschutz versehen. Insgesamt waren die römischen Heere in der Spätantike diversifizierter und spezialisierter.

In der Taktik setzte sich die Bedeutungszunahme der Kavallerie fort. Konstantin suchte die Entscheidung in Feldschlachten häufig durch eine Attacke der Lanzenreiter zu erzielen. Dies war eine wirkungsvolle Taktik, da nur gut bewaffnetes und diszipliniertes Fußvolk einem Angriff der Panzerreiter standhalten konnte; sie hatte aber auch einen ideologischen Hintergrund, da sich Konstantin als Feldherr in die Tradition Alexanders des Großen stellte. Im Gegensatz zu dem Makedonen, der den Stoßangriff an der Spitze der Elitereiter angeführt hatte, hielt sich Konstantin allerdings im Hintergrund. *Kavallerie*

Die römische Infanterie wurde nun zumeist in der Phalanx in die Schlacht geführt, gerade der Kampf gegen die Panzerreiter der Sassaniden machte eine solche kompakte Formation notwendig. Üblicherweise wurde die schwere Infanterie im Zentrum aufgestellt, vor ihr die Plänkler der leichten Infanterie, während hinter den Legionären Bogenschützen standen, die ihre Pfeile über die Köpfe der vor ihnen liegenden Truppen schossen, um die Feinde zu beunruhigen. Es ist also wieder eine Gliederung der Infanterie in drei Treffen auszumachen, der allerdings eine ganz andere Taktik zugrunde lag als der Manipularformation republikanischer Prägung. *Phalanx*

Trotz der Bedeutungszunahme der Reiterei trug zumeist noch die Infanterie die Hauptlast der Schlachten, mit höchst unterschiedlichem Erfolg. 357 bei Straßburg kam ihr das Verdienst am Sieg über die Alamannen zu, die Katastrophe von Adrianopel hingegen wurde durch die Disziplinlosigkeit der Fußtruppen eingeleitet, die ohne Befehl angriffen und schließlich von der eintreffenden gotischen Reiterei in die Flucht geschlagen wurden. Allerdings waren schwere Fehler der militärischen Führung vorausgegangen, die das Heer übermüdet und ohne ausreichende Verpflegung in die Nähe des Feindes geführt hatte.

Der Krieg zwischen Römern und Sassaniden war durch zahlreiche Belagerungen geprägt, in denen beide Seiten hoch entwickelte Maschinen einsetzten; Ammianus Marcellinus und Prokop berichten ausführlich über Belagerungen, z. B. von Amida 359. Die antike Seekriegführung erlebte unter Konstantin, dessen Flotte 324 gegen seinen Konkurrenten Licinius in der letzten großen Seeschlacht der Antike erfolgreich blieb, einen letzten Aufschwung. Danach erfolgte ein Niedergang der römischen Flotte, im 5. Jahrhundert ging die Sicherheit der Seewege verloren, *Belagerungen* vor allem durch die Vandalen, die von ihrer Basis in Nordafrika aus die wohlhabenden Küstenlandschaften Italiens und Siziliens attackierten.

6.2 Die ‚Barbarisierung' des römischen Heeres

Sinkende Attraktivität des Kriegsdienstes

Der Militärdienst verlor im Verlauf des 3. und 4. Jahrhunderts signifikant an Attraktivität. Zwar nahm die politische Bedeutung der Soldaten zu – die meisten Kaiser wurden direkt von den Soldaten gekürt, und die Kaiser verbrachten die meiste Zeit beim Heer –, und der Sold wurde erhöht, doch aufgrund wirtschaftlicher Schwierigkeiten konnten die Kaiser manchmal den Sold nicht mehr bezahlen; außerdem wurde er zunehmend in Naturalien anstatt in Geld ausgezahlt, was für die Soldaten weniger attraktiv war. Trotz verschiedener Vergünstigungen wie Steuerbefreiung fanden sich nicht mehr ausreichend Freiwillige, um die Legionen zu füllen.

Die römische Administration reagierte seit Diokletian mit neuen Gesetzen. Die Söhne von Soldaten und Veteranen wurden zum Soldatendienst verpflichtet; zwar hatten auch zuvor die Söhne von Soldaten häufig den Beruf des Vaters ergriffen, aber nun wurde dies erzwungen und damit ein erblicher Soldatenstand geschaffen. Einzige Möglichkeit, der Pflicht zu entkommen, war die Stellung eines Ersatzmannes (*vicarius*),

Zwangsrekrutierungen

den zu finden sich allerdings schwierig gestaltete. Außerdem wurden die Großgrundbesitzer dazu verpflichtet, eine nach der Größe ihres Besitzes bemessene Zahl abhängiger Pachtbauern an die Armee abzustellen. Kleinbauern wurden in Gruppen eingeteilt und mussten ebenfalls Rekruten stellen. Bisweilen gliederte man sogar Kriegsgefangene in die Armee ein. Solche Zwangsmaßnahmen waren allerdings kaum geeignet, kampfkräftige und motivierte Soldaten hervorzubringen. Es häufen sich Berichte, dass sich Männer die Finger amputierten, um den Kriegsdienst zu umgehen, und dagegen wurden drakonische Strafen verhängt; ein Gesetz des Valentinian I. (364–375) sah Verbrennung bei lebendigem Leib vor (Cod. Theod. 7,13,5). Um Desertionen vorzubeugen, wurden zumindest in manchen Einheiten Tätowierungen auf dem Handrücken der Rekruten angebracht.

Anwerbung von Barbaren

Eine wirksamere und rascher greifende Maßnahme, um die Truppenstärke aufrecht zu erhalten, war jedoch die Anwerbung von reichsfremden, vor allem germanischen Kontingenten. Schon Caesar hatte für seine Feldzüge in Gallien germanische Reiter angeworben, die ihm wertvolle Dienste leisteten, und auch in den Armeen der Prinzipatszeit sind Germanen anzutreffen. Aber in der Spätantike nahm der Anteil von Germanen im römischen Heer massiv zu, und zwar sowohl in den Mannschaften als auch in den Offiziersrängen.

Zumeist wurden die „Barbaren" an den Grenzen eingesetzt, an denen sie auch rekrutiert worden waren, und hier bildeten sich unterschiedli-

6. Spätantike

che Rechtsformen heraus. Bei den *laeti*, die vor allem in Gallien bezeugt sind, handelt es sich um Halbfreie, die zur Heeresfolge verpflichtet waren, denen aber im Gegenzug Ackerland zur Pacht gegeben wurde; diese *laeti* wurden im rechtsrheinischen Gebiet angeworben, vor allem bei den Friesen, Franken und Alamannen. In einem ähnlichen Verhältnis zu Rom standen die *gentiles* an der Donau; diese standen allerdings unter dem Befehl römischer Offiziere, während die *laeti* von Landsleuten kommandiert wurden.

laeti, gentiles, foederati

Während diese Truppen der römischen Militärgerichtsbarkeit unterworfen waren, handelte es sich bei den *foederati* um rein germanische Truppen eigenen Rechts. Nach der Niederlage von Adrianopel sah der römische Kaiser keinen anderen Ausweg, als mit den Goten einen Vertrag (*foedus*) zu schließen und ihnen Siedlungsgebiete zur Verfügung zu stellen; im Gegenzug verpflichteten sich die Goten zur Heeresfolge. Im 5. Jahrhundert wurde diese Rechtsform auf den Westen des Reiches ausgedehnt.

Die Aufnahme von „Barbaren" in das römische Heer ist weniger das Ergebnis strategischer Konzepte als mangelnder Alternativen. Doch im Gegensatz zur Wahrnehmung zeitgenössischer Autoren standen die Germanen im römischen Heer den aus der Reichsbevölkerung rekrutierten Soldaten im Hinblick auf Kampfkraft und Durchhaltewillen nicht nach. Allerdings war die Loyalität der *foederati* brüchig; wenn sie ihre Ansprüche nicht durch den römischen Kaiser befriedigt sahen, konnten sich ihre kriegerischen Aktivitäten rasch gegen ihn wenden.

Das römische Reich geriet somit in Abhängigkeit von germanischen Kriegerverbänden, deren Ziel keineswegs die Vernichtung des Römischen Reiches war, sondern die Teilhabe am Wohlstand des Reiches. Doch in der Konsequenz führte ihr Eindringen in das Mittelmeergebiet zum Ende Westroms. Da immer weitere Regionen der Kontrolle des Kaisers entglitten, verfügte er nicht mehr über ausreichend Mittel, die Soldaten zu bezahlen. Wenn er Krieg führte, kämpften in Roms Namen überwiegend germanische Soldaten unter germanischen Feldherren, der Unterschied zwischen der römischen und der feindlichen Armee verwischte sich. Der römische Bürgersoldat, der die Schlachtfelder des Mittelmeergebietes jahrhundertelang beherrscht hatte, verschwand und wurde durch den germanischen Stammeskrieger ersetzt.

Ende Westroms

Während sich die römische Armee im Westen während des 5. Jahrhunderts auflöste, konnte sich das Ostreich konsolidieren, aber auch hier kam es zu einer tiefgreifenden Umstrukturierung der Armee. Die Aufgebote, mit denen Justinians Feldherren im 6. Jahrhundert den Versuch unternahmen, Italien und den Westen wieder für Rom zu gewinnen, waren verhältnismäßig klein und bestanden zum Großteil aus Söldnern.

Ostrom

7. Militärschriftstellerei

Strategie und Taktik des Krieges nehmen in der antiken Historiographie großen Raum ein, und manche Passagen bei Thukydides oder Polybios wirken wie eine Lehrschrift für künftige Heerführer. In der griechischen Klassik bildete sich daneben auch die Militärschriftstellerei als eigene literarische Gattung heraus: Am Anfang steht Xenophon, der in seinen *Hippika* die Aufgaben eines Kavallerieführers behandelte, das erste umfassende Lehrbuch stammt von Aineias Taktikos: Erhalten ist lediglich die Partie über die Verteidigung von Städten, die aufgrund der im Text enthaltenen historischen Beispiele auf die Mitte des 4. Jahrhunderts v. Chr. datiert werden kann; der Autor ist wahrscheinlich mit Aineias von Stymphalos, einem bei Xenophon (hell. 7,3,1) erwähnten arkadischen Strategen, zu identifizieren.

Aineias Taktikos

In der Folge differenzierte sich die Militärschriftstellerei in mehrere Sparten aus: Überlegungen zu Marschordnung und Schlachtaufstellung liefern Asklepiodotos (1. Jahrhundert v. Chr.), Ailianos und Arrianos (beide 2. Jahrhundert). Während Arrianos als Statthalter in Kappadokien Erfahrungen in der Truppenführung gesammelt hatte (s.o. Kap. I.5.3), schöpfte Ailianos sein Wissen wohl allein aus der Literatur. Sammlungen von Kriegslisten (*strategemata*) erstellten Frontinus (1. Jahrhundert) und Polyainos (2. Jahrhundert); sie empfehlen beispielsweise, den Gegner über die Stärke der Truppen zu täuschen, die Motivation der eigenen Soldaten durch fingierte günstige Vorzeichen zu stärken oder eine Flucht vorzutäuschen, um den Gegner zu verleiten, seine Ordnung aufzulösen.

Kriegslisten

Onasandros (1. Jahrhundert) verfasste ein Handbuch für römische Offiziere, allerdings sind die darin enthaltenen Ratschläge sehr oberflächlich und lassen nicht auf eine präzise Kenntnis des römischen Militärwesens schließen. Eine besondere Gruppe der Militärschriftsteller bilden die Poliorketiker, deren Werke Anleitungen zum Bau und Einsatz von Belagerungsgeräten enthalten. Die bekanntesten Vertreter sind Apollodoros Mechanikos, Athenaios Mechanikos und Vitruv, der Ingenieur in Caesars Heer gewesen war. In der Spätantike verfasste Vegetius einen Abriss des römischen Militärwesens, allerdings orientierte er sich nicht an den Zuständen seiner eigenen Zeit, sondern an der glorreichen Vergangenheit Roms. Er empfahl eine Rückbesinnung auf die Infanterie und ein Training der Legionäre, wie es in der Zeit der Republik üblich gewesen war.

Praktischer Wert?

Alle diese Schriften waren, auch wenn dem modernen Betrachter ihr militärischer Wert gering erscheint, für den praktischen Gebrauch konzipiert. Aus Sallust (Iug. 85,12) kann man schließen, dass manch römischer Senator die Werke der griechischen Militärschriftsteller konsultierte, wenn er ein Truppenkommando übernahm. Es ist allerdings schwierig, den Einfluss der Schriften auf die Kriegführung zu bestimmen. Unbestritten ist hingegen die Wirkung auf die Nachwelt; spätere Militärschriftsteller, z. B. der byzantinische Kaiser Leo VI. (886–912), der selbst eine taktische Lehrschrift verfasste, griffen gerne auf sie zurück.

II. Grundprobleme und Tendenzen der Forschung

1. Einleitung

Die Forschungsgegenstände „Militär" und „Krieg" können in der Alten Geschichte nicht getrennt werden. Denn Heere stellte man in der Antike zumeist erst bei nahendem Krieg auf, indem man Bürger zu den Waffen rief oder Söldner anwarb. Zwar wurden in hellenistischer Zeit und besonders in der römischen Kaiserzeit auch stehende Heere geschaffen, aber auch für diese waren Feldzüge eher die Regel als die Ausnahme. Eine Armee wie die deutsche Bundeswehr, die nach ihrer Gründung mehrere Jahrzehnte lang ohne Kampfeinsatz blieb, existierte in der Antike nicht.

Der antike Krieg hatte während des Mittelalters und der frühen Neuzeit großes Interesse auf sich gezogen [1: GARLAN, Guerre 15–21]. Der Grund dafür war nicht allein die überragende Präsenz des Krieges in der antiken Literatur, sondern auch die Meinung, man könne aus einem Studium alter Schlachten Nutzen ziehen: Es herrschte die Auffassung vor, dass alle Kriege – trotz Variablen wie Truppengrößen, Bewaffnung und Transportmitteln – denselben Gesetzmäßigkeiten unterworfen seien, mithin eine „Kriegskunst" existiere, die in der Kenntnis und der richtigen Anwendung der Gesetzmäßigkeiten in der Praxis bestehe. Die Schlachtpläne erfolgreicher antiker Feldherrn, z. B. des Epameinondas, Alexander oder Hannibal, wurden als Blaupausen für die eigene Kriegführung betrachtet; von den berüchtigten Verlierern der antiken Kriegsgeschichte wollte man lernen, welche Fehler zu vermeiden seien. Diese auf den Feldherrn fokussierte Form der Militärgeschichte erlebte einen ersten Höhepunkt im absolutistischen Frankreich [1: KRUMEICH, Militärgeschichte 179f.], im 19. Jahrhundert bildete das Studium antiker Schlachten in allen westlichen Armeen einen festen Bestandteil der Offiziersausbildung.

Militärgeschichte in der Offiziersausbildung

Ihren Höhepunkt erreichte diese Schlachtenforschung zu Beginn des 20. Jahrhunderts im Deutschen Reich, vor allem die Werke von Johannes KROMAYER [1: Schlachtfelder; 1: KROMAYER/VEITH, Heerwesen und Kriegführung] und von Hans DELBRÜCK [1: Geschichte der Kriegskunst] gelten bis heute als Meilensteine. Im Fall von KROMAYER lässt sich die zeittypische Ansiedlung der Militärgeschichte zwischen Geschichtswissenschaft und Generalstab exemplarisch nachvollziehen: Eine Studienreise zu den Thermopylen und anderen antiken Schlachtfeldern unternahm er in Begleitung zweier Offiziere und mit Unterstützung des Generalstabschefs des Deutschen Heeres, VON SCHLIEFFEN, der

Ältere Schlachtenforschung

Kromayer

seinerseits eine Monographie über Cannae als Paradigma der Vernichtungsschlacht verfasst hatte [1: Cannae]. KROMAYER vertrat gegen CLAUSEWITZ [1: Vom Kriege 341] die Meinung, dass das Studium gerade der antiken Schlachten von großem Nutzen sei: Diese seien aufgrund ihrer geringeren Komplexität geeignet, die „Gesetze des Krieges" zu erkennen [1: Schlachtfelder 18f.]. Auch verwies KROMAYER darauf, dass antike Schlachtfelder besser zu überblicken gewesen seien als moderne, da die Heere kleiner und die Truppenaufstellung dichter gewesen seien und weder Pulverdampf noch Rauch brennender Dörfer die Sicht behindert hätten [ebd. 10f.]. Bewaffnung und Motivation der Soldaten wurden von KROMAYER nur am Rande behandelt, der Ausgang von Kriegen ist nach seiner Darstellung allein im Geschick der Feldherren zu suchen. Um deren Manöver zu rekonstruieren, müsse das Terrain der Schlachten genau erkundet, militärgeschichtlichen Werken sollten genaue Karten beigefügt werden [vgl. 1: PRITCHETT, Topography].

    Mit dieser Betonung der Autopsie unterschied sich KROMAYER von DELBRÜCK [1: Kriegskunst], der in seinem monumentalen Werk, dessen erster Band den Griechen und Römern gewidmet war, andere methodische Akzente setzte. DELBRÜCK betonte die Notwendigkeit einer – als Ergänzung zur philologischen Textkritik verstandenen – historischen Sachkritik. Er überprüfte die Kriegsschilderungen antiker Autoren auf ihre Plausibilität, indem er den „gesunden Menschenverstand", eigene militärische Erfahrungen sowie Berechnungen zu Raum- und Nahrungsbedarf antiker Heere heranzog; auf dieser Grundlage korrigierte er in vielen Fällen die bei antiken Autoren genannten Truppenstärken. DELBRÜCK untersuchte damit den Krieg auf breiterer Grundlage als KROMAYER, und er vertrat gegenüber der Generalität den Primat der Geschichtswissenschaft bei der Untersuchung von historischen Kriegen [1: KRUMEICH, Militärgeschichte 184–186]; aber auch in seinem Werk stehen die Rekonstruktion von Schlachten und die Bewertung von Feldherrnleistungen im Vordergrund, trotz des im Titel gegebenen Versprechens, Krieg „im Rahmen der politischen Geschichte" zu analysieren [1: FINLEY, Soziale Modelle 291]. Diese Fokussierung auf den Feldherrn ist repräsentativ für die internationale Forschung in der ersten Hälfte des 20. Jahrhunderts.

    Während es in der Populärwissenschaft nach wie vor sehr beliebt ist, Schlachten aus der Perspektive des Feldherrnhügels zu analysieren, hat die historische Forschung in den letzten Jahrzehnten andere Zugänge zum antiken Krieg erschlossen. Die wichtigsten Anstöße für eine Militärgeschichte, die den Krieg nicht als isoliertes Phänomen, sondern in seinem kulturellen Kontext zu erfassen sucht, kamen in den späten 1960er Jahren aus Frankreich [2: VERNANT, Guerre; 1: BRISSON, Guerre]: Man untersuchte den Krieg nun als eine Ausdrucksform der Gesellschaft, fragte nach der religiösen Konstruktion des Krieges, der Wahrnehmung von

Kriegsopfern und Kriegsgewinnen durch die Gemeinschaft und den politischen Implikationen bestimmter Schlachtenszenarien. Auch diskutierte man die Kategorien, mit denen der griechische und römische Krieg beschrieben und differenziert werden könne [1: MAIER, *Neque quies*]. Ein neueres Beispiel für einen kulturgeschichtlichen Zugang zum Krieg liefert LENDON [1: Soldiers and Ghosts] mit seiner These, die Kriegführung in der Antike sei nicht vom Streben nach Effizienz, sondern von einer Orientierung an Heldenidealen der Vergangenheit geprägt gewesen.

Die wirtschaftliche Dimension des Krieges wurde bereits von GARLAN [1: Guerre] umfassend untersucht; FINLEY [1: Soziale Modelle] forderte aus marxistischer Perspektive eine ökonomische Betrachtungsweise, die vor allem die Bedeutung des Beutemachens als Ziel der Kriegführung berücksichtige [dazu jetzt 1: COUDRY/HUMM, *Praeda*; zu den Kosten 1: BURRER/MÜLLER, Kriegskosten; vgl. auch 1: ANDREAU/BRIANT/DESCAT, Économie]. Sozialgeschichtliche Untersuchungen entstanden vor allem zur römischen kaiserzeitlichen Armee, deren Angehörige vergleichsweise gut dokumentiert sind, so dass sich Aussagen zur gesellschaftlichen Herkunft, zur regionalen und sozialen Mobilität und zur wirtschaftlichen Bedeutung der Soldaten treffen lassen (s.u. Kap. II.5). Spezialuntersuchungen befassen sich mit Sklaven in antiken Heeren und Flotten [1: WELWEI, Unfreie; 1: HUNT, Slaves].

Wirtschaftliche Dimension

In den 1980er Jahren wurden gegen die sozial- und kulturgeschichtlichen Ansätze Stimmen laut, die eine erneute Konzentration auf das Schlachtengeschehen forderten. Den markantesten Ausdruck verlieh diesem Postulat Victor Davis HANSON; wer Militärgeschichte betreibe, müsse nach seinen Worten von der Einsicht geleitet sein, „that warfare is simply battle, that battle is only fighting, that fighting is always killing and dying, nothing more, nothing less" [The Ideology of Hoplite Battle, Ancient and Modern, in: 2.2: DERS., Hoplites, 3–11, hier 11]. Im Gegensatz zur älteren Schlachtenforschung sollte aber der kämpfende Soldat, nicht der Feldherr im Zentrum der Aufmerksamkeit stehen: Möglichst präzise sei zu rekonstruieren, welche Waffen auf welche Weise eingesetzt wurden, unter welchen Umständen sich Infanterie der Kavallerie überlegen zeigte oder umgekehrt, wie lange Schlachten dauerten, welchen physischen und psychischen Belastungen ein Soldat ausgesetzt war und welche Verwundungen vorkamen. Als methodisches Vorbild wurden John KEEGANS [1: Face of Battle] Analysen spätmittelalterlicher und neuzeitlicher Schlachten herangezogen. Dieser „Face of Battle"-Ansatz, auch „Neuere Schlachtenforschung" genannt, hat vor allem in Bezug auf die griechische Hoplitenphalanx Anwendung gefunden [2: HANSON, Western Way; 2: VAN WEES, Warfare; 2.2: SCHWARTZ, Reinstating the Hoplite], wurde aber auch für die römische Kriegführung fruchtbar gemacht [1: GOLDSWORTHY, Roman Army 171–286; 1: SABIN, Face of Roman Battle;1: DERS., Lost Battles].

Neue Schlachtenforschung

Keegan, Face of Battle

Psycho-Historie

Im Zuge der neuen Konzentration auf den Soldaten kam neben dem physischen Ablauf der Schlacht auch die innere Kampferfahrung in den Blick, d. h. die Wirkung der erlebten und der ausgeübten Gewalt auf die Psyche der Soldaten. Den Anstoß bildeten die Erlebnisse amerikanischer Soldaten im Vietnamkrieg: Jonathan SHAY [1: Achilles in Vietnam], der als Militärpsychiater zahlreiche Veteranen behandelt hatte, und der Historiker und Vietnam-Veteran Lawrence TRITLE [1: From Melos to My Lai] konzentrierten sich auf die Traumatisierung von Kriegsteilnehmern; in Analogie zu modernen Erfahrungen wurden in den antiken Texten Anzeichen für die so genannte posttraumatische Belastungsstörung (PTSD) entdeckt, etwa bei Achilleus, Klearchos oder Alexander dem Großen. Es ist auffällig, dass die psychohistorischen Forschungen eine kulturübergreifende Gleichartigkeit des Phänomens „Krieg" voraussetzen, während die Vertreter des „Face of Battle"-Ansatzes die raum- und zeitabhängigen Differenzen betonen. Ergebnisse der Historischen Anthropologie sind auch für die Militärgeschichte fruchtbar gemacht worden [1: FERGUSON, Explaining War; 1: STIETENCRON/RÜPKE, Töten im Krieg].

Experimentelle Archäologie

Von einiger Bedeutung für eine Militärgeschichte der Antike sind experimentelle Forschungen. Bereits DELBRÜCK hatte Angehörige des Berliner Turnvereins mit Sarissen exerzieren lassen, um Aufschluss über mögliche Formationen und Manöver der makedonischen Phalanx zu erhalten [1: DELBRÜCK, Geschichte der Kriegskunst, Bd. 1, 251f.]; in jüngerer Zeit sind vor allem die akribisch vorbereiteten und nach gründlichem Studium der literarischen und archäologischen Überlieferung erfolgten Experimente unter der Leitung von Marcus JUNKELMANN [1: Legionen des Augustus] zu nennen. Entscheidende Anstöße für die Erforschung des Seekriegs im klassischen Griechenland lieferte der Nachbau einer griechischen Triëre [2.5: MORRISON u. a., Trireme], auch ein spätantikes Flussschiff wurde rekonstruiert und erprobt [1: SCHÄFER, *Lusoria*; 1: HIMMLER/KONEN/LÖFFL, *Exploratio Danubiae*].

Forschungsüberblicke

Die Forschung ist im Allgemeinen gut erschlossen. Es existieren mehrere sehr nützliche Synthesen zur Forschungsentwicklung [1: LONIS, Guerre; 1: DUCREY, Aspects de l'histoire; 1: CORVISIER, Vingt ans des traveaux; HANSON, The Modern Historiography of Ancient Warfare, in: 1: SABIN/VAN WEES/WHITBY, History of Greek and Roman Warfare, Bd. 1, 3–21], und in den letzten Jahren wurde sowohl eine exzellente knappe Einführung [1: BURCKHARDT, Militärgeschichte] als auch ein ausführliches zweibändiges Handbuch vorgelegt [1: SABIN/VAN WEES/WHITBY, Companion of Greek and Roman Warfare]; Quellensammlungen ermöglichen einen raschen Zugriff auf die wichtigsten literarischen Zeugnisse [1: SAGE, Warfare in Ancient Greece; 1: DERS., Republican Army; 1: CAMPBELL, Roman Army]. Aus einer Betrachtung der Forschungsliteratur wird deutlich, dass die Militärgeschichte der Antike eine Domäne der angelsächsischen Forschung ist, da sie an britischen und amerikanischen

Universitäten, anders als auf dem europäischen Kontinent, als historisches Teilgebiet fest etabliert ist. Allerdings hat die Militärgeschichte inzwischen auch in Deutschland, wo sie aus nachvollziehbaren politischen Gründen in den Jahrzehnten nach dem Zweiten Weltkrieg keine Rolle gespielt hatte, wieder mehr Aufmerksamkeit gewonnen.

2. Archaisches und klassisches Griechenland

Die Gesamtdarstellung PRITCHETTS [2: Greek State] ist nach wie vor der beste Ausgangspunkt für alle weiteren Forschungen; auf der Grundlage einer umfassenden Kenntnis der schriftlichen Quellen werden systematisch alle Aspekte der Kriegführung im antiken Griechenland behandelt, von der Bewaffnung über taktische Fragen bis zur Repräsentation von militärischen Siegen. Daneben gibt es weitere ausgezeichnete Überblicksdarstellungen [2: DUCREY, Guerre; 2: HANSON, Western Way; 2: DERS., War; 2: VAN WEES, Warfare] sowie Sammelbände zu einzelnen Aspekten der Kriegführung [2: PROST, Armées; 2: VAN WEES, War and Violence; 2: RICH/SHIPLEY, War and Society]. *Gesamtdarstellungen*

Für die feldherrnbezogene Schlachtenforschung ist die archaische Zeit aufgrund der geringen Komplexität der Gefechte und der geringen Quellendichte wenig ergiebig, mehr Aufmerksamkeit haben aus dieser Perspektive der Peloponnesische Krieg, vor allem aber die Schlachten von Leuktra (371 v. Chr.) und Mantineia (362 v. Chr.) erfahren. Die so genannte schiefe Schlachtordnung, mit der der thebanische Feldherr Epameinondas die Spartaner schlug, wurde vielfach als Meisterleistung der Kriegsgeschichte analysiert (s.u. Kap. II.2.8). *Schlachtenrekonstruktion*

Seit den späten 1960er Jahren wurden, zunächst von der französischen Forschung, die Kategorien diskutiert, mit denen sich der Krieg im antiken Griechenland erfassen ließe [2: VERNANT, Problèmes; 1: GARLAN, Guerre]. Aus der Häufigkeit der Kriege, der überragenden Präsenz von Krieg in Bildern und Texten sowie dem Umstand, dass griechische Friedensverträge nur für einen bestimmten Zeitraum abgeschlossen wurden, folgerte man, Krieg habe den „Normalzustand" dargestellt, Frieden hingegen sei lediglich als Intervall zwischen zwei Kriegen aufgefasst worden. Diese These ist inzwischen relativiert worden, denn Krieg war ein zwar häufiges, aber nicht allgegenwärtiges Phänomen; in vielen Quellen wird der Frieden als dem Krieg vorzuziehender Zustand beschrieben. Nach MEIER [2: Rolle des Krieges 561f.] betrachteten die Griechen den Krieg als Unterbrechung eines friedlichen Normalzustands; ALONSO [War, Peace, and International Law in Ancient Greece, in: 1: RAAFLAUB, War, 206–225] sieht in Krieg und Frieden zwei gleichrangige Normalzustände im Verhältnis benachbarter Poleis. *Krieg als „Normalzustand"*

In der Forschung hat der Krieg jedenfalls deutlich mehr Aufmerksamkeit gefunden als der Frieden; die Instrumente und Strategien der gewaltfreien Konfliktlösung sind erst in jüngerer Zeit intensiv erforscht worden. Nach ALONSO [ebd. 206–213] entwickelte sich ein ‚internationales', d. h. polisübergreifendes Recht in Griechenland im 7. und 6. Jahrhundert v. Chr. als Reaktion auf die Erfahrungen unkontrollierter Gewalt, wie sie sich in den homerischen Epen spiegeln. JEHNE [2: *Koine eirene*] analysiert sowohl die Gründe dafür, dass der „allgemeine Frieden" ein Schlüsselbegriff in der politischen Kommunikation des 4. Jahrhunderts v. Chr. werden konnte, als auch die strukturellen und kontingenten Faktoren für das Scheitern der Friedensordnungen. Vorbildcharakter für die Moderne besitzt die Idee des „Olympischen Friedens", einer allgemeinen Waffenruhe zur Zeit der Olympischen Spiele; doch dabei handelt es sich um ein modernes sportpolitisches Konzept, das durch Verweis auf die Antike nobilitiert wurde – der antiken Realität war ein solcher Gedanke fremd [2: LÄMMER, Olympischer Friede].

Friedliche Konfliktlösung

„Olympischer Friede"

Als Grabbeigaben, vor allem aber als Weihgeschenke in den Heiligtümern, haben sich zahlreiche Waffen erhalten [2: SNODGRASS, Arms; 2: JARVA, Archaiologia]. Die Bildzeugnisse für Kampf und Krieg haben in der jüngeren archäologischen Forschung große Aufmerksamkeit gefunden. Konsens besteht darüber, dass die Visualisierung von Gewalt starken Schwankungen unterworfen war, die Ursachen werden jedoch kontrovers diskutiert: RECKE [2: Gewalt und Leid] leitet die Veränderungen in der Bildsprache der athenischen Kunst von politischen Entwicklungen ab: Darstellungen drastischer Gewalt aus der Zeit der Perserkriege seien ein Zeichen für eine kriegskritische Sicht, während die Dämpfung von Gewalt im Bild auf die Errichtung der athenischen Seeherrschaft und eine daraus resultierende positivere Sicht auf den Krieg zurückzuführen sei. Dagegen betont MUTH [2: Gewalt im Bild] auf der Grundlage einer detaillierten Untersuchung der athenischen Vasenbilder die selbstständige, mediengebundene Entwicklung der künstlerischen Ausdrucksformen. Unter Bezugnahme auf die archäologische Debatte hat SCHMITZ [2: Opfer] die Darstellung kriegerischer Gewalt in der griechischen Geschichtsschreibung analysiert. Diese sei gekennzeichnet von einer Fokussierung auf die Feldherren und deren Kunst, ein Heer zu versorgen, zu motivieren und klug einzusetzen, während die Opfer des Krieges ausgeblendet würden.

Archäologische Zeugnisse

Visualisierung von Gewalt

Geschichtsschreibung

2.1 Kriegführung bei Homer

Der Troianische Krieg war für die antiken Griechen, die keine scharfe Grenze zwischen historischem Ereignis und Mythenerzählung zogen, ein Teil ihrer Geschichte; der Ort Ilion, an dem sie die Handlung der *Ilias* ansiedelten, konnte 1873 von Heinrich SCHLIEMANN identifiziert werden. Eine andere Frage ist, ob die im Epos geschilderten Kämpfe auch nach modernen Maßstäben historisch sind, d. h. ob sie, von Eingriffen der Götter und anderen phantastischen Elementen abgesehen, auf tatsächliche Ereignisse zurückgehen. Neue archäologische Untersuchungen gaben vor wenigen Jahren den Anstoß, diese alte Debatte in ungewohnter Schärfe und unter großer Anteilnahme der Öffentlichkeit neu zu führen [nachgezeichnet bei 2.1: WEBER, Neue Kämpfe]: Manche sahen in den Grabungsergebnissen von Troia Indizien dafür, dass die *Ilias* die epische Verarbeitung eines großen Krieges der späten Bronzezeit (ca. 1200 v. Chr.) sei. Eine Koalition mykenischer Mächte habe das mächtige westanatolische Troia angegriffen und nach langer Belagerung bezwungen [2.1: LATACZ, Troia]. Andere haben dagegen eingewandt, dass ein solches Ereignis in der späten Bronzezeit nur geringe Plausibilität besitze und insbesondere der Ort Troia nach den bisherigen archäologischen Ergebnissen einen weit geringeren Rang besessen habe, als ihm in der *Ilias* zugewiesen wird [2.1: KOLB, Troia-Mythos; s. auch die Beiträge in 2.1: ULF, Der neue Streit]. Historizität des Troianischen Krieges?

Unabhängig von der Historizität des Troianischen Kriegs selbst ist nachzuprüfen, ob die in den homerischen Epen beschriebene Kampfesweise historische Realitäten widerspiegelt. Lange Zeit herrschte in der Forschung weitgehend Einigkeit, dass die Schlachten der *Ilias* von den schwer bewaffneten Helden dominiert gewesen seien: Deren Zweikämpfe hätten die Schlacht entschieden, während die nichtadlige Masse zwar auch am Kampf beteiligt gewesen sei, aber eher den Hintergrund für die heroischen Duelle gebildet habe [z. B. 2.1: NILSSON, Hoplitentaktik 240]. Diese Auffassung wurde seit den späten 1970er Jahren korrigiert, vor allem von LATACZ [2.1: Kampfparänese]: Der Masse der einfachen Soldaten komme in der *Ilias* entscheidende Bedeutung zu, die Zweikämpfe der *prómachoi* exemplifizierten lediglich den Schlachtenverlauf, entschieden ihn jedoch nicht. Gemäß LATACZ' Strukturanalyse gliedere sich eine homerische Schlacht in klar voneinander getrennte Phasen: Zu Beginn blieben die Heere auf Distanz und lieferten sich einen Massenwurfkampf, während die *prómachoi* vor die Schlachtreihen träten; deren Kämpfe würden vom Dichter zwar ausführlich beschrieben, ein funktionelles Gewicht komme ihnen aber nicht zu. Vielmehr bildeten sie nur die Vorbereitung für den anschließenden Zusammenstoß der Heere und den Massennahkampf, der die Entscheidung herbeiführe. Einzelkampf und Massenkampf Phasen einer Schlacht

LATACZ' Arbeit stellt den Ausgangspunkt für nachfolgende Forschungen dar. Seine zentrale These, dass den nichtadligen Kämpfern in der *Ilias* eine wichtige Bedeutung zukomme, hat in der Forschung breite Zustimmung gefunden, einzelne Aspekte sind jedoch kontrovers diskutiert worden. So wurden Zweifel laut, ob sich Massenwurf- und -nahkampf strikt als unterschiedliche Phasen einer homerischen Schlacht trennen lassen [2.2: SNODGRASS, Hoplite Reform]. PRITCHETT [2.1: Recent Theo- Wurf- und Nahkampf ry] siedelt die Einzelkämpfe nicht vor dem Zusammenstoß der Heere an, sondern schlägt vor, dass sich der Nahkampf der Massen im Verlauf der Schlacht in Einzelkämpfe ausdifferenzierte. Die detaillierteste Alternative zu LATACZ hat VAN WEES [2.1: Status Warriors; The Homeric Way] vorgelegt, der eine Gleichzeitigkeit von Nah- und Fernkampf postuliert. Dies sei nur möglich, wenn in einer relativ offenen Formation gekämpft würde, die genügend Raum biete, mit dem Wurfspeer auszuholen und auf einen bestimmten Gegner zu zielen. In Analogie zu ethnologisch erforschten Kämpfen in Neuguinea entwirft VAN WEES die homerische Schlacht als fluides Vorrücken und Zurückweichen der Heere bei einem ständigen Austausch der akut kämpfenden Krieger.

prómachoi   Aus den unterschiedlichen Szenarien ergeben sich auch Differenzen in der Definition der *prómachoi*. Nach SINGOR [2.1: Nine against Troy 19–23] umfasst deren Kreis die aristokratischen Krieger, die sich eine bronzene Bewaffnung leisten konnten und aufgrund dieser überlegenen Ausrüstung die Hauptrolle im Kampf spielten. LATACZ [2.1: Kampfparänese 141–163] hingegen sieht in ihnen die erste Reihe der homerischen Phalanx, während VAN WEES [2.1: The Homeric Way 7] davon ausgeht, dass der Begriff lediglich die aktive Teilnahme am Kampf beschreibt: Zum *prómachos* werde man, indem man sich in den Nahkampf oder zumindest in die Reichweite des Feindes begebe; ziehe der Krieger sich wieder aus dem akuten Kampf zurück, um sich auszuruhen, sei er auch kein *prómachos* mehr.

Streitwagen   In der Debatte, ob die in der *Ilias* beschriebene Kampfesweise als realitätstreu anzusehen sei, spielen die Streitwagen eine wichtige Rolle. In der späten Bronzezeit besaßen diese eine entscheidende Bedeutung in der Kriegführung, z. B. bei den Hethitern und dem ägyptischen Neuen Reich, aber auch die mykenischen Griechen setzten sie ein. In homerischer Zeit hingegen waren sie außer Gebrauch gekommen: Zwar werden auf geometrischen Vasen Wagen in militärischer Funktion dargestellt, doch dabei handelt es sich nicht um eine Abbildung zeitgenössischer Realität; die Maler waren vielmehr vom Epos beeinflusst [2.1: GREENHALGH, Early Greek Warfare 7–18; für die Existenz von Streitwagen in homerischer Zeit plädiert 2.1: PATZEK, Homer und Mykene 194–196]. LATACZ [2.1: Kampfparänese 215–223] und VAN WEES [2.1: The Homeric Way 9f.] sehen im Einsatz der Wagen in der *Ilias* eine realistische Wiedergabe von deren Funktion, die sich seit mykenischer Zeit verschoben habe: Sie seien nicht mehr zum Aufbrechen gegnerischer Schlachtreihen eingesetzt worden, sondern als Transportmittel in Fluchtphasen, damit sich die Anführer der unterlegenen Partei in Sicherheit bringen konnten. Es darf allerdings bezweifelt werden, dass es in der historischen Realität den *prómachoi* tatsächlich gelang, bei einer Massenflucht den rettenden Wagen zu erreichen. FINLEY [2.1: World of Odysseus 44f. 148f.] betrachtet den „unsinnigen" Einsatz der Wagen in der Ilias als Indiz für den tiefen Traditionsbruch nach dem Ende der mykenischen Zeit. In homerischer Zeit habe man zwar noch gewusst, dass es einst Streitwagen gab, aber nicht mehr deren Funktion gekannt.

Der inadäquate Einsatz von Streitwagen und andere Inkongruenzen bieten für HELLMANN [2.1: Schlachtszenen] Argumente dafür, die Schlachtenschilderungen der Ilias allein als poetisches Produkt zu betrachten, das keine Rückschlüsse auf historische militärische Szenarien zulasse. Die homerischen Kampfszenen orientierten sich nicht an der Realität, sondern produzierten ein (aus aristokratischer Sicht) idealisiertes Bild: Die Fokussierung auf heroische Leistungen einzelner Helden setze der zeitgenössischen Entwicklung, in der die Exklusivität der Aristokraten durch die Polisentwicklung bedroht gewesen sei, ein betont aristokratisches Gesellschaftsmodell entgegen. Dagegen wurde eingewandt, dass man durchaus Rückschlüsse auf militärische Realitäten homerischer Zeit gewinnen könne, wenn man nicht auf die vom Dichter ausgeschmückten Elemente der Erzählung, sondern auf „den unbetonten, als selbstverständlich vorausgesetzten Hintergrund" achte [RAAFLAUB, Homerische Krieger, Protohopliten und die Polis, in: 1: MEISSNER u.a., Krieg, 229–266, hier 232; grundlegend zur Historizität der homerischen Gesellschaft: 2.1.: FINLEY, World of Odysseus]. LATACZ und VAN WEES haben die These, die Ilias zeichne ein realistisches Bild eines Schlachtenszenarios homerischer Zeit, ausführlich untermauert, gelangen jedoch zu unterschiedlichen Ansichten: Laut LATACZ [2.1: Kampfparänese] schildere Homer bereits den Phalanxkampf und unterscheide sich darin in keinem wesentlichen Punkt von Tyrtaios und Archilochos; demgegenüber sieht VAN WEES [2.1: Homeric Way 137–147; so auch 2.1: RAAFLAUB, Homerische Krieger] in der *Ilias* die Kampfesweise unmittelbar vor der Entwicklung der Hoplitenphalanx beschrieben.

Die *Ilias* übte einen nachhaltigen Einfluss auf die griechische Mentalität aus. Nach LENDON [1: Soldiers and Ghosts] blieb der heroische Krieger der *Ilias*, der seine männliche Tapferkeit und Stärke im direkten Duell mit den Feinden unter Beweis stellt, während der gesamten Antike das soldatische Leitbild.

Realismus der homerischen Schlachten?

„Unbetonter Hintergrund"

Wirkung der *Ilias*

2.2 Die Hoplitenphalanx

Obwohl der Hoplit der am intensivsten untersuchte Soldatentypus der Antike ist, konnte in der Forschung zu keinem der zentralen Probleme Einigkeit erzielt werden: Sowohl die chronologischen Fragen als auch die Kampfesweise der Hopliten und die Wechselwirkung mit politisch-ökonomischen Entwicklungen werden kontrovers diskutiert. Dies ist auch auf die sehr schwierige Quellenlage zurückzuführen: Bilddarstellungen auf Vasen und Reliefs zeigen zwar sehr häufig Kampfszenen, diese sind

Quellenlage

jedoch sehr heterogen und können außerdem nicht zwingend als realistische Abbildungen verstanden werden. In der Literatur finden sich detaillierte Beschreibungen von Schlachten erst bei Herodot und Thukydides.

Bis in die 1960er Jahre hatte ein Konsens bestanden, dass die Einführung der Hoplitenphalanx eine tiefe Zäsur markiert habe: Während die adligen Einzelkämpfer die Schlachten homerischer Zeit dominiert hätten, sei durch die Einführung neuer Waffen, insbesondere des Hoplitenschildes [zu den erhaltenen Rüstungsteilen archaischer Hopliten s. 2: SNODGRASS, Arms 48-77; 2: JARVA, Archaiologia; 2.2: CARTLEDGE, Hoplites 12-15], eine neue Kampfesweise entstanden, in der das Kollektiv entscheidend war [2.2: LORIMER, Hoplite Phalanx]. Die landbesitzenden Bauern hätten durch ihre gestiegene militärische Bedeutung auch an Zusammenhalt und Selbstbewusstsein gewonnen und eine stärkere politische Mitsprache eingefordert; die Einführung der Hoplitenphalanx habe damit den Übergang vom „Adelsstaat" zum „Polisstaat" ausgelöst [2.1: NILSSON, Hoplitentaktik 245; 2.2: WEBER, Stadt 95, bezeichnete die antike Polis unter Bezugnahme auf die Hopliten als „Kriegerzunft"]. In manchen Fällen hätten die Hopliten auch Tyrannen unterstützt, um die Vorherrschaft der Aristokratie zu brechen [2.2: ANDREWES, Greek Tyrants 36-38; 2.2: SALMON, Political Hoplites 92-101].

"Hoplitenrevolution"

In den letzten Jahrzehnten ist diese Vorstellung einer „Hoplitenrevolution" vielfach kritisiert worden, was nicht nur auf ein differenzierteres Verständnis der homerischen Schlachten, sondern auch auf neue Forschungen zur Hoplitenphalanx selbst zurückzuführen ist. Gegen die Vorstellung eines abrupten Wandels der Kampftaktik, wurde eingewandt, dass die Phalanx erst auf protokorinthischen Vasen aus der Mitte des 7. Jahrhunderts v. Chr. dargestellt werde, z. B. auf der berühmten Chigi-Kanne [zu deren Bedeutung und Problematik als Quelle für die Hoplitenphalanx: 2.2: HURWIT, Reading; VAN WEES, The Development of the Hoplite Phalanx. Iconography and Reality in the Seventh Century, in: 2: DERS., War and Violence, 125-166, hier 136-139]. Manche der dort dargestellten Hopliten trügen zudem nicht nur den Stoßspeer, sondern auch Wurfspeere. Die Phalanxtaktik habe sich folglich in einem längeren Prozess entwickelt, der erst in der zweiten Hälfte des 7. Jahrhunderts v. Chr. abgeschlossen gewesen sei [für eine langsame Entwicklung der Hoplitenphalanx plädierten 2.2: HELBIG, Einführungszeit, und vor allem 2.2: SNODGRASS, Hoplite Reform; zustimmend auch 2.2: SALMON, Political Hoplites 86-90, ablehnend 2.1: GREENHALGH, Warfare 71f.; 2.2: CARTLEDGE, Hoplites 19-24]. VAN WEES [2.2: Development] wiederum plädiert dafür, dass die Phalanxtaktik, d. h. der Kampf in dicht gedrängter Formation unter Ausschluss von Leichtbewaffneten, erst im 5. Jahrhundert v. Chr. entstanden sei, zuvor hätten die Schlachten eher dem homerischen Szenario einer losen Abfolge von Einzel- und Gruppenkämpfen geglichen.

Chronologie

Chigi-Kanne

Letzteres verweist auf ein anderes kontrovers diskutiertes Feld: die Anordnung der Hopliten und den Ablauf einer Hoplitenschlacht. Die Forschungslandschaft zu dieser Thematik lässt sich grob in Anhänger eines Massen- und eines Einzelkampfszenarios einteilen. Das detaillierteste Bild eines Massenkampfes wurde, aufbauend auf dem Grundlagenwerk PRITCHETTS [2: Greek State, Bd. 1, 134–154], von HANSON entworfen [2: Western Way 152–159. 171–184; Hoplite Technology in Phalanx Battle, in: 2.2: DERS., Hoplites, 63–84; zustimmend LAZENBY, The Killing Zone, in: 2.2: HANSON, Hoplites 87–109; 2.2: LUGINBILL, Othismos]. Zentral ist die Annahme einer dichten Formation: Der seitliche Abstand zwischen den Hopliten habe etwas weniger als einen Meter betragen, so dass gerade noch genug Platz für einen Speerstoß geblieben sei. Nur die ersten zwei bis drei Reihen hätten allerdings mit ihren Speeren den Feind erreichen können, die Aufgabe der hinteren Reihen habe darin bestanden, mit ihren Schilden die Vorderleute nach vorne zu schieben. Der Sinn der verhältnismäßig tiefen Aufstellung der Hopliten sei der Aufbau von Massendruck gewesen, denn nach den – allerdings erst aus dem 5. und 4. Jahrhundert v. Chr. stammenden – Texten zählte die Phalanx üblicherweise acht Glieder [2: PRITCHETT, Greek State, Bd. 1, 134–143]; das ‚Gedränge' (*othismós*) habe die Schlachten entschieden. Die Argumente für diese Rekonstruktion des Kampfszenarios sind jüngst noch einmal von SCHWARTZ [2.2: Reinstating] dargestellt worden, der vor allem auch auf die geringe Dauer einer Hoplitenschlacht hinweist.

Schlachtenszenario

Massendruck

Eine viel lockerere Aufstellung postulieren dagegen KRENTZ [2.2: Hoplite Battles], VAN WEES [2.2: Development] und GOLDSWORTHY [2.2: Othismos]: Der seitliche Abstand zwischen den Hopliten habe knapp zwei Meter betragen, und ein Schieben durch die hinteren Reihen habe es nicht gegeben [2.2: CAWKWELL, Orthodoxy 376–378, nimmt ein Anrücken der Phalanx in enger Formation an, die sich jedoch kurz nach Beginn der Schlacht gelockert habe]. Nicht der Massendruck, sondern die Duelle Mann gegen Mann in der ersten Reihe seien für Hoplitenschlachten bis zu den Perserkriegen charakteristisch gewesen. Häufig hätten die Kämpfe hin- und hergewogt, in ihrem fluiden Charakter seien sie den homerischen Schlachten ähnlich gewesen. Als Argument für diese Position wird angeführt, dass die bildlichen Darstellungen der archaischen Zeit viel häufiger Einzel- als Massenkampf zeigen, doch zwei Probleme konnten nicht ausgeräumt werden:

Einzelkampf

Erstens war die Ausrüstung der Hopliten, insbesondere Schild und Speer, für den Einzelkampf denkbar ungeeignet [2.2: HANSON, Hoplite Technology 63f., mit einem Plädoyer dafür, dass die Bewaffnung aus der Kampfesweise resultierte, nicht umgekehrt]. Zwar begegnet VAN WEES [2.2: Development, 127–129] dem Problem der ungeschützten rechten Seite mit der Annahme, die Hopliten hätten sich gegen den Gegner nicht frontal aufgestellt, sondern die linke schildgeschützte Seite vorgestreckt,

Funktionalität der Bewaffnung

doch dies erhöht die Belastung für den linken Arm enorm. Wenn die Schilde der gegnerischen Hopliten sich berührten – und dies nehmen auch die Vertreter des Einzelkampfszenarios an –, war der Hoplitenspeer überdies zu lang, um den direkt gegenüberstehenden Feind zu treffen.

Aufgabe der hinteren Reihen

Zweitens ist unter der Annahme, dass nur die erste Reihe effektiv gekämpft habe, die Tiefe der Phalanx erklärungsbedürftig; laut KRENTZ [2.2: Nature] und VAN WEES [2.2: Development 132] hätten die hinteren Reihen als Ersatz für gefallene, verwundete oder erschöpfte Kameraden bereit gestanden, nach GOLDSWORTHY [2.2: *Othismos* 23–25] hätte die tiefe Staffelung der Phalanx mehr moralische Festigkeit verliehen, indem die hinteren Reihen die Kämpfenden angefeuert und von einer Flucht abgehalten hätten; allerdings vermag keiner der beiden Vorschläge eine Tiefe von acht Gliedern befriedigend zu erklären.

Hoplitenphalanx und Polisbildung

Folgt man den Anhängern des Einzelkampfszenarios und nimmt eine weitgehende Kontinuität der Kampfesweise von der geometrischen Zeit bis ins 5. Jahrhundert v. Chr. an, ist einem Kausalzusammenhang zwischen Phalanxtaktik und Polisbildung der Boden entzogen. Aber auch bei den Anhängern des Massenkampfszenarios herrscht heute eine differenzierte Sicht vor. Bereits SNODGRASS [2.2: Hoplite Reform 120-122; dagegen 2.2: SALMON, Political Hoplites] hatte in Frage gestellt, dass durch die neue Bewaffnung eine Hoplitenklasse im Sinne eines politischen Faktors geschaffen worden sei. Massiv wurde die Idee der „Hoplitenrevolution" von RAAFLAUB [2.2: Soldiers] angegriffen: Die Hoplitenphalanx sei nicht der Auslöser, sondern ein Ausdruck des Erstarkens von Bürgergemeinschaften [so auch 2.2: BERENT, Anthropology 281]. Außerdem seien die wohlhabenden Bauern nicht nur Hopliten, sondern auch eine wichtige Gruppe in der Politik gewesen; wenn sie einem Tyrannen entscheidende Unterstützung zukommen lassen konnten, könne dies nicht auf ihre militärische Bedeutung reduziert werden.

Bürgeridentität

Aufgrund dieser Argumente, einem Verständnis der Phalanxentwicklung als lange andauerndem Prozess und einem differenzierteren Verständnis der Polisentwicklung wird die These der „Hoplitenrevolution" in der jüngeren Forschung kaum noch vertreten. Eine gewisse Wechselwirkung zwischen Hoplitenphalanx und Polisbildung wird aber dennoch unter Verweis auf den stark kollektiven Charakter dieser Formation angenommen: Eine starke Binnensolidarität innerhalb eines Heeres sei eine Bedingung für diese Kampfesweise, und umgekehrt werde die Bürgeridentität auch gerade durch die Erfahrung des Massengeschiebes einer Hoplitenschlacht gestärkt [PARKER, Die Kriegskultur der Archaischen Epoche Griechenlands, in: 1: MEISSNER u.a., Krieg, 209–227, hier 221f.; 2.2: BERENT, Anthropology 275].

2.3 Sparta

Die Forschungsintensität zum archaischen Sparta ist enorm, die Quellenlage hingegen spärlich. Diese Situation führte zu völlig heterogenen Vorstellungen von der Kriegführung wie vom Aufbau der Polis insgesamt; kontrovers diskutiert werden vor allem die Frage, wann sich die von den antiken Gewährsleuten dem sagenhaften Gründer Lykurg zugeschriebene, jedoch erst im 5. Jahrhundert v. Chr. zuverlässig überlieferte institutionelle Ordnung Spartas herausbildete, sowie die Besonderheiten und Ähnlichkeiten Spartas im Vergleich zu anderen griechischen Poleis [zu einem Überblick über einige Forschungsansätze s. die Sammelbände 2.3: HODKINSON/POWELL, Sparta; 2.3: LUTHER u.a., Sparta]. Quellenlage

Ganz unterschiedlich bewertet wird der Stellenwert des Krieges in der spartanischen Gesellschaft. DUCREY [2: Guerre 68f.] und HANSON [2: Western Way 38] beschreiben Sparta als militaristische Polis, in der alle Aktivitäten der Bürger dem Krieg untergeordnet gewesen seien; diese Sichtweise bildete für FERGUSON [2.3: Zulus] die Grundlage für ethnologische Vergleiche mit anderen kriegerischen Gesellschaften. Dagegen hat HODKINSON [Was Sparta a Military Society?, in: 2.3: DERS./POWELL, Sparta & War, 111–162], dessen Forschungen von dem Ziel bestimmt sind, Sparta als ‚normale' griechische Polis zu deuten, die Position vertreten, Krieg habe in Sparta keine größere Rolle gespielt als in anderen Poleis. Vielmehr hätten Kooperation und Bürgeridentität das gesellschaftliche Leben der Spartiaten bestimmt, das Militärische sei dem untergeordnet gewesen. Mit ähnlicher Stoßrichtung hatte bereits vorher DUCAT [La société spartiate et la guerre, in: 2: PROST, Armées et sociétés, 35–50, hier 45–47] dafür plädiert, anstatt von einer „militaristischen" Gesellschaft von einer „militanten" zu sprechen [ähnlich FINLEY, in: 2: VERNANT, Problèmes, 143–160, hier 154–157]. Militarismus?

Eine solche Relativierung mag in Anbetracht der in der Öffentlichkeit verbreiteten Vorstellungen vom „Kasernenstaat" Sparta nötig sein [zur Rolle dieses Topos in Selbst- und Fremdbeschreibungen in der modernen Politik: 2.3: HODKINSON, Military Society 112f.], doch sollten die spartanischen Besonderheiten nicht überdeckt werden. Die Notwendigkeit, mit wenigen Bürgern ein großes Territorium zu bewachen und Aufstände der Heloten zu unterbinden, hatte eine „omnipräsente Militarisierung" zur Folge [1: BURCKHARDT, Militärgeschichte 41; ähnlich 2.2: RAAFLAUB, Soldiers 56]. Auch sind sich die antiken Autoren einig, dass das Zusammenleben in Männergemeinschaften vor allem militärische Zwecke verfolgte: Laut Aristoteles arbeitete „das ganze System nur auf eine Tugend hin, die Kriegstüchtigkeit" (Pol. 1271b 2–3), Xenophon betont den kriegerischen Zweck der Erziehung. Diese Schilderung der spartanischen Verhältnisse mag überspitzt sein, erfunden ist sie nicht. Sonderstellung Spartas

Xenophon stellt die wichtigste Quelle für die spartanische Militärord- Xenophon nung dar. Der Herkunft nach Athener, war er lange Zeit Soldat in spartanischen Diensten; in seiner Schrift *Die Verfassung der Spartaner* liefert er seine Antwort auf die unter seinen Zeitgenossen viel diskutierte Frage, warum sich spartanische Heere in der Vergangenheit stets als überlegen erwiesen hatten [HUMBLE, Why the Spartans Fight so Well, even in Disorder – Xenophon's View, in: 2.3: HODKINSON/POWELL, Sparta & War, 219–233]. Seine *Kyrupädie*, ein Bericht über das Leben des Perserkönigs Kyros, enthält laut CHRISTESEN [2.3: Cyropaedia] ein auf das Perserreich projiziertes Plädoyer für eine Reform des spartanischen Militärs, für eine Stärkung der Kavallerie und eine Verbreiterung der militärischen Basis.

Erziehung   Gegen die Vorstellung, die *agogé* allein als militärisches Ausbildungsprogramm zu betrachten, hat KENNELL [2.3: Gymnasium] die rituellen Aspekte betont; seiner Ansicht nach bilde die feste Einbindung der künftigen Bürger in die Bürgergemeinschaft deren Hauptziel, die Ausbildung zu guten Hopliten sei nur ein Aspekt unter vielen. Hingegen betonen CARTLEDGE [2.3: Education] und LÉVY [2.3: Sparte 56–59], dass der militärische Charakter der *agogé* viel stärker ausgeprägt gewesen sei als in anderen griechischen Poleis. Die Besonderheiten der spartanischen Disziplin und die symbolische Abbildung von Kommandogewalt durch einen Stock (*baktería*) untersucht HORNBLOWER [Sticks, Stones, and Spartans: the Sociology of Spartan Violence, in: 2: VAN WEES, War and Violence, 57–82]. LENDON [1: Soldiers and Ghosts 58–77] interpretiert den Konflikt zwischen Pausanias und Amompharetos vor der Schlacht von Plataiai als Ausdruck zweier konkurrierender Konzeptionen, einer erfolgs- und einer ehrorientierten Vorstellung vom Krieg.

Periöken   Viele Unklarheiten wirft die militärische Einbindung der Nichtbürger auf, da die antiken Gewährsleute deren Anwesenheit bei Kriegen in der Regel nur beiläufig erwähnen. Periöken kämpften nach LAZENBY [2.3: Spartan Army 14–16] bis 370 v. Chr. in separaten Einheiten, hingegen setzt VAN WEES [2: Greek Warfare 83f.] ihre Eingliederung in die Phalanx

Heloten der Spartiaten sehr viel früher an. Zentral für das Verständnis der militärischen Bedeutung von Heloten ist Herodots Angabe, beim Feldzug von 479 v. Chr. seien die 5000 Spartiaten von 35 000 Heloten begleitet worden. Laut WELWEI [1: Unfreie, Bd. 1, 122f.] handelte es sich bei einem Teil dieser Heloten um Diener der Hopliten, während ein anderer die Nachschubwege kontrolliert habe. Unter dieser Annahme ist allerdings die hohe Anzahl kontraproduktiv, die den Bedarf an Nachschub erst in die Höhe getrieben hätte. HUNT [2.3: Helots] plädiert dafür, dass die Heloten in der Schlacht von Plataiai kämpften; die Spartiaten hätten in der ersten Reihe gestanden, die Heloten die übrigen Reihen gebildet. Diese Annahme vermag unter Bezug auf die Normtiefe von acht Gliedern das Zahlenverhältnis zwischen Spartiaten und Heloten zu erklären, setzt allerdings eine enorme Zuverlässigkeit und Kampfmoral der Heloten voraus, die man in Anbetracht ihrer geringen Stellung kaum annehmen darf.

2.4 Athen

Die literarischen, epigraphischen und archäologischen Quellen zur Geschichte Athens sind weitaus zahlreicher und informativer als für jede andere Polis. Allerdings ist die Überlieferung häufig ungleichmäßig, d. h. bestimmte Aspekte der Polisordnung sind nur für einzelne Zeitabschnitte gut dokumentiert, so dass Fragen nach chronologischen Entwicklungen offen bleiben.

Quellen

Das wichtigste Referenzwerk zur Prosopographie der athenischen Strategen des 5. Jahrhunderts v. Chr. sowie zum Wahlverfahren ist immer noch FORNARA [2.4: Board of Generals]. Die Machtlosigkeit der Strategen versucht HAMEL [2.4: Generals] nachzuweisen, indem sie darstellt, wie stark diese den Entscheidungen der Volksversammlung unterworfen waren. Letztere entschied nicht nur zu Beginn eines Krieges über Größe, Zusammenstellung und Ausrüstung des Heeres, sondern konnte auch während eines Feldzugs eingreifen; der Sizilienfeldzug 415–413 v. Chr. bietet ein gutes Beispiel dafür. Allerdings ist das von HAMEL gezeichnete Bild zu einseitig; aufgrund der Länge von Kommunikationswegen war es eine militärische Notwendigkeit, dass Strategen auch weit reichende Entscheidungen selbstständig treffen konnten.

Strategen

Die Verfahren zur Rekrutierung von Hopliten sind von CHRIST [2.4: Conscription] einer sorgfältigen Analyse unterzogen worden; überzeugend wird die Umstellung des Verfahrens von individueller Auslese zur Einberufung von Altersgruppen auf den Zeitraum 386–366 v. Chr. datiert [ebd. 412–416]. Kontrovers diskutiert wird in der Forschung, was unter den *katálogoi* zu verstehen ist, die in den Quellen im Zusammenhang mit der Heeresaufstellung genannt werden. Gegen die Ansicht, dabei handele es sich um ein Zentralregister aller wehrpflichtigen Hopliten zwischen 18 und 59 Jahren, plädierte HANSEN [2.4: Demography 83–89; zustimmend 2.4: HAMEL, Generals 85–87; kritisch 2.4: BURCKHARDT, Bürger 21] dafür, dass ein *katálogos* erst zu Beginn eines Feldzugs erstellt wurde, um die *eingesetzten* Hopliten zu erfassen. CHRIST [2.4: Conscription 402] geht von zehn phylenweise geführten *katálogoi* aus.

Rekrutierung

Ein systematisches Training der Hopliten scheint es nicht gegeben zu haben, die antiken Autoren berichten nur für Sparta von Exerzierübungen; darin dürfte auch ein Grund für die notorische Überlegenheit der spartanischen Phalanx zu suchen sein. In Anlehnung an moderne Konzepte des Wehrsports wurde der griechische Athletismus häufig als militärische Vorübung betrachtet, das Gymnasion sei demnach im 6. Jahrhundert v. Chr. als Trainingsstätte der Bürgerarmee entstanden [2.4: DELORME, Gymnasion 21–30]. Ein solcher Gedanke lässt sich nach MANN [2.4: Krieg] jedoch erst ab dem späten 5. Jahrhundert v. Chr. in den Quellen greifen; in der vorangehenden Zeit wurde das Gymnasion hingegen als exklusiver Raum der Aristokratie beschrieben, das ästhe-

Training

tisierte sportliche Duell dem Massenkampf einer Hoplitenschlacht als Kontrast gegenübergestellt. Im Verlauf des 4. Jahrhunderts v. Chr. lässt sich eine Einführung und Intensivierung der militärischen Ausbildung von Hopliten in vielen Poleis nachweisen [2.4: ANDERSON, Military Theory 84–110; 2: PRITCHETT, Greek State, Bd. 2, 208–231; 2.4: RIDLEY, Hoplite 530–548].

Ephebie   Die Ephebie in der Form des späteren 4. Jahrhunderts v. Chr. wird ausführlich in der aristotelischen Schrift *Die Verfassung der Athener* beschrieben. Es besteht kein Zweifel daran, dass in dieser Institution die Vorstellung Ausdruck findet, die Polis sei eine Gemeinschaft von bewaffneten Bürgern [VIDAL-NAQUET, La tradition de l'hoplite athénien, in: 2: VERNANT, Problèmes, 161–181, hier 176–178; 2.4: BURCKHARDT, Bürger 26–75]. Nicht geklärt ist allerdings, ob das Durchlaufen der Ephebie eine generelle Voraussetzung für das Bürgerrecht bildete. Gemäß den literarischen Quellen war die Ephebie obligatorisch, die aus den inschriftlich erhaltenen Ephebenlisten errechneten Zahlen bleiben jedoch hinter

Teilnahme den zu erwartenden Jahrgangsstärken zurück. Daraus zu schließen, die Ephebie sei nur eine Institution für die oberen Vermögensklassen, die Theten hingegen ausgeschlossen gewesen, kann nicht überzeugen; vielmehr sollte man von einer für alle verbindlichen Verpflichtung ausgehen, der aus unbekannten Gründen jedoch manche jungen Athener nicht nachkamen [2.4: BURCKHARDT, Bürger 33–43]. Als Initiationsritus wird die Ephebie von VIDAL-NAQUET [a.a.O.] interpretiert: Der Übergang vom Jugend- zum Erwachsenenalter sei von der Polis ausgestaltet worden, indem die Epheben zunächst nach ‚draußen', in die Festungen an den Grenzen Attikas, geschickt und zum Abschluss wieder in die Polisgemeinschaft aufgenommen worden seien; Speer und Schild seien die sichtbaren Zeichen für ihren neuen Status als Bürger Athens.

Hopliten   Während die militärische Macht Athens seit dem 5. Jahrhundert v. Chr. auf ihrer Stärke zur See beruhte, blieb der Hoplit in der öffentlichen Repräsentation der Inbegriff des Bürgersoldaten [2.4: RIDLEY, Hoplite]. Die einst verbreitete Vorstellung einer „Hoplitenklasse", die der Demokratie und der Flottenmacht Athens kritisch gegenübergestanden habe, ist inzwischen in Frage gestellt worden: Weder im militärischen noch im politischen Bereich sei eine von der Bürgeridentität gelöste Hoplitenidentität zu fassen [HANSON, Hoplites into Democrats. The Changing Ideology of Athenian Infantry, in: 2.4: OBER/HEDRICK, *Demokratia*, 298–312], noch könnten die Hopliten als nach unten klar abgegrenzte Klasse begriffen werden [2.4: ROSIVACH, Zeugitai; VAN WEES, The Myth of the Middle-Class Army. Military and Social Status in Ancient Athens, in: 1: BEKKER-NIELSEN/HANNESTAD, War, 45–71]. Die Kampfmoral athenischer Hopliten ist jüngst von CROWLEY [2.4: Psychology] untersucht worden.

Krieg und Demokratie   Die in der modernen Politikwissenschaft entwickelte Theorie eines „demokratischen Friedens", wonach demokratische Staaten nur in

Ausnahmefällen gegeneinander Krieg führten, ist auch auf das antike Griechenland angewandt worden, allerdings vermochten die Ergebnisse nicht zu überzeugen [dazu 2.4: ROBINSON, Democratic Peace]. Einen entgegengesetzten Ansatz vertritt PRITCHARD [2.4: War, Democracy and Culture], der von einem allgemein bellizistischen Charakter der Demokratie ausgeht und das klassische Athen als bestes antikes Beispiel betrachtet. Es bleibt allerdings zweifelhaft, ob Athen wirklich kriegerischer war als andere Poleis und ob die raumgreifenden Kriege nicht besser auf das große Militärpotenzial als auf die politische Ordnung zurückzuführen sind.

2.5 Seekrieg

Den wichtigsten Forschungsimpuls der letzten Jahrzehnte gab der Nachbau einer athenischen Triëre durch ein internationales Großprojekt, das 1987, nach jahrelangen Vorarbeiten, die *Olympias* zu Wasser ließ und erprobte. Viele Details der Konstruktion bleiben hypothetisch, aber die nautischen Eigenschaften des Nachbaus entsprechen den antiken Angaben. Die in diesem Kontext erschienene Monographie [1: MORRISON u.a., Trireme] stellt das wichtigste Referenzwerk zur Triëre dar; es wertet nicht nur die mit der *Olympias* erzielten Geschwindigkeiten und die Erfahrungen der Ruderer an Bord aus, sondern enthält auch detaillierte Ausführungen zu Materialien und Bauweise der antiken Schiffe. Grundsätzliche Kritik wurde von TILLEY [2.5: Seafaring 11-49] geübt, der nicht von drei, sondern nur von zwei Ebenen von Ruderern ausgeht und somit eine viel kleinere Besatzung errechnet; diese Hypothese lässt sich mit antiken Bilddarstellungen in Einklang bringen, nicht jedoch mit der literarischen Überlieferung.

Nachbau einer Triëre

Grundlage für die Rekonstruktion von Kampfformationen und -taktiken sind die Schlachtenschilderungen bei Herodot, Thukydides und Xenophon. Diese nennen als wichtigste Manöver den „Durchbruch" (*diékplous*) und die „Umfahrung" (*períplous*), ohne jedoch zu präzisieren, ob es sich dabei um Aktionen einzelner Schiffe oder eines ganzen Geschwaders handelte. MORRISON u. a. [1: Trireme 42f. 54f. und passim] gehen von Letzterem aus: die Schiffe hätten sich der feindlichen Flotte in Kiellinie genähert und versucht, eine Bresche in diese zu schlagen (*diékplous*) bzw. sie von der Flanke zu umfassen (*períplous*). Dagegen wenden LAZENBY [2.5: Diekplous] und WHITEHEAD [2.5: Periplous] ein, dass eine Anordnung in Kiellinie aufgrund der Verwundbarkeit der Seiten zu riskant gewesen sei. Üblich gewesen sei vielmehr eine Aufstellung in breiterer Formation; *diékplous* und *períplous* seien Manöver einzelner Schiffe, mit denen man sich in eine günstige Position für den Rammstoß bringen wollte.

Kampftaktiken

Seemacht und Demokratie

Athenische Seeherrschaft und athenische Demokratie werden in den Quellen schon im 5. Jahrhundert v. Chr. häufig im Zusammenhang genannt, aber erst im 4. Jahrhundert v. Chr. bildete sich das Bewusstsein aus, die Seeherrschaft stelle eine Bedingung für die demokratische Ordnung dar [2.5: CECCARELLI, Thalassocratie]. FINLEY [2.5: Democracy 49-58] zog eine Verbindung vor allem auf ökonomischer Ebene: Die Flotte habe armen Bürgern ein Auskommen als Ruderer garantiert, außerdem habe das eroberte Seereich die Mittel generiert, um die politische Ordnung Athens zu bezahlen; die Besoldung von Richtern und Ratsherren – ein wesentliches Element der athenischen Demokratie – sei ohne die Tribute nicht zu finanzieren gewesen. STRAUSS [The Athenian Triere, School of Democracy, in: 2.4: OBER/HEDRICK, Demokratia, 313–325] setzt einen anderen Akzent, indem er die Triëre als Ort der politischen Bildung der Theten betrachtet: Durch die Erfolge der Flotte hätten sie einerseits das Selbstbewusstsein gewonnen, das für eine Emanzipation von der aristokratischen Dominanz notwendig gewesen sei. Außerdem seien durch den Ruderdienst Gruppensolidarität und Disziplin eingeübt worden, so dass das athenische Volk in den politischen Institutionen nicht als ungeordnete Masse, sondern als organisierte Gemeinschaft habe agieren können. Trotz der großen Bedeutung der Flotte waren die Ruderer den Hopliten deutlich untergeordnet [dies betont zu Recht RAAFLAUB, Equalities and Inequalities in Athenian Democracy, in: 2.4: OBER/HEDRICK, Demokratia, 139–174, hier 155f.]. Zentrale Register wurden für Hopliten geführt, nicht jedoch für Ruderer; dies hatte zur Folge, dass für Erstere präzise Gefallenenzahlen angegeben werden konnten, für Letztere jedoch nicht. In der bildlichen Repräsentation der Polis erscheinen Reiter und Hopliten als Verteidiger der athenischen Macht, nur selten hingegen die Ruderer.

Einübung von Disziplin

Rekrutierung

Uneinigkeit besteht hinsichtlich der Frage, ob der Ruderdienst freiwillig oder verpflichtend war. Laut JORDAN [2.5: Athenian Navy 101–103] meldeten sich Theten oder Fremde freiwillig; reichte deren Zahl nicht aus, wurden Hopliten zum Ruderdienst eingeteilt. Eine ausreichende Quellengrundlage besitzt diese Hypothese nicht, und in Anbetracht der verhältnismäßig geringen Anzahl von Hopliten in Athen ist sie auch nicht plausibel. ROSIVACH [2.5: Manning 56f.] und GABRIELSEN [2.5: Financing 105–108] gehen von Freiwilligen aus, während HANSEN [2.4: Demography 22f.] eine Wehrpflicht annimmt. Wahrscheinlich lässt sich diese Forschungskontroverse auflösen, wenn man zwischen dem 5. und 4. Jahrhundert v. Chr. differenziert: Während im ersten Zeitraum genügend Freiwillige zur Verfügung standen, führte man nach dem Ende des Peloponnesischen Krieges – auch aufgrund der drastisch gesunkenen Bürgerzahl – einen verpflichtenden Ruderdienst ein.

Sklaven

Nach der herkömmlichen Meinung wurden Sklaven nur in Notzeiten, wie z. B. den letzten Jahren des Peloponnesischen Krieges, als Ruderer eingesetzt [2.5: MORRISON u. a., Trireme 115]. Diese Sicht ist in jüngerer Zeit erschüttert worden; nach GRAHAM [2.5: Thucydides] deuten sowohl einige Passagen bei Thukydides als auch eine inschriftlich erhaltene Liste von Ruderern (*IG* I³ 1032) darauf hin, dass Sklaven zu jeder Zeit einen Teil der Rudermannschaft bildeten, in manchen Fällen sogar Herr und Sklave in derselben Flotte ruderten [zu Sklaven in der athenischen Flotte: 1: WELWEI, Unfreie, Bd. 1, 65–104; 1: HUNT, Slaves 83–101]. Es ist unzureichend erforscht, inwieweit sich die Statusunterschiede zwischen Bürgern, Metöken, auswärtigen Söldnern und Sklaven auf der Triëre abbildeten, d. h. ob es ehrenhaftere und weniger ehrenhafte Ruderbänke gab.

Zu Kosten und Finanzierung der athenischen Flotte sind die Forschungen GABRIELSENS [2.5: Financing; Die Kosten der athenischen Flotte in klassischer Zeit, in: 1: BURRER/MÜLLER, Kriegskosten, 46–73] maßgeblich. Er betont zu Recht, dass das 5. Jahrhundert v. Chr. durch eine „beispiellose Zentralisierung des finanziellen und militärischen Potenzials" [Kosten 47] geprägt gewesen sei, indem die Bundesgenossen Athens ihre eigenen Flotten abrüsteten und stattdessen Tribute zum Unterhalt der athenischen zahlten. Die athenische Seeherrschaft führte nach KALLET-MARX [2.5: Money] außerdem zum Ausbau der Geldwirtschaft in Griechenland. Die wichtigste Quellengruppe für die Kosten der Schiffe sind die erhaltenen Inschriften des athenischen Flottenarchivs der Jahre 378–322 (*IG* I² 1604–1632). Diese lassen die Summen erkennen, die für verschiedene Posten, z. B. für Triërenrümpfe oder die Ausrüstung, veranschlagt wurden [GABRIELSEN, Kosten 62f., mit einer Tabelle der Kosten eines Jahres]. Die Trierarchie wird von GABRIELSEN als eine gut funktionierende Institution beschrieben, um die reichen Bürger an der Finanzierung der Flotte zu beteiligen. Ihnen kam vor allem die Rolle als Stoßdämpfer zu, wenn eine Flottenexpedition höhere Kosten als vorgesehen verursachte und die von der Polis bewilligten Mittel nicht ausreichten [2.5: GABRIELSEN, Financing 114–118].

Kosten

Trierarchie

2.6 Der ‚Charakter' des Krieges

Auf der Grundlage des im 19. Jahrhundert formulierten Konzeptes der ‚agonalen' (*agón* = Wettkampf) griechischen Kultur wurden die Kriege im archaischen Griechenland als rituelle Wettkämpfe begriffen, die von einem regelhaften Ablauf, einem allseits respektierten Ehrenkodex und einer Beschränkung von Gewalt geprägt gewesen seien [2.6: SCHAEFER, Staatsform 175–178]. Dieses Verständnis liegt auch den Beiträgen in dem einflussreichen Sammelband von VERNANT zugrunde [2: Problèmes; z. B. DETIENNE, La phalange. Problèmes et controverses, 119–142; DE ROMILLY, Guerre et paix entre cités, 207–229; ähnlich 2: LONIS, Guerre et religion; 2.4: MEIER, Rolle des Krieges 564–568]. Aus religionswissenschaftlicher Perspektive wurde der Krieg von BURKERT [2.6: *Homo necans*

Krieg als Wettkampf

58f. 76–78] im Sinne eines Opfers gedeutet, dessen Zweck die rituelle Selbstbestätigung der Männergesellschaft gewesen sei. Aufbauend auf diesem Ansatz beschrieb CONNOR [2.6: Land Warfare] den Krieg als ein machtvolles Symbolsystem zur Affirmation der bestehenden Gesellschaftsordnung: Die Art der Kriegführung bilde die Dominanz der Männer über Frauen und die Dominanz der Hoplitenklasse über die armen Bürger ab; der Blutzoll sei gering gewesen, da die Zurschaustellung männlicher Tapferkeit, nicht das Töten der Feinde den Kern der Kriegführung gebildet habe.

In Weiterentwicklung dieses Gedankens unter Lösung von dem religionswissenschaftlichen Ausgangspunkt nahm OBER [2.6: Rules of War] eine polisübergreifende Solidarität einer „Hoplitenklasse" (zur Problematik dieses Begriffs s.o. Kap. II.2.2) an, die sich in der Kriegführung niedergeschlagen habe. Kriege seien durch zahlreiche ungeschriebene, von allen Griechen anerkannte Gesetze (*koiná nómima*) eingehegt gewesen: Kriege seien erklärt worden, auf Hinterhalte und Nachtangriffe habe man verzichtet, Fliehende nicht verfolgt und Gefangene verschont; mit der Bitte um Herausgabe der Leichen habe die unterlegene Partei ihre Niederlage anerkannt, der Wettkampf sei damit abgeschlossen gewesen. Eine Abkehr von dieser eingeschränkten, ‚hoplitischen' Kriegführung sei nach OBER erst mit der Einrichtung der Demokratie in Athen erfolgt: Nicht nur die Brutalität gegenüber Besiegten habe zugenommen, es seien nun alle Mittel angewandt worden, um den Gegner zu destabilisieren; ein Beispiel sei der Versuch der Athener, den Heloten die Flucht zu ermöglichen und damit die spartanische Wirtschaft zu treffen.

Gegen die Vorstellung eines ‚agonalen' Krieges in der griechischen Archaik hat sich in den letzen Jahren Widerstand formiert. KRENTZ [2.6: Fighting; Deception in Archaic and Classical Greek Warfare, in: 2: VAN WEES, War and Violence, 167–200] führt gegen OBER an, dass sich die genannten Regeln der Kriegführung erst in Quellen des späten 5. Jahrhunderts v. Chr. nachweisen ließen. Diese bewahrten jedoch keine alten Traditionen, sondern seien vielmehr ein Zeichen dafür, dass nach den Perserkriegen die Hoplitenschlacht idealisiert wurde; die ‚agonale' griechische Kriegführung sei folglich von den Griechen selbst erfunden worden. Außerdem kann KRENTZ darauf verweisen, dass die angenommenen Regeln in vielen Fällen gebrochen wurden: Kriege wurden ohne offizielle Erklärung begonnen, List und Täuschung wurden angewandt, Frauen und Kinder des Feindes misshandelt, getötet oder versklavt; wenn Kriegsgefangene geschont wurden, sei dies eher durch die Hoffnung auf ein Lösegeld als durch ritterliche Zurückhaltung motiviert gewesen.

Dieselbe Richtung, allerdings noch weitaus zugespitzter, schlägt DAYTON [2.6: Athletes of War] ein, der die Kriegführung in Griechenland von besonderer Brutalität geprägt sieht. Dabei verweist er außer auf die Verstöße gegen Regeln auch auf die verhältnismäßig hohen Gefallenenzahlen bei griechischen Landschlachten. Allerdings bietet die antike Überlieferung keine ausreichenden Grundlagen für eine statistische Erfassung von Kriegstoten; DAYTON [2.6: Athletes of War 80-102] errechnet hohe, DROYSEN [2: Heerwesen 101f.; ähnlich LAZENBY, The Killing Zone, in: 2.2: HANSON, Hoplites, 87-109, hier 100f.] hingegen verhältnismäßig geringe Zahlen. Dass Regeln zur Eindämmung der Gewalt gebrochen wurden, lässt sich – je nach Perspektive – als Indiz für die Existenz oder als Indiz für die Schwäche dieser Regeln heranziehen.

Gefallenenzahlen

In den Quellen ist häufig davon die Rede, dass Hoplitenheere die Felder einer feindlichen Stadt verwüsteten. Nach HANSON [2.6: Agriculture 178-181; 2: Western Way 34] handelte es sich dabei mehr um eine rituelle Herausforderung zur Schlacht als um ökonomische Schädigung, da eine griechische Armee mit ihren begrenzten Mitteln nicht in der Lage gewesen sei, die Landwirtschaft des Feindes nachhaltig zu treffen; in den Kriegen zwischen den Poleis habe die Ehre, nicht Produktionsmittel im Zentrum gestanden. Ohne die Bedeutung der Ehre zu vernachlässigen, hat FOXHALL [Farming and Fighting in Ancient Greece, in: 2: RICH/SHIPLEY, War and Society, 134-145] jedoch gezeigt, dass die Schäden für die Landwirtschaft, vor allem für Weinreben und Obstbäume, durchaus beträchtlich sein konnten.

2.7 Söldner

In der älteren militärgeschichtlichen Forschung zum archaischen und klassischen Griechenland konzentrierte man sich zumeist auf die Bürgersoldaten; die Monographie von PARKE [2.7: Mercenary Soldiers] blieb lange Zeit die einzige umfassende Studie zum Söldnerwesen. Seitdem der Krieg als Phänomen der antiken Sozialgeschichte behandelt wird, hat sich dieses Bild gründlich gewandelt [1: GARLAN, Guerre 67-74; explizit sozialgeschichtliche Untersuchungen des Söldnerwesens liefern auch DUCREY, Les aspects économiques de l'usage de mercenaires dans la guerre en Grèce ancienne. Avantages et inconvénients du recours à une main-d'oeuvre militaire rémunérée, in: 1: ANDREAU u.a., Économie antique, 197-209; 2.7: TRUNDLE, Mercenaries; 2.7: LURAGHI, Traders]. Sammlungen und Auswertungen der schriftlichen und archäologischen Zeugnisse für die griechischen Söldner in Diensten orientalischer Könige bieten HAIDER [2.7: Griechen] und NIEMEIER [2.7: Archaic Greeks]; Letzerer geht davon aus, dass griechische Söldner bereits im 8. Jahrhundert v. Chr. im Orient kämpften, und betont deren Bedeutung für den Kulturkontakt. Anzahl und soziale Herkunft der „Männer aus Bronze" in Diensten der Könige werden unterschiedlich eingeschätzt: Nach KAPLAN [2.7: Social Status 240-242] handelte es sich nur um wenige Griechen, vornehmlich Adlige, die im Bürgerkrieg unterlegen und exiliert worden

Söldner im Orient

seien; LURAGHI [2.7: Traders] geht hingegen von hohen Zahlen aus und nimmt soziale Not als wichtigste Ursache an; für die Glaubwürdigkeit der hohen Zahlen Herodots plädiert auch HAIDER [2.7: Griechen 111f.].

Je nach der Einschätzung des Phänomens in der Archaik divergieren die Positionen zur Frage, ob der Peloponnesische Krieg einen Einschnitt in der Geschichte des Söldnerwesens markierte. Während ein Teil der Forschung von einer weitgehenden Kontinuität hinsichtlich der Dimensionen ausgeht [2: VAN WEES, Greek Warfare 40f.; 2.7: LURAGHI, Traders 21f.], gehen andere von einem grundlegenden Wandel aus; erst im späten 5. Jahrhundert v. Chr. werde das Söldnerwesen zu einem wichtigen Phänomen der griechischen Kriegführung – der vorangehenden Zeit werden in manchen Handbüchern nur wenige Seiten gewidmet [2.7: PARKE, Mercenary Soldiers; 2.7: MARINOVIC, Mercenariat]. KAPLAN [2.7: Social Status 229 und passim] und TRUNDLE [2.7: Mercenaries 6f.] sprechen gar von einer „mercenary explosion". In diesem Zusammenhang müssen zwei Aspekte getrennt werden: Die Anzahl der Griechen, die sich als Söldner verdingten, mag auch in archaischer Zeit hoch gewesen sein – die Quellen bieten keine verlässliche Grundlage für quantifizierende Aussagen –, doch eine Veränderung vollzog sich im Hinblick auf die Dienstherren: Dass griechische Poleis im späten 5. und im 4. Jahrhundert v. Chr. mehr Söldner anwarben als in den Jahrhunderten davor, lässt sich kaum bestreiten.

„Mercenary explosion"

Eine andere Frage ist, ob man das Söldnerwesen als Krisenindikator betrachten kann. Gemäß der traditionellen Vorstellung zeigt die Bedeutungszunahme von Söldnern in der Kriegführung eine soziale, ökonomische und politische Krise der Bürgergemeinschaft an. Die Verwüstungen des Peloponnesischen Krieges hätten die Armut verschärft, vielen jungen Männern die wirtschaftliche Grundlage geraubt und sie damit zum Söldnerdienst gezwungen [besonders einflussreich: 2.7: AYMARD, Mercenariat; s. außerdem 2.7: PARKE, Mercenary Soldiers 1f.; BAKER, Les mercenaires, in: 2: PROST, Armées et sociétés, 240–255; BETTALLI, Mercenari 24–27]. Das Söldnerwesen habe für eine weitere Umverteilung von Gütern gesorgt, sei somit gleichzeitig als Symptom und als Ursache für die Desintegration anzusehen. Gleichzeitig sei an den aristokratischen Söldnerführern die Lösung auch der Eliten von der Polisbindung abzulesen [2.7: MARINOVIC, Mercenariat]; PRITCHETT [2: Greek State, Bd. 2, 59–116] spricht von ihnen als „Condottieri".

Krise der Polis?

Das quantitative Verhältnis zwischen Söldnern und Bürgersoldaten ist nur für Athen verlässlich zu untersuchen; nach der Analyse von BURCKHARDT [2.4: Bürger und Soldaten 76–153] lässt sich eine Zunahme des Söldnereinsatzes im 4. Jahrhundert v. Chr. beobachten, die Bürgermiliz behielt jedoch eine wichtige Rolle und eine hohe Kampfmoral. Laut PRITCHETT [2: Greek State, Bd. 2, 108f.] setzten die Athener Söldner

Söldner und Bürger

vor allem in ganzjährigen Operationen ein, während Sommerfeldzüge weiterhin vor allem von Bürgern bestritten wurden.

Während die meisten Erklärungsansätze die Ausweitung des Söldnerwesens seit dem späten 5. Jahrhundert v. Chr. im Hinblick auf das Angebot untersuchen, schlägt TRUNDLE [2.7: Mercenaries 72–79 und passim] einen anderen Weg ein, indem er den Blick auf die Nachfrage richtet. Aus dieser Perspektive komme nicht den Entwicklungen im griechischen Mutterland, sondern in Sizilien und im Perserreich die entscheidende Bedeutung zu: Die Herausbildung der jüngeren Tyrannis in Syrakus und die persischen Thronstreitigkeiten hätten einen höheren Bedarf an Söldnern erzeugt. Es ist ein großes Verdienst TRUNDLES, den Aspekt der Nachfrage in die Debatte gebracht zu haben, die steigende Bedeutung von Söldnern in den Aufgeboten auch der griechischen Poleis vermag er allerdings nicht zu erklären. *Nachfrageperspektive*

Xenophons *Anabasis* ist Gegenstand zahlreicher militärhistorischer Untersuchungen [einen guten Überblick über den Forschungsstand liefern die Beiträge im Sammelband 2.7: LANE FOX, Long March]. Der Schwerpunkt der Forschung liegt dabei auf der Soziologie des Heeres: Nach NUSSBAUM [2.7: Ten Thousand] stellte dieses eine wandernde Polis mit Volksversammlung, Amtsträgern und Führungspersonal dar; die Kommunikation zwischen diesen Gruppen sei prinzipiell mit einer Polis vergleichbar [kritisch: 2.7: DALBY, Greeks Abroad]. Die Strukturen der Untereinheiten (*lóchoi* und *syskeníai*) sowie deren Bedeutung im Kampf, für die soziale Kohäsion und die Logistik der Armee wurden von LEE untersucht [2.7: Greek Army 80–107; s. dazu auch 2.7: ROY, Mercenaries of Cyrus]. *Zug der Zehntausend*

In den Quellen finden sich nur sehr selten Angaben darüber, wer die Waffen der Söldner stellte. Zumeist geht man davon aus, dass die Söldner selbst ihre Bewaffnung mitbrachten [2.7: WHITEHEAD, Who Equipped?; 2.7: BETTALLI, Mercenari 28f.], dagegen plädiert MCKECHNIE [2.7: Mercenary Troops] dafür, dass die Dienstherren für die Bewaffnung sorgten. Eine differenzierte Analyse der Quellen zu dieser Frage liefert TRUNDLE [2.7: Mercenaries 124–131]. Die zunächst aus Thrakien, dann auch aus anderen Regionen rekrutierten Peltasten bestanden fast ausschließlich aus Söldnern; dieser Truppentyp wurde ausführlich von BEST [2.7: Thracian Peltasts; zur Darstellung in der Vasenmalerei 2.7: LISSARAGUE, Guerrier] untersucht. BEST geht davon aus, dass die Bewaffnung der Peltasten uneinheitlich war und ein Teil von ihnen mit Stoßspeeren kämpfte, während die Hauptwaffe der Wurfspeer war. *Bereitstellung der Waffen* *Peltasten*

2.8 Die Veränderung der Kriegführung im 4. Jahrhundert v. Chr.

Neue Truppentypen und Taktiken

ANDERSON [2.4: Military Theory] liefert einen guten Überblick über die Veränderungen des Hoplitenkampfes, angefangen vom intensiveren Training bis hin zu neuen Formationen und Manövern; Bewaffnung und Kampftaktik der Peltasten wurden von BEST [2.7: Thracian Peltasts] umfassend untersucht. Die steigende Bedeutung der Reiterei ist unumstritten, die Wichtigkeit der von Thessalien ausgehenden Neuerungen hinsichtlich der taktischen Formationen von Kavallerieeinheiten betont LENDON [1: Soldiers and Ghosts 98–106].

Iphikrates wird von Diodor und Cornelius Nepos eine umfassende Reform der Peltastenausrüstung zugeschrieben, doch worin die Reform genau bestand, geht aus den Quellen nicht hervor. Nach PARKE [2.7: Mercenary Soldiers 80] habe Iphikrates den Peltasten Stoßspeere gegeben und sie dadurch den Hopliten angenähert; diese neuen Peltasten seien somit als Vorläufer der makedonischen Phalanx Philipps II. anzusehen. Gegen diese These spricht, dass in der antiken Überlieferung die den Hopliten überlegene Beweglichkeit der Peltasten des Iphikrates betont wird, was mit langen Stoßspeeren nicht plausibel ist. BEST [2.7: Thracian Peltasts 102–110; s. auch die Zusammenfassung der Forschung bei 1: LENDON, Soldiers and Ghosts 412f.] ist gegenüber der Annahme einer umfassenden Reform durch Iphikrates skeptisch; seiner Ansicht nach waren die Peltasten weder vor Iphikrates noch unter seinem Kommando homogen bewaffnet. KONECNY [2.8: *Katekopsen*] ordnet die beim Lechaion angewandte Taktik in die im Peloponnesischen Krieg vorgezeichneten Bahnen ein; Iphikrates sei weniger aufgrund taktischer Neuerungen als vielmehr durch die besondere Sorgfalt, mit der er seine Truppen führte, erfolgreich gewesen. PRITCHETT [2: Greek State, Bd. 2, 117–125] weist darauf hin, dass die hohe Disziplin unter Iphikrates' Peltasten auch durch die mit persischem Gold ermöglichten regelmäßigen Soldzahlungen erreicht wurde; Iphikrates konnte damit seine Truppe über mehrere Jahre, auch im Winter, in Waffen halten.

Schiefe Schlachtordnung

Die militärhistorische Forschung zum 4. Jahrhundert v. Chr. ist noch stark in den Traditionen der Schlachtenrekonstruktion und Feldherrnbewertung verhaftet. Besonders intensiv ist die Schlacht von Leuktra analysiert worden. Lange Zeit war es communis opinio, Epameinondas als militärisches Genie und die von ihm gewählte „schiefe Schlachtordnung" mit der Massierung von Truppen auf einem Flügel als einen Meilenstein der Kriegsgeschichte einzustufen [1: KROMAYER/VEITH, Schlachtfelder, Bd. 1, 76–85; Bd. 4, 290–323; 2.4: ANDERSON, Military Theory 199; 2: DUCREY, Guerre et guerriers 79f.]. Dies entspricht der Schilderung Plutarchs, doch bei Xenophon, dem einzigen zeitgenössischen Berichterstatter, findet die Leistung des thebanischen Befehlshabers

2. Archaisches und klassisches Griechenland   83

keine besondere Erwähnung. Xenophons Schilderung bildet die Grundlage für eine Relativierung von Epameinondas' Feldherrnkunst, die bereits DELBRÜCK [1: Kriegskunst, Bd. 1, 175–184] und später HANSON [2.8: Epameinondas] vorgenommen haben: Die Elemente der thebanischen Aufstellung, d. h. die Verstärkung des linken Flügels und die tiefe Staffelung, seien schon zuvor bekannt gewesen, und sie hätten sich auch nicht unbedingt als vorteilhaft erwiesen; nicht die Aufstellung der Hopliten, sondern die überlegene thebanische Kavallerie und der Tod des spartanischen Königs hätten die Schlacht entschieden. Es zeigt sich bei dieser Debatte exemplarisch das grundsätzliche Problem dieser Forschungsrichtung: Die antiken Berichte lassen viele Möglichkeiten zu, den Verlauf der Schlacht zu rekonstruieren [2.8: TUPLIN, Leuktra Campaign 84–93]; die Ursachen für deren Ausgang zu bestimmen, erscheint vor diesem Hintergrund als unmögliches Unterfangen.

Bedeutung des Epameinondas

Für die „Heilige Schar" der Thebaner wie für andere Eliteabteilungen griechischer Heere wird berichtet, dass homoerotische Beziehungen zwischen den Soldaten gefördert wurden, um den Kampfgeist zu steigern [OGDEN, Homosexuality and Warfare in Ancient Greece, in: 1: LLOYD, Battle, 107–168, bes. 111–114]. Die antiken Autoren sehen die Vorteile einer Armee aus Liebhabern darin, dass der Einsatz für den anderen steige und zugleich die Scham vor eigener Feigheit erhöht werde. Allerdings war die am meisten akzeptierte Form der homoerotischen Beziehung diejenige zwischen einem Mann und einem Heranwachsenden; OGDEN nimmt daher an, dass in Entsprechung auch in der „Heiligen Schar" die Bindungen, sofern sie überhaupt historisch sind, vermutlich nicht zwischen Gleichaltrigen, sondern zwischen einem reiferen und einem jungen Mann bestanden.

Homoerotik

Philipp II. von Makedonien verbrachte in seiner Jugend drei Jahre als Geisel in Theben, und nach den Aussagen mehrerer antiker Autoren lernte er die entscheidenden Lektionen der Kriegführung bei Epameinondas [für die Authentizität der Angaben: 2.8: HAMMOND, What may Philip]. Die Militärreformen Philipps II. und die Heeresgliederung sind ausführlich dargestellt bei HAMMOND/GRIFFITH [2.8: Macedonia 405–449], wichtig sind insbesondere die Ausführungen zum Anstieg der makedonischen Heeresstärke unter Philipp.

Philipp II.

Zu welchem Zeitpunkt die makedonische Phalanx eingeführt und die traditionelle Hoplitenlanze durch die längere Sarissa ersetzt wurde, kann nicht bestimmt werden [zu den verschiedenen Ansätzen s. 2.8: HAMMOND, What may Philip 366–369, der selbst ein frühes Datum bevorzugt]. Die Länge der Sarissa und deren Einsatz in der Schlacht sind Gegenstände intensiver Forschungsdiskussion; neben den literarischen Quellen, die sich allerdings zumeist auf die spätere Zeit beziehen (Pol. 18,29), sind die Funde von Lanzenspitzen und -schuhen aus Vergina maßgeblich. Diese lieferten einen neuen Anstoß für die Rekonstruktion

Länge der Sarissa

der makedonischen Waffen [zu Experimenten mit nachgebauten Sarissen s. bereits 1: DELBRÜCK, Kriegskunst, Bd. 1, 485]; CONNOLLY [2.8: Experiments] konnte nachweisen, dass eine Phalanx, die den Angaben des Polybios zur Länge der Sarissen und zur Dichte der Formation folgt, manövrierfähig ist, Formationswechsel allerdings nur mit senkrecht gehaltener Sarissa praktikabel sind.

<small>Anpassungsfähigkeit der Poleis</small>

Dass die Makedonen im Verlauf des 4. Jahrhunderts v. Chr. militärisch die Oberhand gewannen, ist nach SCHULZ [2.8: Militärische Revolution] auch auf die mangelnde Anpassungsfähigkeit der Poleis zurückzuführen. Um die im 4. Jahrhundert v. Chr. stark gestiegenen Kosten für Kriege aufbringen zu können, hätten die Poleis ihr Finanzierungssystem ändern müssen, was politisch jedoch nicht durchsetzbar gewesen sei. Vor allem aber sei das Festhalten an den Milizarmeen von Nachteil gewesen, da diese der gestiegenen Komplexität der Kriegführung nicht gewachsen gewesen seien. Nicht in einer mangelnden Identifikation der Bürgersoldaten mit der Polis sei die Ursache für die Niederlage gegen Makedonien zu suchen, sondern in der waffentechnischen und organisatorischen Unterlegenheit der Milizarmeen gegenüber dem professionalisierten Heer Philipps II. Diese Analyse ist im Kern zutreffend, auf der anderen Seite darf nicht unterschätzt werden, welche Anpassungsleistungen an die neuen militärischen Gegebenheiten Athen im 4. Jahrhundert v. Chr. vollbrachte [2.4: BURCKHARDT, Bürger]. Insgesamt haben die Zusammenhänge zwischen militärtechnischen und -taktischen Neuerungen auf der einen Seite und politischen Entwicklungen auf der anderen für das 4. Jahrhundert v. Chr. weit geringeres Forschungsinteresse hervorgerufen als für frühere Epochen.

2.9 Fortifikation und Belagerung

<small>Befestigung und Grenze</small>

Der Bau von Befestigungsmauern wird bestimmt durch die Topographie und die bautechnischen Möglichkeiten, aber auch durch ökonomische Leistungsfähigkeit und strategische Überlegungen. In der Wahrnehmung der griechischen Polisbürger kam Stadtmauern eine hohe Bedeutung zu, nicht nur in ihrer Schutzfunktion, sondern auch als symbolischer Grenze zwischen der Stadt und ihrem Territorium. Vor allem aus den Inschriften wird der hohe Stellenwert deutlich, der Bau und Instandhaltung von Mauern zugemessen wurde [2.9: MAIER, Mauerbauinschriften; zur Bedeutung der Mauern für die Polisidentität: 2.9: DUCREY, Muraille; 2.9: FREDERIKSEN, City Walls].

Einen umfassenden Überblick über die antiken Befestigungstechniken bieten LAWRENCE [2.9: Aims], der das Material nach Strukturelementen sortiert, sowie ADAM [2.9: Architecture] mit einer chronologischen und topographischen Ordnung. Beide ziehen auch die literarische Überlieferung heran, stützen sich jedoch im Wesentlichen auf die archäologischen Überreste. Diese führen die antiken Mauertechniken vor Augen, in seltenen Fällen sogar den Verlauf von Belagerungen. Einzigartig ist der Grabungsbefund von Paphos, das wie andere Städte Zyperns im Ionischen Aufstand (499–494 v. Chr.) von den Persern abfiel, aber von diesen wieder zurückerobert wurde; sowohl die persischen Angriffsbemühungen als auch die Gegenmaßnahmen der Verteidiger können rekonstruiert werden [vor kurzem ist die abschließende Publikation vorgelegt worden: 2.9: MAIER, Nordost-Tor]. Die Mauern von Paphos bestanden aus den üblichen Lehmziegeln auf einem Steinsockel, wiesen aber vorgelagerte Verteidigungsgräben und andere Elemente auf, die im Mutterland keine Entsprechung finden, sondern vielmehr orientalische Vorbilder nachahmen. Um Rammböcke an die Mauer heranführen zu können, legten die Perser eine Rampe an; die Verteidiger gruben als Gegenmaßnahme unterirdische Stollen und versuchten, die Rampe zum Einsturz zu bringen. In den Stollen wurden Werkzeuge gefunden, im gesamten Areal zahlreiche Geschosse, so dass die Kampfhandlungen sehr anschaulich werden.

<small>Belagerung von Paphos</small>

Von den Langen Mauern zwischen Athen und seinen Häfen sind nur spärliche Reste erhalten, der Verlauf der Mauerschenkel konnte aber rekonstruiert werden. Detaillierte Untersuchungen zu den einzelnen Bauphasen und den jeweiligen strategischen Hintergründen hat CONWELL [2.9: Connecting; zum früheren Forschungsstand s. 2.9: ADAM, Architecture 202–204] vorgelegt. Ob das strategische Konzept, das Territorium Attikas aufzugeben und die gesamte Bevölkerung hinter den Mauern in Sicherheit zu bringen, erst im Vorfeld des Peloponnesischen Krieges durch Perikles entwickelt wurde [2.9: OBER, Thucydides 74f.; 2.9: KAGAN, Peloponnesian War 51–63] oder bereits in den späten 460er Jahren, bei der Errichtung der Langen Mauern [2.9: GARLAN, Recherches 48f.], ist nicht zu klären, da verlässliche Quellen zu strategischen Überlegungen aus der Erbauungszeit fehlen.

<small>Lange Mauern</small>

Besser bestimmt werden können die Auswirkungen der neuen Strategie. Sie war insofern erfolgreich, als der Nachschub der Bevölkerung Athens über den Seeweg gesichert war und die Spartaner einen Angriff auf die Mauern nicht einmal versuchten. Auch gelang es, dem psychologischen Druck standzuhalten, der von den die Felder verwüstenden Feinden ausging; auch wenn Forderungen laut wurden, die Invasoren in einer Feldschlacht zu vertreiben, hielt die Mehrheit der Bevölkerung an dem Räumungsplan fest [zu den Überzeugungsstrategien des Perikles: 2.9: OBER, Thucydides 77–80]. Verheerend wirkte sich die Evakuierung Attikas allerdings aus, als sich eine Seuche in Athen verbreitete und in der zusammengedrängten Bevölkerung zahlreiche Opfer forderte.

<small>Perikles' Kriegsplan</small>

Gravierend waren auch die militärischen Konsequenzen des athenischen Kriegsplanes: Eine Landschlacht der Athener gegen das spartanische Aufgebot hätte aller Voraussicht nach ein baldiges Ende des Krieges

Abnutzungskrieg nach sich gezogen; so hingegen entstand ein Abnutzungskrieg, in dem beide Parteien versuchten, das Bündnissystem des Feindes zu lockern und diesem wirtschaftlichen Schaden zuzufügen [zu den Konsequenzen für die Kriegführung 2.4: MEIER, Rolle des Krieges 579f.]. Wurde Athen in der Anfangsphase des Krieges zunächst noch wenig getroffen, da die Spartaner sich nur wenige Wochen in Attika aufhielten, waren die Einbußen gravierend, nachdem die Spartaner 413 v. Chr. die Festung Dekeleia besetzt hatten und von dort aus permanent die Wege unsicher machten. Thukydides berichtet davon, dass 20 000 Sklaven flohen, die Reiterei durch die Begleitung von Warentransporten überlastet war und sich in Athen die Stimmung verbreitete, in einer belagerten Stadt zu leben (7,27f.).

Technische Neuerungen Dass die technischen Neuerungen des 4. Jahrhunderts v. Chr. die Poliorketik grundlegend veränderten, ist in der Forschung allgemein anerkannt [2.9: GARLAN, Recherches 156–169; 2.9: KERN, Siege Warfare 163–193; 2.9: CAMPBELL, Besieged 43–79; zu Erfindung und technischen Details der Katapulte des 4. Jahrhunderts v. Chr.: 2.9: MARSDEN, Artillery 1–24. 48–73]. Die ersten Katapulte – in der Konstruktion einer Armbrust ähnlich – wurden 399 v. Chr. vom Heer des Dionysios I. von Syrakus eingesetzt, Torsionsgeschütze mit einer weitaus höheren Durchschlagskraft wurden um 340 v. Chr. erfunden, möglicherweise im makedonischen Heer. Die Auswirkungen auf den Festungsbau hat OBER [2.9: Artillery Towers] nachgezeichnet: Die Türme wurden mit Plattformen für Geschütze versehen, außerdem höher gebaut, um die Reichweite zu vergrößern.

Von den antiken Autoren werden Belagerungen als Bedrohungen von existentieller Dimension beschrieben, die weit stärkere Auswirkungen auf die gesellschaftliche Ordnung hatten als Feldschlachten. Während Letztere die Vorrangstellung der Hopliten abbildeten, konnte es in belagerten Städten zu einer Auflösung von Rollenzuschreibungen kommen [2: VAN WEES, Warfare 144f.]. Kinder und alte Männer, die sonst vom Kriegsdienst ausgenommen waren, wurden zur Verteidigung herangezogen, und die antiken Quellen berichten davon, dass in äußerster Not auch Frauen zu den Waffen griffen [2.9: LOMAN, No Woman, mit Beispielen]. *Stáseis*, erbitterte Machtkämpfe zwischen konkurrierenden aristokratischen Gruppen, sind in den Poleis archaischer und klassischer Zeit der Normalfall, und unter diesen Umständen verwundert es nicht, dass in vielen Fällen eine Parteiung mit den Belagerern paktierte, um die eigene Stellung in der Polis zu stärken. Bezeichnenderweise widmet Aineias Taktikos, der um 350 v. Chr. ein Buch über die Verteidigung von Städten verfasste (s.u. Kap. II.7), vorbeugenden Maßnahmen gegen Verrat breiteren Raum als der Abwehr feindlicher Sturmangriffe [2.9: GARLAN, Recherches 169–182].

3. Hellenismus

LAUNEYS monumentale Gesamtdarstellung des hellenistischen Krieges ist nach wie vor unverzichtbar [3: Recherches]. Der erste Band bietet eine nach Regionen gegliederte Übersicht über die Heere, der zweite fokussiert auf zentrale militärhistorische Aspekte, z. B. die kultische Einbindung des Krieges, die Rekrutierung und Ausbildung der Soldaten, die Finanzierung der Heere und den Zusammenhang zwischen militärischen und politischen Entwicklungen. Gute Einführungen zum hellenistischen Krieg liefern außerdem LÉVÊQUE [La guerre à l'époque hellénistique, in: 2: VERNANT, Problèmes, 261–287] und vor allem MEISSNER [3: Kultur], der sich darum bemüht, den Charakter des hellenistischen Krieges im Vergleich zu anderen Epochen zu bestimmen. *Gesamtdarstellung*

Die Kriege um Alexanders Nachfolge werden im Geschichtswerk Diodors (1. Jahrhundert v. Chr.) ausführlich beschrieben. Insbesondere die Schlachten zwischen Antigonos Monophthalmos und Eumenes bei Paraitakene und bei Gabiene gehören zu den am besten dokumentierten der griechischen Geschichte [zu taktischen Einzelheiten s. 1: KROMAYER/ VEITH, Schlachtfelder, Bd. 4, 393–434]. Nach LENDON [1: Soldiers and Ghosts 143–155] wird hier eine Veränderung des Schlachtengeschehens sichtbar: Krieg erscheint stärker als ein intellektueller Wettkampf der Heerführer, da die richtige Aufstellung der unterschiedlichen Truppentypen hohe Anforderungen stellte und auch als wichtig wahrgenommen wurde; der ‚homerische' Wettkampf unter Soldaten dagegen verlor nach LENDON in der unübersichtlichen hellenistischen Schlacht an Bedeutung. *Diodor*

Der für die Kriegführung in hellenistischer Zeit informativste Autor ist Polybios aus Megalopolis. In seinem Werk behandelt er die Frage, wie es den Römern in kurzer Zeit gelang, alle bedeutenden Mächte des Mittelmeerraumes zu besiegen und die Weltherrschaft zu erringen. Dabei geht er auch sehr ausführlich auf einzelne Schlachten und allgemeine Probleme von Kampftechnik, Strategie und Taktik ein, denn er betrachtet seine Schrift auch als militärisches Lehrbuch. MARSDEN [3: Polybios] beurteilt Polybios nach den Maßstäben der modernen Militärgeschichte; im Ergebnis spricht er dem Historiographen ein für antike Verhältnisse gutes Verständnis der „Kriegskunst" zu, kritisiert aber, dass dieser viele wichtige Informationen zu den einzelnen Operationen zugunsten moralischer Überlegungen auslasse. Gegen eine solche Betrachtung wendet sich BESTON [Hellenistic Military Leadership, in: 2: VAN WEES, War and Violence, 315–335, hier 315f.] mit Verweis auf den generell moralischen Ansatz antiker Historiographie; die moralische Überlegenheit eines Feldherrn oder einer Armee wurde von Polybios ganz selbstverständlich als kriegsentscheidender Faktor angenommen. Polybios' Werk ist maßgeblich für PRITCHETTS [2: Greek State] Passagen zur hellenistischen *Polybios*

Kriegführung, unverzichtbar auch für militärgeschichtliche Fragen ist der Kommentar von WALBANK [3: Commentary].

In jüngeren Studien wird vor allem das reiche epigraphische Mate-
Inschriften rial ausgewertet. Von großer Bedeutung ist der Sammelband COUVENHES/FERNOUX [3: Cités], der exemplarisch Kleinasien in den Blick nimmt; in dieser Region lässt sich gut die Verschränkung der großen Königreiche mit griechischen Poleis und kleineren Dynasten beobachten. Ebenfalls auf epigraphischer Grundlage beruht die Darstellung des hellenistischen Krieges von CHANIOTIS [3: War], der den Fokus auf das Mutterland und insbesondere die ägäischen Inseln richtet. Gegen die Vorstellung einer im Vergleich zu früheren Epochen weitgehend pazifizierten hellenistischen Polis gelingt es CHANIOTIS, die hohe Bedeutung des Krieges auf allen gesellschaftlichen Feldern nachzuweisen. Besonders wichtig sind die Ausführungen zur religiösen Einbettung des Krieges, aber auch zu dessen Repräsentation in öffentlichen Monumenten und zu dem von einzelnen Bevölkerungsgruppen erwarteten und erbrachten militärischen Beitrag.

Söldner Die Bedeutungszunahme von Söldnern im Hellenismus ist allgemein anerkannt. Die älteren Darstellungen [2.7: PARKE, Mercenary Soldiers 177–226; 3: GRIFFITH, Mercenaries] untersuchten hauptsächlich die Söldner in den Heeren der Könige, neuere Studien [COUVENHES, Les cités grecques d'Asie Mineure et le mercenariat à l'époque hellénistique, in: 3: DERS./FERNOUX, Cités, 77–113] heben auch den Einsatz von Söldnern durch Poleis hervor. Die Forschung zur hellenistischen Poliorketik und Befestigungstechnik ist umfangreich [2.9: GARLAN, Poliorcétique 244–269; 2.9: KERN, Siege Warfare 197–248; 2.9: MARSDEN, Artillery], das Beispiel Pergamon wurde besonders ausführlich untersucht [KOHL, Sièges et défense de Pergame. Nouvelles réflexions sur sa topographie et son architecture militaires, in: 3: COUVENHES/FERNOUX, Cités, 177–198].
Poliorketik Für die Entwicklung der Seekriegführung maßgeblich sind TARN [3: De-
und Seekrieg velopments 120–152], MORRISON/COATES [3: Oared Warships 1–91] und nun vor allem MURRAY [3: Age of Titans]. Insgesamt hat der Hellenismus in der militärhistorischen Forschung eine geringere Aufmerksamkeit erfahren als die archaische und klassische Zeit.

3.1 Der Alexanderzug

Schon in der antiken Überlieferung wurde die Persönlichkeit Alexanders höchst unterschiedlich geschildert und bewertet, die Spanne reicht von höchstem Lobpreis bis zu schroffer Ablehnung. Auch in der modernen Forschung werden alle Facetten der Persönlichkeit Alexanders kontrovers diskutiert, seine Heerführung macht hierbei keine Ausnahme. Das ge-
‚Rationaler' Alexander läufige Bild ist das eines rationalen Feldherrn. Für CLAUSEWITZ [1: Vom Kriege 348. 966. 976. 1071] dient Alexander als Exempel des idealen Feld-

herren, der die Regeln der Kriegskunst verstanden und perfekt umgesetzt habe [ähnlich: LLOYD, Philipp II and Alexander the Great. The Moulding of Macedon's Army, in: 1: DERS., Battle, 169–198]. Auch in der bislang detailliertesten militärischen Analyse des Alexanderzuges durch FULLER [3.1: Generalship] – im Gegensatz zu den meisten anderen Darstellungen wird der Alexanderzug hier nicht nach chronologischen Kriterien dargestellt, sondern systematisch nach militärischen Herausforderungen gegliedert – wird der Makedonenkönig als stets überlegt handelnder Heerführer präsentiert, von dem jeder Militär viel lernen könne [für eine ähnliche Betrachtung des Alexanderzuges als militärisches Lehrstück: 3.1: STRAUSS, Alexander].

Auf der anderen Seite steht das Bild des irrationalen Alexander. Viele Unternehmungen seien nicht aus militärischer Notwendigkeit begonnen worden, sondern weil Alexander die Obsession gehabt habe, mythologische Vorbilder zu erreichen oder zu übertreffen [3.1: BOSWORTH, Conquest; 1: LENDON, Soldiers and Ghosts 115–139]: Den Felsen Aornos habe er nur deswegen unter hohem Risiko angegriffen, weil erzählt wurde, Herakles habe diesen nicht einnehmen können; den verlustreichen Marsch durch die Gedrosische Wüste habe er unternommen, weil Kyros der Große daran gescheitert sei. Auch sei Alexanders Selbstverständnis als neuer Achilleus der Grund dafür gewesen, dass er an der Spitze seines Heeres in die Kämpfe ging, nicht eine berechnete psychologische Wirkung auf seine Truppen. Gewaltakte wie das Massaker an den Einwohnern von Tyros müssten nicht als Abschreckungsmaßnahme gegen künftigen Widerstand angesehen werden, sondern als Resultate von Alexanders Vernichtungswillen, der durch seinen exzessiven Alkoholkonsum noch weiter angestachelt worden sei [3.1: HANSON, Carnage 60–98; kritisch dazu 3.1: HECKEL, King 224f.]. Sicherlich bildete die Sehnsucht danach, gewaltige Taten zu vollbringen, ein wichtiges Antriebsmoment für Alexander, doch sollte dies nicht den Blick dafür verdecken, dass er viele Situationen präzise analysierte und wohl kalkulierte Entscheidungen traf.

'Irrationaler' Alexander

Einig sind sich die Quellen hingegen im Hinblick auf die starke Wirkung, die Alexander auf seine Truppen ausübte. Nach LLOYD [3.1: Philipp 177–194] war sein Vertrauen in die eigene Unbesiegbarkeit die zentrale Voraussetzung für den Erfolg des Zuges, denn es führte dazu, dass sich seine Soldaten gegenüber militärischen Belastungen, physischen wie psychischen, resistenter zeigten als die Gegner. Auch sei es ihm gelungen, durch die Bindung der Truppen an seine Person sein heterogenes Heer zu einer Einheit zu verschmelzen. Die Bedeutung des persönlichen Vorbilds zur Herstellung von Disziplin betont CARNEY [3.1: Discipline]. Die Generäle in Alexanders Armee sind von HECKEL [3.1: Marshals] einer prosopographischen Untersuchung unterzogen worden. HECKEL betont, dass es Alexander durch seine ‚heroische' Schlachtenführung gelungen

Wirkung auf die Truppen

Generäle

sei, die Generäle fest an sich zu binden. Durch die notwendigen Umstrukturierungen des Heeres, vor allem durch die Einbindung von Orientalen, sei es zu Unzufriedenheit und Verschwörungen gekommen; nach HECKEL waren diese jedoch vergleichsweise selten und wurden dem König nie wirklich gefährlich [3.1: HECKEL, King].

<small>Zusammensetzung des Heeres</small>
Die Truppenstärken der einzelnen Einheiten beim Beginn des Zuges sind von BOSWORTH [3.1: Conquest 259–271] berechnet worden. Die makedonischen Fußsoldaten wurden den Einheiten nach dem Territorialprinzip zugeordnet, sie standen in der Schlacht üblicherweise 16 Glieder tief. Die größte Aufmerksamkeit in der Forschung hat die Hetairenkavallerie gefunden [3.1: FULLER, Generalship 150–180; 3.1: ASHLEY, Empire 28–32]. Diese formierte sich in der Schlacht als Keil; dadurch wurde es möglich, die Richtung einer Attacke zu verändern und auf Schwachpunkte in der gegnerischen Aufstellung zu richten, ohne dass dabei – wie bei einer linearen Aufstellung – die Ordnung gefährdet wurde [3.1: GAEBEL, Operations 157f. 181f.].

<small>Logistik</small>
Eine entscheidende Voraussetzung für den Erfolg des Alexanderzuges war die überlegene Logistik. ENGELS [3.1: Logistics] hat nach gründlichen Überlegungen zu Bedarf und Versorgungswegen des Heeres die Unterschiede zur zeitgenössischen griechischen und persischen Weise der Truppenversorgung aufgezeigt. Das Heer Alexanders habe durch die schon von seinem Vater verfügte Verringerung des Trosses starke Vorteile bei der Beweglichkeit gewonnen. Zwar mussten die Soldaten des makedonischen Heeres deutlich schwerere Lasten tragen, doch die durch Reduzierung von Maultieren und Dienern gewonnene Geschwindigkeit war ein großer Vorteil. Außerdem gelang es dem Heer Alexanders immer wieder, durch gute Aufklärung und die rechtzeitige Errichtung von Basen die Versorgung der Truppen sicherzustellen. Die Katastrophe der Gedrosischen Wüste zeigte aber, dass bei sehr schwierigen Verhältnissen auch die makedonische Logistik an ihre Grenzen stieß.

3.2 Die Heere der hellenistischen Könige

<small>Könige als Kriegsherren</small>
Der kriegerische Charakter der hellenistischen Monarchie ist in der Forschung unbestritten. Die literarischen Quellen und vor allem die inschriftlich überlieferte Selbstdarstellung der Könige zeichnen diese in erster Linie als Kriegsherren [3: CHANIOTIS, War 57–77]. Die Bedeutung der homerischen Helden als Leitbilder für hellenistische Könige betont LENDON [1: Soldiers and Ghosts 148; s. auch 3: MEISSNER, Kultur 218]. Eumenes und Pyrrhos stellten sich in die Tradition des Achilleus, indem sie die gegnerischen Feldherren im Zweikampf töteten; Pyrrhos gilt als Inbegriff des rastlosen hellenistischen Monarchen, der von Feldzug zu Feldzug eilt und den Krieg in den Mittelpunkt allen monarchischen

Handelns stellt. Polybios übt Kritik daran, wenn Heerführer sich ohne Notwendigkeit in Gefahr begeben, betont aber zugleich, dass deren persönlicher Einsatz für die Motivation der Truppen unersetzlich sei [BESTON, Hellenistic Military Leadership, in: 2: VAN WEES, War and Violence, 315-335, hier 321f.].

In Anlehnung an die Herrschaftssoziologie Max WEBERS hat GEHRKE [3.2: König] den hellenistischen Monarchen als charismatischen Herrscher beschrieben. Entgegen staatsrechtlich hergeleiteten Konzepten richtete GEHRKE den Blick auf die Legitimität königlicher Herrschaft. Im Falle der hellenistischen Könige habe die Legitimität auf dem – großzügig verteilten – Reichtum, vor allem aber auf der persönlichen militärischen Sieghaftigkeit beruht. Dies lasse sich etwa daran ablesen, dass die ersten hellenistischen Monarchen den Königstitel nach siegreichen Schlachten annahmen; der König verdiente, König zu sein, weil er militärische Großtaten vollbracht habe. Der Kampf in vorderster Front habe aus herrschaftssoziologischer Perspektive die Funktion erfüllt, des Königs Heldenkraft sichtbar zu machen; die persönliche Gefahr – viele Könige fielen in der Schlacht – habe in Kauf genommen werden müssen. Aus diesem Blickwinkel stelle sich auch die Frage nach der Ursache für die vielen Kriege hellenistischer Zeit anders: Ökonomische und machtpolitische Motive seien zwar zu berücksichtigen, jedoch bildete laut GEHRKE der militärische Erfolgszwang, unter dem die Könige standen, den wichtigsten Grund dafür, dass sich zu keinem Zeitpunkt eine stabile Friedensordnung herausbilden konnte.

<small>Charismatische Herrschaft</small>

Daneben sind in der Forschung auch die materiellen Forderungen der Soldaten untersucht worden, vor allem von AUSTIN [3.2: Kings], der allerdings zu einseitig auf Sold und Beute fokussiert und andere Motivationen hellenistischer Soldaten ausblendet. Ein Dokument von herausragender Bedeutung ist der inschriftlich erhaltene Vertrag zwischen Eumenes I., König von Pergamon, und Teilen seiner Armee (ca. 260 v. Chr.); ausführlich besprochen wurde das Dokument von REINACH [3.2: Mercenaires], dessen Übersetzung und Analyse in manchen Punkten von GRIFFITH [3: Mercenaries 282–288] verbessert wurde. Aus dem Text wird ersichtlich, dass dem Vertrag eine Meuterei von Söldnerkontingenten des Eumenes vorausgegangen war; bei den betreffenden Soldaten handelte es sich offenbar um langfristig engagierte Truppen, die so zahlreich waren, dass sie dem König ihre Forderungen aufzwingen konnten. Eumenes verpflichtete sich, die Soldzahlung von Getreide auf Geld umzustellen, die Dienstzeiten auf zehn Monate pro Jahr zu beschränken und den Soldaten Vergünstigungen bei Steuern und Abgaben zu gewähren. Auch Zahlungen an die Waisen der Gefallenen wurden garantiert. Im Gegenzug schworen die Söldner dem Eumenes unbedingte Loyalität gegen alle äußeren und inneren Feinde.

<small>Materielle Anreize für Soldaten</small>

Bereits Alexander der Große hatte einen Teil seiner Soldaten in den er-

Militärsiedlungen oberten Gebieten angesiedelt, und seine Nachfolger setzten diese Politik in großem Stil fort [3: LAUNEY, Recherches 682–689]. Die Militärsiedlungen sollten für die Könige, die in Asien und Ägypten als fremde Eroberer über keine eigene Machtbasis verfügten, Stützpunkte ihrer Herrschaft bilden. Außerdem wollte man ein Reservoir an Soldaten schaffen. Vor allem die Kämpfer in der Phalanx rekrutierte man gerne aus den Söhnen ehemaliger Soldaten [für das Seleukidenreich: 3.2: BAR-KOCHVA, Army 201f. und passim]. Die Militärsiedlungen bildeten wichtige Zentren des Austausches zwischen der griechisch-makedonischen und den einheimischen Kulturen.

Besonders gut ist die Ansiedlung von Soldaten im Ptolemäerreich dokumentiert und erforscht [3.2: LESQUIERS, Institutions 30–66; 3.2: UEBEL, Kleruchen]. Seit Ptolemaios II. wurden viele Soldaten als Kleruchen **Kleruchen** angesiedelt, d. h. sie wurden in Privathäusern einquartiert und erhielten ein Landlos (*kléros*), von dem sie ihren Unterhalt bestritten, entweder durch eigene Bewirtschaftung oder durch Verpachtung. Wurden die Soldaten zu einem Kriegseinsatz eingezogen, konnte der König das Landlos wieder einziehen, da er die Soldaten im Felde selbst versorgte. Im Lauf des 2. Jahrhunderts v. Chr. verlor die Kleruchie ihre militärische Bedeutung, das Landlos war nun nicht mehr an den Kriegsdienst geknüpft und ging in Privateigentum über, konnte damit auch vererbt werden. Wie UEBEL anhand seiner Dokumentation der griechischen Papyri darlegte, handelte es sich bei den Kleruchen nicht um eine sozial homogene Gruppe: Während manche von ihnen aufgrund der Größe ihres *kléros* ein luxuriöses Leben führten konnten, reichte für andere ihr Grundstück gerade aus, um den Lebensunterhalt zu sichern.

Die Konflikte zwischen Hausbesitzern und den bei ihnen einquartierten Soldaten wurden von PFEIFFER [3.2: Einquartierung] untersucht. Obwohl die Abtretung von Wohnraum rechtlich genau geregelt war, kam es zu Übergriffen von beiden Seiten, die zu zahlreichen Beschwerden beim König führten. Hier war ein Feld für Konflikte zwischen mehrheitlich griechischen Soldaten und mehrheitlich ägyptischen Hausbesitzern, jedoch betont PFEIFFER, dass die Ptolemäer in ihrem Bemühen um ein friedliches Zusammenleben der verschiedenen Gruppen insgesamt erfolgreich waren.

Kriegselefanten Die Kriegselefanten und ihr Einsatz in der Schlacht sind gründlich von SCULLARD [3.2: Elephant; s. auch 3: TARN, Developments 92–100; 3.1: GAEBEL, Operations 295–299] untersucht worden. Schon Alexander der Große verfügte bei seinem Indienfeldzug über Kriegselefanten, setzte diese aber nicht ein; SCULLARD [3.2: Elephant 66f.] führt dies darauf zurück, dass es noch Probleme beim kombinierten Einsatz mit der Kavallerie gab, da die Pferde der Makedonen nicht an Elefanten gewöhnt waren. Am Ende seiner Herrschaft verfügte Alexander wohl über 200 Elefanten, die den Grundstock für die Einheiten seiner Nachfolger bildeten.

Wie die Kriegselefanten in das Gesamtheer eingegliedert waren, insbesondere hinsichtlich der Kommandostruktur, ist unzureichend überliefert [3.2: EPPLETT, War Elephants 226f.]; eingesetzt wurden sie in der Schlacht in der Regel gemeinsam mit leichter Infanterie. EPPLETT hat auch die Beschaffung und das Training der Elefanten untersucht. Während zunächst mit den Tieren selbst auch die Trainer und Elefantenführer aus Indien beschafft wurden, verrichteten seit Ptolemaios II. auch Griechen und Makedonen diese Aufgaben. Die Ptolemäer gingen außerdem dazu über, afrikanische Elefanten einzusetzen, die für sie leichter zu besorgen waren. Im Seleukidenreich wurden Versuche unternommen, Elefanten in Gefangenschaft zu züchten, vor allem seit die Kontrolle über die östlichen Provinzen verloren gegangen und der Nachschub an Elefanten aus Indien schwerer zu beschaffen war.

Von den Belagerungsmaschinen des Hellenismus hat der riesige fahrbare Turm (*helépolis*) das meiste Forschungsinteresse auf sich gezogen. Intensiv untersucht wurden vor allem technische Fragen [3.2: LENDLE, Texte 36–70; 2.9: CAMPBELL, Besieged 83–87], doch auch der Prestigewert von solchen Maschinen wurde betont [2.9: GARLAN, Recherches 225–234; GEHRKE, König 261]. Die gewaltige *helépolis* des Demetrios Poliorketes soll neun Stockwerke und eine Höhe von 30 Metern besessen haben; sie steigerte des Demetrios' Ruhm, obwohl sie bei ihrem Einsatz vor Rhodos keine entscheidende Wirkung zu erzielen vermochte. In ähnlicher Weise sind auch die riesigen Kriegsschiffe des Hellenismus nicht nur im Hinblick auf ihre militärische Funktionalität betrachtet worden, sondern auch als Prestigeobjekte, z. B. der Vierzigruderer des Ptolemaios IV. (Athen. 5, 203e–204d) [3: MORRISON/COATES, Warships 37f.]. Poliorketik

Die maßgebliche Materialsammlung zu den Heeren der einzelnen Könige ist immer noch LAUNEY [3: Recherches], seitdem sind zu den drei Großreichen Monographien verfasst worden. Maßgeblich für die Antigoniden ist HATZOPOULOS [3.2: Organisation], der auf der Grundlage neu publizierter Inschriften ein differenziertes Bild der Rekrutierung und Heeresgliederung zeichnen konnte; die polemische Darstellung des Polybios, die von der älteren Forschung häufig unkritisch übernommen worden war, konnte dabei in manchen Punkten korrigiert werden. So zeigen die neuen Dokumente nachdrücklich das Bemühen der makedonischen Könige um Wehrgerechtigkeit [3.2: HATZOPOULOS, Organisation 91–118), das sich in einer detaillierten Regelung des Mobilisierungsverfahrens und harten Strafen gegen Amtsmissbrauch niederschlug. Die ältere Vermutung, das makedonische Heer sei nach territorialer Zugehörigkeit aufgestellt worden, konnte durch die Inschriften bewiesen werden. Antigoniden

Für das ptolemäische Heer ist eine zunehmende Abhängigkeit von Söldnern und ägyptischen Truppen festgestellt worden. WINNICKI [3.2: Ptolemäerarmee] legte eine ausführliche Studie zur Dislozierung der Ptolemäer

Truppen und der Einquartierung von Garnisonen in Oberägypten vor, wofür er das demotische und griechische Archivmaterial auswertete. Er beobachtete eine Kontinuität der Garnisonsorte von den Pharaonen bis in die römische Zeit; während des Hellenismus wurden vor allem die Umfassungsmauern der Tempelanlagen als Festungsmauern genutzt. Ein wichtiges Ergebnis seiner Studie ist, dass der Garnisondienst in der Regel von Berufssoldaten versehen wurde.

Seleukiden

Ein Standardwerk zum Militär der Seleukiden ist von BAR-KOCHVA [3.2: Army] vorgelegt worden; der erste Teil untersucht die Struktur der Armee, während der zweite Teil deren Einsatz in den einzelnen Kampagnen und Schlachten beschreibt. Er betont vor allem den Erfolg der seleukidischen Militärsiedlungen, deren Bewohner für die Eliteeinheiten der Heere herangezogen wurden. BAR-KOCHVAS breite Darlegungen zu den einzelnen Schlachten sind allerdings noch zu sehr der feldherrnzentrierten Militärgeschichte verpflichtet, allein die taktischen Fähigkeiten des jeweiligen Königs scheinen über Sieg oder Niederlage zu entscheiden [203–206 und passim]. AUSTIN [War and Culture in the Seleucid Empire, in: 1: BEKKER-NIELSEN/HANNESTAD, War, 99–109] beschreibt die Seleukiden als die kriegerischste der großen hellenistischen Dynastien; deren Reiche hatten – im Gegensatz etwa zu den Ptolemäern oder Attaliden – keine Hauptstädte, da die Könige fast ununterbrochen im Felde standen. Unter diesen Umständen seien Offiziere und Soldaten die einzige wirkliche Machtbasis geblieben.

Niederlagen gegen Römer

Die Schlachten zwischen hellenistischer Phalanx und römischer Legion erfreuen sich seit jeher eines großen Interesses der Forschung. Die Nachteile der starren Phalanx gegenüber der flexibleren römischen Formation und Bewaffnung (s.u. Kap. II.4.2) konnte anhand der großen Schlachten zwischen Römern und Makedonen bei Kynoskephalai 197 v. Chr. [zu den Einzelheiten 1: KROMAYER, Schlachtfelder, Bd. 2, 57–85; 1: PRITCHETT, Studies 133–144; 3.2: HAMMOND, Campaign] und bei Pydna 168 v. Chr. [1: KROMAYER, Schlachtfelder, Bd. 2, 316–348; Bd. 4, 600–608; 1: PRITCHETT, Studies 145–163; HAMMOND, Battle] nachgezeichnet werden, wobei in der Forschung auch die Kontingenz des Schlachtenverlaufs betont wird. Seit dem 2. Jahrhundert v. Chr. rüsteten manche Könige Teile ihrer Armee nach römischer Art aus, z. B. der Seleukide Antiochos IV. [s. dazu 3.2: BAR-KOCHVA, Army 55f. 181f.], doch diese Einheiten erlangten nicht die Kampfkraft ihrer Vorbilder.

3.3 Das Militär der hellenistischen Poleis

Die früher dominante Vorstellung, mit dem Sieg Philipps II. über Athen und Theben sei die Polis bedeutungslos geworden, ist inzwischen überholt. Nach Kriterien wie Anzahl – durch den Siegeszug Alexanders des

Großen wurden Poleis im tiefen Orient gegründet – und materieller Ausgestaltung bildet der Hellenismus sogar den Höhepunkt in der Geschichte der Polis. Auch werden inzwischen die inneren und äußeren Spielräume gegenüber den Monarchen stärker betont [neben vielen anderen: 3.3: GRUEN, Polis; 3.3: HABICHT, Athen]. *Blüte der Polis*

Eine Facette des gestiegenen Interesses an der hellenistischen Polis sind die Forschungen zu deren militärischer Bedeutung. Der wichtigste Impuls ging in diesem Zusammenhang von MA [Fighting Poleis of the Hellenistic World, in: 2: VAN WEES, War and Violence, 337–376] aus, der die Vorstellung einer militärischen Passivität der hellenistischen Polis grundlegend revidierte. MA entwickelte ein vielschichtiges Bild der Teilnahme von Poleis an großen und an kleinen Kriegen und strich insbesondere die Bedeutung der Bürgersoldaten heraus: Krieg habe eine zentrale Rolle im Leben der Polis gespielt, sowohl in Bezug auf die praktische Aktivität als auch auf die Repräsentation im öffentlichen Raum. Insgesamt betont MA die Kontinuität zwischen klassischer und hellenistischer Zeit. *Militärische Bedeutung*

Derselben Forschungsrichtung ist CHANIOTIS [3: War] zuzuordnen, der im Gegensatz zu älteren Darstellungen der hellenistischen Kriegführung [z. B. 3: LAUNEY, Recherches] die Poleis in den Vordergrund stellt. Er entwickelt eine Soziologie des hellenistischen Krieges, indem er anhand des reichhaltigen epigraphischen Materials darstellt, welche Bedeutung einzelnen Gruppen in der Polis bei der Kriegführung zukam; unter anderem wird auch auf die Rolle der Frauen eingegangen. Grundsätzlich betont auch CHANIOTIS die Kontinuitäten zwischen klassischer und hellenistischer Zeit und die Spielräume der Polis gegenüber den Königen. Diese Spielräume sind von BRUN [Les cités grecques et la guerre. L'exemple de la guerre d'Aristonicos, in: 3: COUVENHES/FERNOUX, Cités, 21–54] am Beispiel des Aristonikosaufstandes, dem Krieg der Römer gegen einen Thronprätendenten in Kleinasien (133–129 v. Chr.), untersucht worden. Nach BRUN zeige sich an der literarischen wie an der epigraphischen Überlieferung, dass die Poleis eine eigenständige Politik betrieben und die Wahl hatten, ob sie ihr Militärpotenzial dem Aristonikos oder den Römern zur Verfügung stellten; dies sei der Situation früherer Epochen, z. B. der großen Auseinandersetzung zwischen Athen und Sparta, sehr ähnlich.

Die Stellung der militärischen Übungen in der Erziehung der Jugendlichen ist von KAH [3.3: Militärische Ausbildung; s. auch 3: LAUNEY, Recherches 813–874. 891–896] untersucht worden. Anhand der Inschriften konnte gezeigt werden, wie vielfältig die militärische Ausbildung war: Die Poleis beschäftigten spezielle Lehrer für die einzelnen Waffen, z. B. für Bogenschießen und die Bedienung der Katapulte. Zu Recht betont KAH, dass die hohe militärische Bedeutung des Gymnasions ein Epochenmerkmal der hellenistischen Zeit sei, zugleich wird herausgearbeitet, wie sich *Militärische Ausbildung* die Übungen den jeweils aktuellen militärtechnischen Entwicklungen anpassten.

Nach LENDON [1: Soldiers and Ghosts 141–151] bildeten die militärischen Wettkämpfe im Gymnasion eine Antwort auf die Unübersichtlichkeit des Schlachtengeschehens im Hellenismus: Da man im Krieg selbst nicht mehr habe beobachten können, wer der beste Kämpfer sei, habe das Streben nach kriegerischer Exzellenz in Wettkämpfen befriedigt werden müssen. Hingegen betont CHANKOWSKI [L'entraînement militaire des éphèbes dans les cités grecques d'Asie mineure à l'époque hellénistique. Nécessité pratique ou tradition atrophée?, in: 3: COUVENHES/FERNOUX, Cités, 55–76] die pragmatischen Aspekte der Wehrerziehung, die gerade als Vorbereitung für die kleinen Kriege unter Nachbarstädten sinnvoll gewesen sei. Gleichzeitig lasse sich an dem Umstand, dass im Hellenismus die soldatischen Facetten des Polisbürgers besonders betont wurden, der Konservatismus der griechischen Polis ablesen, die gerade in einer Zeit, als die Unterlegenheit des Polisaufgebots gegenüber den Königsarmeen offensichtlich war, ihre Wehrhaftigkeit betonte.

Befestigung   Die Befestigung der Städte entwickelte sich in hellenistischer Zeit rasch weiter; insbesondere nahm die Bedeutung vorgelagerter Türme und Kastelle zu, die Angreifer von der Mauer fernhalten sollten [2.9: GARLAN, Recherches 244–269; 2.9: MARSDEN, Artillery 116–163]. Dies war notwendig, denn durch die verbesserten Belagerungsmaschinen, die Stadtmauern zum Einsturz bringen konnten, wurde eine rein passive Verteidigung chancenlos. Für die Finanzierung der Kriege gab es in den meisten Poleis keine reguläre Kriegskasse, so dass man häufig darauf angewiesen war, Geld durch schnell greifende Maßnahmen, etwa außerordentliche Steuern oder Subskriptionen, zu beschaffen. MIGEOTTE [Kriegs- und Verteidigungsfinanzierung in den hellenistischen Städten, in: 1: BURRER/MÜLLER, Kriegskosten, 151–160] betonte indes, dass es den Poleis insgesamt gut gelungen sei, die Mittel für die teuren Kriege des Hellenismus aufzubringen.

Rhodos als Seemacht   Neue Impulse zur Erforschung der rhodischen Marine gab die Untersuchung von GABRIELSEN [3.3: Naval Aristocracy 85–111]. Er leitet den Erfolg von Rhodos in hellenistischer Zeit außer von der Insellage und dem Machtvakuum in der Region von dem Umstand ab, dass die rhodische Aristokratie sich wesentlich über das Engagement für die Flotte definiert habe. GABRIELSEN vertritt die – allerdings kaum ausreichend zu belegende – These, ein großer Teil der Kriegsflotte habe aus privaten Schiffen bestanden; deren Besitzer hätten nicht nur die Schiffe gestellt, sondern auch die Besatzungen rekrutiert. Somit habe sich eine Überschneidung zwischen Handels- und Kriegsflotte ergeben. Die Kriege, die in hellenistischer Zeit unter rhodischer Beteiligung geführt wurden, sind von WIEMER [3.3: Piraterie] ausführlich untersucht worden. Obwohl zu beobachten sei, dass Rhodos in vielen Fällen diplomatische

Mittel vorgezogen und in Konflikten als Schiedsrichter eine friedliche Lösung vermittelt habe, sei nach WIEMER die ältere Vorstellung eines „friedlichen Handelsstaates" nicht zu halten. Rhodos habe vielmehr, wie die anderen Mächte auch, eine Expansion der eigenen Macht mit militärischen Mitteln angestrebt. Der Umstand, dass Angriffskriege von Rhodos vergleichsweise selten geführt wurden, führt WIEMER weniger auf einen friedlichen Charakter des Inselreichs als auf das begrenzte Militärpotenzial zurück; die rhodische Flotte habe sich zwar als stark genug erwiesen, um die Unabhängigkeit der Insel zu gewährleisten, habe jedoch für eine weit gespannte Hegemonialpolitik nicht ausgereicht.

Von den Heeren der griechischen *koiná* ist das achäische am besten überliefert, da Polybios aus einer ranghohen Familie des Achäischen Bundes stammte. In der militärhistorischen Forschung wurde den *koiná* sehr viel weniger Aufmerksamkeit gewidmet als den Königen; WILLIAMS [3.3: Philopoemen's Special Forces] betont die militärhistorische Bedeutung des Philopoimen, der an der Wende vom 3. zum 2. Jahrhundert v. Chr. mehrfach Stratege des Achäischen Bundes war. Dieser reformierte die achäische Infanterie, indem er sie nach makedonischer Art mit Sarissen ausrüstete. Seine wichtigste Neuerung bestand laut WILLIAMS aber im effektiven Einsatz von Leichtbewaffneten. Den Feldzug gegen den spartanischen König Nabis 192 v. Chr. bestritt Philopoimen fast ausschließlich mit leichten Truppen, mit denen er Überraschungsangriffe – auch bei Nacht und nach vorherigem Truppentransport in Booten – gegen die feindlichen Lager führte.

Reformen des Philopoimen

4. Römische Republik

Einen frühen Versuch, sich dem römischen Heer nicht über eine Erzählung von Kriegen und Schlachten, sondern durch strukturelle Überlegungen zu nähern, unternahm ADCOCK [4: Roman Art of War]. Er machte die Verschränkung der römischen Kriegführung mit der politischen und sozialen Ordnung Roms deutlich; trotz vieler Vergröberungen und, insbesondere bei der Behandlung Caesars, bisweilen schwärmerischer Begeisterung für die römische Kriegführung hat sein Werk durch seinen breiten Ansatz der Forschung wichtige Impulse verliehen. Eine jüngere Synthese zur republikanischen Armee hat KEPPIE [4: Making of the Roman Army] vorgelegt, der insbesondere vor einer zu statischen Vorstellung von der republikanischen Armee warnt und die im Laufe der Jahrhunderte erfolgende Veränderung von Bewaffnung und Kriegführung betont. Die Eroberung Italiens durch Rom analysiert CORNELL [4: Beginnings of Rome 293–326] unter der Prämisse, die annalistische Überlieferung habe eine zumindest in groben Zügen zuverlässige

Einführungen

Erinnerung an die einzelnen Feldzüge bewahrt. Von den zahlreichen militärhistorischen Analysen zu den ersten beiden Punischen Kriegen, den längsten, wechselvollsten und verlustreichsten auf Roms Weg zur Weltmacht, seien die quellennahen Darstellungen von LAZENBY [4: First Punic War; 4: Hannibal's War] hervorgehoben.

Quellenlage — Die Quellenlage für die Königszeit, die Frühe und Mittlere Republik ist schwierig. Die Authentizität der annalistischen Überlieferung wird von der modernen Forschung zumeist stark angezweifelt, erst ab dem 4. Jahrhundert v. Chr. steht man auf festerem Boden. Von großem Wert für das 3. und 2. Jahrhundert v. Chr. ist Polybios, doch die Glaubwürdigkeit seiner Aussagen zum Heer wird unterschiedlich eingeschätzt, da in vielen Fällen nicht klar ist, ob seinen Angaben eigene Anschauung, Hörensagen oder die Lektüre eines römischen Militärreglements zugrunde liegt; die Quellenlage wird differenziert von RAWSON [4: Literary Sources] diskutiert.

4.1 Organisation, Rekrutierung, Heeresstärke

In der annalistischen Überlieferung sind Erzählungen von Feldzügen enthalten, die nicht vom regulären römischen Aufgebot, sondern von einzelnen Adelsgeschlechtern und ihren Anhängern durchgeführt wurden; die berühmteste dieser Episoden handelt vom Untergang der *gens Fabia* am Cremera (Liv. 2, 48-50). In der Forschung betrachtet man diese Episoden übereinstimmend als glaubhafte Erinnerung an ‚Privatkriege' im frühen Rom, deren Verhältnis zu den ‚staatlichen' Kriegen wird jedoch unterschiedlich interpretiert. HARRIS [4.1: Roman Warfare] sieht den ‚privaten' und den ‚staatlichen' Krieg als zwei konkurrierende Modelle *‚Staatliche' und* des Beuteerwerbs. Das Bestreben des Senats, das staatliche Kriegsmono- *‚private' Kriege* pol durchzusetzen, sei zu Beginn des 4. Jahrhunderts v. Chr. erfolgreich gewesen, lediglich die Piraterie sei den Adelsgeschlechtern noch ohne staatlichen Rahmen erlaubt gewesen. RAWLINGS [4.1: Condottieri and Clansmen] benennt als Problem, dass kleine private Raubzüge leicht zu größeren Konflikten mit den Nachbarn geführt und somit die ganze römische Bürgerschaft getroffen hätten; schließlich habe man den Fetialen die Definitionsmacht übertragen, ob römische Güter von den Feinden zurückgefordert werden dürften, und damit den Übergriffen der Clans Schranken gesetzt. Hingegen sieht TIMPE [4.1: Kriegsmonopol] keine solche Konkurrenz zwischen ‚staatlichen' und ‚privaten' Kriegen: Vielmehr seien im 5. Jahrhundert v. Chr. Raubzüge von Clanaufgeboten zur Unterstützung der Feldzüge des römischen Heeres sehr willkommen gewesen. Die ‚Privatkriege' seien nicht von der *res publica* abgeschafft worden, sondern nach der römischen Expansion im 4. Jahrhundert v. Chr. ausgetrocknet, weil sich nun das Beutemachen viel wirkungsvoller und risikoärmer innerhalb der ‚staatlichen' Kriegführung habe verfolgen lassen.

Zur Demographie und Wehrkraft der Römer und ihrer Bundesgenossen ist das monumentale Werk von BRUNT [4.1: Italian Manpower] nach wie vor maßgeblich. Dass sich trotz einer genauen Analyse der Zensuslisten und aller verfügbaren sonstigen Daten nur grobe Schätzungen ergeben, ist selbstverständlich und wird auch von BRUNT selbst eingeräumt, doch die nachfolgende Forschung operiert zumeist mit seinen Zahlen. Für die Jahre 214–212 v. Chr., als Rom nach den Niederlagen gegen Hannibal Süditalien wieder unter seine Kontrolle zu bringen versuchte, beziffert BRUNT das römische Heer auf ungefähr 225 000–250 000 Mann, danach sei die Truppenstärke langsam gesunken. In der Zeit der großen Feldzüge im Osten, 200–168 v. Chr., hätten jedes Jahr etwa 100 000–150 000 Römer und Bundesgenossen in Waffen gestanden. BRUNT wies außerdem überzeugend die These zurück, die Kriege Roms hätten das Kleinbauerntum ruiniert und eine Krise der römischen Wehrkraft ausgelöst (s.u. Kap. II.4.4).

Wehrkraft

4.2 Bewaffnung und Kampftaktik

Bis vor kurzem bestand eine der wenigen Gewissheiten in der frührömischen Militärgeschichte darin, dass die Römer eine Zeitlang mit der Bewaffnung und Taktik einer griechischen Phalanx gekämpft hätten [z. B. 1: DELBRÜCK, Geschichte der Kriegskunst 301; 4: CORNELL, Beginnings of Rome 183–185; 1: LENDON, Soldiers and Ghosts 183–186; 4.2: RAWLINGS, Army and Battle 54], doch diese Annahme ist jüngst von ROSENSTEIN [4.2: Phalanges in Rome?] hinterfragt worden. ROSENSTEIN zieht sowohl den Quellenwert archäologischer Zeugnisse für die Übernahme der Panhoplie durch die Etrusker als auch literarische Belege (Liv. 8,8,3) für eine römische Phalanx in Zweifel; sein Hauptargument ist, dass im Rom der Königszeit und der Frühen Republik nicht die soziopolitische Grundlage für den Kampf in der Phalanx vorhanden gewesen sei: Angesichts der starken Hierarchisierung der Bürgerschaft und der Stärke gentilizischer Bindungen habe es nicht zur Ausbildung einer Formation kommen können, die alle schwerbewaffneten Kämpfer zu einem Truppenkörper verschmolz. Laut ROSENSTEIN hätten die Römer vielmehr im Pyrrhoskrieg einen Teil ihrer Infanterie im Stil der makedonischen Phalanx ausgerüstet, was in der späteren Überlieferung zu einer Phase der klassischen Hoplitenphalanx umgedeutet worden sei.

Phalanx

Von denjenigen, die eine römische Phalanx annehmen, werden Zeitpunkt und Ursachen für deren Abschaffung zugunsten der Manipularordnung kontrovers diskutiert. KEPPIE [4: Making of the Roman Army 18f.] sieht hier eine Lehre aus der Niederlage gegen die Gallier

Manipularordnung

390 v. Chr., andere vermuten eine Zäsur in den langen Kämpfen gegen die Samniten (343–275 v. Chr.): In den Auseinandersetzungen mit den kampftüchtigen und beweglichen samnitischen Kriegern in bergigem Gelände habe sich die Phalanx als zu schwerfällig erwiesen, so dass man kleine, flexibel operierende Einheiten habe bilden müssen [1: BURCKHARDT, Militärgeschichte 83]. DELBRÜCK [1: Geschichte der Kriegskunst 313–315] betrachtet die Manipulartaktik als Weiterentwicklung der Phalanx: Diese sei auch zuvor, um ein geordnetes rasches Vorrücken zu ermöglichen, in Einheiten aufgeteilt und mit kleinen Zwischenräumen versehen worden; die Römer hätten nun diese Idee, der Formation „Gelenke" zu geben, systematisch weiterentwickelt.

BURNS [4.2: Homogenisation of Military Equipment] bettet die Veränderung von Bewaffnung und Kampftaktik in einen gesamtitalischen Kontext ein: Während die Kriege im 5. Jahrhundert v. Chr. zumeist auf lokale Fehden begrenzt gewesen seien – beispielsweise die langwierige Auseinandersetzung Roms mit der nur wenige Kilometer entfernten Stadt Veii –, hätten an den Samnitenkriegen und später am Pyrrhoskrieg die Aufgebote vieler Regionen Italiens teilgenommen; der wechselseitige Einfluss habe eine neue Dynamik der Kriegführung in Gang gesetzt. Die Bewaffnung mit *pila* und die Gliederung in Manipel sei die römische Variante einer größeren italischen Entwicklung gewesen, erst in der Zeit der überseeischen Expansion hätten sich die Aufgebote Italiens an die römische Bewaffnung angepasst. Der genaue Zeitpunkt für die Einführung von *pila* ist jedoch unklar, eventuell handelt es sich erst um eine Reaktion auf den Kampf mit iberischen Kontingenten in karthagischen Diensten, während man zuvor leichtere Wurfspieße benutzt hatte [4.2: RAWLINGS, Army and Battle 53–55].

Der „Face of Battle"-Ansatz hat für das römische Manipularheer erst spät Anwendung gefunden, dabei wurden neue Fragenhorizonte aufgerissen. Gegen die herkömmliche Vorstellung, die Römer hätten die Schlachten mit einem Stoßangriff entscheiden wollen, indem sie zunächst mit einer Salve von *pila* die gegnerischen Reihen lichteten und dann mit dem Schwert zum Nahkampf schritten [z. B. 1: DELBRÜCK, Geschichte der Kriegskunst 317f.; 4.2: RAWLINGS, Army and Battle 57f.], hat ZHMODIKOV [4.2: Heavy Infantrymen] angeführt, dass es viele Belege für den Wurf von *pila* im späteren Schlachtenstadium gebe. ZHMODIKOV wies ferner darauf hin, dass die herkömmliche Interpretation der römischen Manipelgliederung, wonach sich die *hastati*, wenn sie ermüdet waren, durch die Lücken der *principes* zurückgezogen und in zweiter Reihe Stellung bezogen hätten, zu korrigieren sei, da ein solches Manöver unter Feindkontakt die Schlachtreihe in Unordnung gebracht hätte.

SABIN [1: Face of Roman Battle] griff die Argumente ZHMODIKOVS auf und entwickelte sie weiter: Während für die Schlachten zwischen Legion und makedonischer Phalanx der herkömmlichen, auf Polybios beruhenden Schilderung im Groben vertraut werden könne (s.o. Kap. II.3.3), müsse für die Schlachten gegen Karthager und Gallier die Vorstellung eines massiven Stoßangriffs revidiert werden. SABIN verweist darauf, dass viele Schlachten in der Überlieferung als mehrstündig und hin- und herwogend beschrieben werden; wenn nun aber die Schlachten lange gedauert hätten, ohne die Reihen auszutauschen, hätte es keinen permanenten Nahkampf geben können, da mit dem Schwert kämpfende Soldaten nach wenigen Minuten ermüden. SABIN entwirft deshalb – in Analogie zur Kriegführung napoleonischer Zeit – das Szenario einer fluiden Schlacht, in der zwischen längeren Phasen des Abwartens, in denen vereinzelt Geschosse geworfen wurden, einzelne lokal und zeitlich beschränkte Handgemenge entbrannten; erst wenn die Moral eines Heeres ins Wanken geraten war, z. B. durch Erschöpfung, Furcht vor Umzingelung oder Tod des Feldherrn, habe ein finaler Stoßangriff es in die Flucht schlagen können. Mit diesem Szenario vermag SABIN auch zu erklären, warum es bei römischen Schlachten häufig sehr asymmetrische Verlustzahlen gab: Während bei einem massiven Stoßangriff viele Tote und Verwundete auf beiden Seiten zu erwarten seien, gebe es in dem skizzierten Szenario nur geringe Ausfälle, erst bei der Flucht komme es zu hohen Verlusten. KOON [4.2: Phalanx and Legion] folgte für die Infanteriegefechte SABINS Thesen, erweiterte aber das Bild, indem auch Kavallerie und Elefanten in das Schlachtenszenario der Punischen Kriege einbezogen wurden.

Fluide Schlacht

Konsens besteht in der Forschung darüber, dass in der römischen Kriegführung, anders als in der griechischen Phalanx, dem Einzelkampf große Bedeutung zukam; grundlegend ist hier die Studie von OAKLEY [4.2: Single Combat; vgl. 1: LENDON, Soldiers and Ghosts 172–178]. Sowohl Herausforderungen zu Duellen vor dem eigentlichen Beginn der Schlacht als auch Zweikämpfe während der Schlacht sind überliefert, was sich gut mit dem von SABIN entwickelten Szenario vereinbaren lässt. LENDON [1: Soldiers and Ghosts 206f.] wies darauf hin, dass die Tapferkeit der Soldaten in der lateinischen Literatur schwerer gewichtet würde als in der griechischen: Polybios führe den Sieg in der Schlacht auf Faktoren wie das Geschick der Feldherren in der Aufstellung der Truppen, eine überlegene Kavallerie, die Verbindung der Truppenteile und die Qualität der Bewaffnung zurück, während für Livius vor allem die Kampfmoral wichtig sei.

Bedeutung des Zweikampfs

Die römische Reiterei stand in der Forschung immer im Schatten der Infanterie, erst in jüngerer Zeit fand sie eine monographische Bearbeitung [4.2: MCCALL, Cavalry]. Gegen die übliche Forschungsmeinung, der römischen Reiterei habe es an Wirksamkeit gemangelt, betont MCCALL deren große Qualität: Bewaffnung und Kampftaktik seien sehr gut gewesen, und vor allem die hohe Motivation habe ihr militärische Bedeutung verliehen. Die Ursachen für die Abschaffung der Bürgerreiterei in der Späten

Kavallerie

Republik sieht MCCALL nicht darin, dass man sie durch bessere Kavallerie ersetzt habe, sondern in der veränderten sozialen Zusammensetzung der Legionen: In der Mittleren Republik sei das Heer ein Spiegelbild der sozialen Hierarchie, der Reiterdienst demnach mit großem Prestige verbunden gewesen; nachdem aber nicht mehr die landbesitzenden Römer, sondern gerade die ärmeren Schichten der Bürgerschaft in die Legionen gegangen seien, habe auch die römische Kavallerie ihre soziale Funktion eingebüßt, die jungen Aristokraten seien auf andere Distinktionsfelder ausgewichen.

Logistik Zur Logistik sind die Ausführungen von ROTH [4: Logistics] und von ROSENSTEIN [4.2: Rome at War 28-30] wichtig. Laut ROSENSTEIN hatten die Römer bereits am Ende des 4. Jahrhunderts v. Chr. ein gut funktionierendes Nachschubsystem für ihre Truppen entwickelt. Damit seien die Heere von den Ernten im Feindesland unabhängig geworden, was es ihnen ermöglicht habe, auch im Winter militärische Operationen durchzuführen oder zumindest in ihren Basen im Feindesland zu verbleiben. Diese Verlängerung der Feldzugssaison sei nach ROSENSTEIN ein entscheidender, in der Forschung zumeist unterschätzter strategischer Trumpf der Römer gewesen.

4.3 Rituale des Krieges

Die Gründe dafür, dass die Römer fast pausenlos Krieg führten und sogar unmittelbar nach dem verlustreichen Hannibalkrieg einen Feldzug gegen die Makedonen begannen, werden in der Forschung seit langem diskutiert. Die These eines „defensiven Imperialismus", gemäß der die Kriege aus einem übersteigerten römischen Sicherheitsbedürfnis zu erklären seien [z. B. 4.3: FRANK, Roman Imperialism], wird inzwischen kaum noch vertreten. Dies ist vor allem das Verdienst von HARRIS [4.3: War and Imperialism], der dies als Übernahme einer römischen Rechtfertigungsstrategie kritisierte und stattdessen das militaristische Ethos und materielle Motive in den Vordergrund stellte: Die Aussicht auf Kriegsbeute und auf die Ausbeutung eroberter Länder sei der Hintergrund vieler Kriegserklärungen gewesen. In jüngerer Zeit brachte man die Kriegsausbrüche vor allem mit der senatorischen Konkurrenz in Verbindung: Der jährliche Wechsel im Konsulat habe dazu geführt, dass viele Amtsträger die Eskalation von Konflikten vorantrieben, um im Falle eines Krieges selbst das Kommando zu führen und damit die Chance auf Prestige und Beute zu erhalten [zum Forschungsüberblick: 4.3: CHAMPION, Roman Imperialism].

Römischer Imperialismus

Die Natur des Krieges in Rom wurde zunächst in ihrer rechtlichen Dimension untersucht: Nach MOMMSEN [4.3: Staatsrecht 590–616] war der Krieg für die Römer der Normalzustand, weil eine natürliche Feindschaft zwischen Rom und den sie umgebenden Stämmen und Städten postuliert worden sei [so auch 4.3: WIEDEMANN, Fetiales]. HEUSS [4.3:

Krieg als Normalzustand?

Völkerrechtliche Grundlagen] widersprach dieser Ansicht; seine Analyse des Fetialenrituals führte zu dem Schluss, dass es auch gegenüber solchen Feinden, die keinen Vertrag gebrochen hatten, Anwendung fand; dies schließe aber aus, dass man den Krieg als Normalzustand betrachtet habe.

Ein generelles Problem für eine Einordnung des Fetialenrituals besteht in der Quellenlage. Die Überlieferung für die Zeit der Republik ist dünn, die beiden wichtigsten Autoren, Livius und Dionysios von Halikarnassos, schrieben in augusteischer Zeit. Nach WIEDEMANN [4.3: *Fetiales* 479–483] und RÜPKE [4.3: *Domi militiae* 106f.] sei das Fetialenritual in augusteischer Zeit einer massiven Umdeutung unterzogen worden; demnach handele es sich bei dem berühmten Speerwurf in ein Stück „Feindesland", das beim Tempel der Bellona markiert wurde, um eine Erfindung Octavians, um der Kriegserklärung eine höhere Legitimität zu verschaffen und den Krieg zum *bellum iustum* gegen die ägyptische Königin Kleopatra zu stilisieren; WIEDEMANN und RÜPKE argumentieren e silentio, d. h. mit dem Fehlen von Zeugnissen aus republikanischer Zeit: Ein Speerwurf wie derjenige Octavians im Jahr 32 v. Chr. (Cass. Dio 50,4,4f.) sei sonst nur noch einmal bezeugt, für Marcus Aurelius' Kriegserklärung an die Skythen 178 n. Chr. (Cass. Dio 72,33,3).

Den Ursprung des Fetialenrituals sieht RÜPKE in dem Bestreben, die Beutezüge einzelner *gentes* einzudämmen. Als diese Privatkriege von Rom und den Nachbarn als Problem wahrgenommen wurden, habe man die Möglichkeit institutionalisiert, Güter zurückzuerstatten und die Schuldigen auszuliefern, bevor die ganze Gemeinschaft betroffen wurde. Auch TIMPE [4.1: Kriegsmonopol 375–377] sieht im Fetialenritual eine Reaktion auf nicht-staatliche Kriege im frühen Rom.

Die römische Konzeption des *bellum iustum* hat mehrfach monographische Behandlung erfahren. ALBERT [4.3: *Bellum iustum*] nahm eine scharfe Trennung der formalen von der inhaltlichen Ebene vor: Formal sei ein Krieg in den Augen der Römer gerechtfertigt gewesen, wenn das Fetialenritual sorgfältig und vollständig durchgeführt worden sei, inhaltlich habe es einen Katalog von Ursachen eines legitimen Krieges gegeben, z. B. Vertragsbruch durch die Feinde, Einfall auf römisches Gebiet, Angriff auf Gesandte oder Hilferuf von Bundesgenossen. Beide Ebenen seien von Bedeutung gewesen, hätten sich aber nicht immer im Einklang befunden. Auf dieser Grundlage analysiert ALBERT die Kriege Roms vom 3. bis zum 1. vorchristlichen Jahrhundert und differenziert diese in vier Gruppen: *bella iusta*, sachlich gerechte Kriege, formal gerechte Kriege und *bella iniusta*, bei denen weder das korrekte Ritual durchgeführt worden sei noch ein gerechter Kriegsgrund bestanden habe. Im untersuchten Zeitraum, so ALBERTs Ergebnis, habe Rom nur drei *bella iusta* mit korrektem Ritual und gerechtem Anlass geführt, die Mehrheit der Kriege allerdings sei mit sachlicher Gerechtigkeit gekämpft worden. Ob die Kriege von den Zeitgenossen, insbesondere von den Gegnern Roms, ähnlich bewertet wurden, mag allerdings bezweifelt werden, auch ist fraglich, ob die strikte Unterscheidung zwischen der formalen und der inhaltlichen Ebene die Wahrnehmung der Zeitgenossen trifft.

Mehrfach, zuletzt von LORETO [4.3: Il *bellum iustum*], ist die sachliche Komponente des *bellum iustum* gänzlich in Abrede gestellt worden. Demnach sei für die Römer nur der korrekte Vollzug des Fetialenrituals von Bedeutung gewesen; ob es tatsächlich einen Angriff auf römisches Gebiet oder auf Bundesgenossen gegeben habe, sei hingegen völlig unerheblich gewesen. Diese These versucht LORETO mit einer Analyse von Cicero-Passagen zu erhärten und erklärt dessen Sicht für repräsentativ: Cicero habe das bestehende, rein formale Konzept des *bellum iustum* übernommen und systematisiert. Erst mit den Kirchenvätern, vor allem Augustinus, habe es eine Veränderung gegeben, indem das *bellum iustum* ethisch aufgeladen und sachliche Gründe für einen Krieg gefordert wurden. In der Forschung konnte sich diese Position nicht durchsetzen, Kritik an LORETOS eindimensionaler Interpretation von Cicero ist unter anderem von LIEBS [4.3: *Bellum iustum*] geübt worden. LIEBS weist ferner darauf hin, dass Polybios und andere griechische Autoren die römische Kriegführung auf moralischer Ebene lobten (13,3,7; 36,2,1f.; 36,9,9). Auch ist den Quellen zu entnehmen, dass die Römer viel Mühe darauf verwandten, ihre Kriege als Reaktion auf Angriffe zu präsentieren, auch in der Zeit, als es keine ebenbürtigen Rivalen mehr gab und damit auf machtpolitischer Ebene die Notwendigkeit entfiel, Kriege zu legitimieren. Die Legitimierung ist eher nach innen gerichtet und spiegelt das Bedürfnis der Römer wider, ihre Kriege als gerecht anzusehen; dass die Gegner hierüber andere Auffassungen hatten, steht auf einem anderen Blatt.

bellum iustum bei Cicero

Während insbesondere ALBERT von einem *bellum-iustum*-Konzept ausgeht, das bereits im 3. Jahrhundert v. Chr. entwickelt gewesen sei, plädiert RÜPKE [4.3: *Domi militiae* 121f.] für eine Entstehung erst am Ende des 2. Jahrhunderts v. Chr. Cicero habe nach RÜPKE das *bellum iustum* in dreierlei Hinsicht modifiziert: Erstens habe er für eine Systematisierung der zuvor widersprüchlichen Ideen vom *bellum iustum* gesorgt. Zweitens habe der Begriff von ihm eine moralische Auﬂadung bekommen, indem sich „eine gedankliche Entwicklung vom ‚rechtmäßigen' zum ‚gerechten' Krieg" vollzogen habe. Und drittens habe Cicero das *bellum iustum* theologisiert; auf der rechten Seite zu stehen und mit den Göttern zu sein, sei nun gleichbedeutend gewesen.

Religiöse Konstruktion des Krieges

RÜPKES Arbeit kommt eine große Bedeutung zu, denn sein Ansatz, die religiöse Dimension in das Zentrum einer Analyse des römischen Krieges zu rücken, erwies sich als sehr fruchtbar. RÜPKE versteht „Religion als die ‚Sprache', in der sich das Verständnis von Krieg in Ritualen, Symbolen und Vorschriften, in besonderen Qualifikationen von Zeiten und Orten ausdrücken kann." [4.3: *Domi militiae* 14]. Schwerpunkte seiner Untersuchung sind die Implementierung des Krieges in den Kalender sowie in die Topographie Roms und der Militärlager, die in der Truppe gepflegten Kulte und die Rituale, die den Beginn und das Ende von Kriegen markierten. Anders als beispielsweise HARRIS [4.3: War and Imperialism], der das Fetialenritual nur psychologisch deutet – ein infolge der vielen aggressiven Kriege entstehendes schlechtes Gewissen habe beruhigt werden sollen –, nimmt RÜPKE den religiösen Inhalt der Rituale ernst, bindet sie aber zugleich in die soziopolitischen Gegebenheiten in Rom ein.

Die reichhaltigen Forschungen zum römischen Triumph konzentrierten sich zunächst auf die Frage des Ursprungs, so z. B. in der umfangreichen Studie von VERSNEL [4.3: *Triumphus*]. Dieser betrachtete ihn aus der Perspektive der vergleichenden Religionswissenschaft und erblickte seinen Ursprung in den Neujahrsriten, wie sie in Ägypten, dem Orient und Griechenland, aber auch in Etrurien gepflegt wurden. Ursprünglich habe es sich dabei um ein zyklisches Ritual gehandelt, bei dem die Erscheinung des neugeborenen oder wiedergekehrten Gottes gefeiert und Glück und Wohlstand für das neue Jahr erfleht wurden. Die etruskischen Neujahrsriten hätten in Rom sowohl für die *ludi Romani* als auch für den Triumph Pate gestanden, doch während Erstere den zyklischen Charakter konserviert hätten, habe sich Letzterer zu einem rein politischen Fest weiterentwickelt. Die etruskischen Ursprünge und zugleich die Säkularisierung des Triumphes seien im Ornat noch ablesbar: Bei etruskischen Triumphatoren habe er auf Jupiter verwiesen, während dieser religiöse Bezug im römischen Kontext verloren gegangen sei.

Ursprünge des Triumphes

Die sehr spekulative Suche nach den Ursprüngen ist inzwischen in den Hintergrund getreten, neuere Arbeiten fragen zumeist nach der Funktion und der Bedeutung des Triumphes für die römische Gesellschaft. FLAIG [4.3: Ritualisierte Politik 32–48] nimmt eine semiotische Analyse vor und interpretiert das Ritual als einen Austausch von Kapital: Während der Imperator der *res publica* Beute, Gefangene und unversehrt zurückgekehrte Soldaten übergeben habe, habe der Senat mit der Bewilligung des Triumphes anerkannt, dass dem Imperator ein entscheidender Anteil am Sieg über die Feinde zukomme. Je größer die Dimensionen der Kriege wurden, desto größer seien auch die Triumphe und damit auch die siegreichen Feldherrn geworden; das Ritual des Triumphzugs sei damit wesentlich verantwortlich für das zentrale Problem der Späten Republik, dass einzelne herausragende Aristokraten nicht mehr in die Senatsaristokratie integriert werden konnten.

Bedeutung des Triumphes

ITGENSHORST [4.3: *Tota illa pompa*] hingegen plädiert dafür, dass die Bedeutung des Triumphes in republikanischer Zeit noch umstritten gewesen sei. Sie nimmt dafür zunächst eine quellenkritische Weichenstellung vor, indem sie den Quellenwert von Dionysios von Halikarnassos, Cassius Dio und anderen kaiserzeitlichen Autoren für den republikanischen Triumph in Frage stellt: Diese hätten einen Idealtypus des

Zuverlässigkeit der Überlieferung

Triumphes konstruiert, jedoch wenig verwertbare Informationen über konkrete Fälle republikanischer Zeit überliefert. Aus einer Analyse der literarischen, epigraphischen und archäologischen Überlieferung republikanischer Zeit zieht ITGENSHORST den Schluss, dass der Triumph keineswegs als Höhepunkt einer politischen Laufbahn gegolten habe; sowohl in der Selbstdarstellung der Feldherren selbst als auch im Gedächtnis der Familie sei der Imperatorentitel wichtiger als der Triumph gewesen; erst unter Augustus habe sich die Auffassung durchgesetzt, ein Triumph sei die höchste aller Ehrungen für einen Römer gewesen.

Auch das Werk von BEARD [4.3: Roman Triumph] zielt darauf ab, gängige Vorstellungen eines genau geregelten Triumphes zu dekonstruieren: Die Route des Triumphes sei in republikanischer Zeit nicht festgelegt gewesen, der Ornat des Triumphators könne nicht präzise rekonstruiert werden, und dass hinter diesem ein Sklave gestanden habe, der ihn fortwährend an seine Menschlichkeit erinnert habe, sei eine moderne Fiktion. Wie ITGENSHORST warnt BEARD vor einer einseitigen Fokussierung auf die großen Triumphe und bezieht die Triumphe zweiten und dritten Ranges ein, bei denen nur wenige Beutestücke und Gefangene präsentiert wurden. In ihren Augen war der Triumph weniger ein orthodoxes Ritual, sondern vielmehr ein Experimentierfeld, z. B. für die visuelle Repräsentation politisch-militärischer Erfolge. Dabei konnten nach BEARD Triumphe auch kontraproduktiv wirken, beispielsweise wenn der besiegte feindliche Feldherr vom römischen Volk positiver wahrgenommen wurde als der siegreiche Imperator.

Triumph als Experimentierfeld

Gegen die Skepsis von ITGENSHORST und BEARD plädiert ÖSTENBERG [4.3: Staging the World] für die Zuverlässigkeit der Überlieferung, insbesondere von Livius. Sie konzentriert sich auf die performativen Aspekte des Triumphes, vor allem auf die Präsentation von Beute und Gefangenen: Ihre Methode, den Triumphzug in einzelnen Sequenzen zu zerlegen und für jede dieser Sequenzen die gesamte Überlieferung heranzuziehen, führt zum Ergebnis, der Triumph sei ein stabiles Ritual gewesen. Auch die Wahrnehmung durch das römische Publikum sei einheitlich gewesen: Der Triumph habe die siegreichen Römer von der Außenwelt abgegrenzt, indem allen vor Augen geführt wurde, welche Beute von fremdem in römischen Besitz übergegangen und welche Gegner unter das römische Joch gezwungen worden seien. Eine gründliche Auseinandersetzung mit den genannten Arbeiten, die einen skeptischeren Umgang mit den Quellen pflegten und die Existenz eines einheitlichen und harmonischen Triumphes in republikanischer Zeit bestritten, fehlt bei ÖSTENBERG jedoch.

Zeitpunkt der Triumphe

BASTIEN [4.3: Triomphe Romain] untersucht in der Tradition von VERSNEL die Ursprünge des Triumphes und sucht dessen Thesen zu belegen, indem er auf den Zeitpunkt vieler überlieferter Triumphe verweist. Dass diese häufig im März stattfanden, ist nach BASTIEN ein Indiz für den Ursprung des Triumphs in Neujahrsriten – das römische Jahr begann im März. Allerdings ist für dieses Phänomen auch eine andere Erklärung möglich, da die Konsuln in dieser Jahreszeit nach Rom zurückkehrten. Ein wichtiges Verdienst der Arbeit ist die gründliche Untersuchung der Triumphalfasten, in der BASTIEN die schon zuvor in der Forschung geäußerten Zweifel an zahlreichen der überlieferten Triumphe gut zu untermauern weiß.

Hinsichtlich derjenigen Feldherren, die nicht triumphierten, sondern unterlagen, ist die Studie ROSENSTEINS [4.3: *Imperatores Victi*] von großer Bedeutung. ROSENSTEIN vertritt die These, dass militärische Niederlagen keine nachteiligen Auswirkungen auf die politische Karriere römischer Senatoren hatten; dies versucht er durch eine umfangreiche Prosopographie republikanischer Feldherren zu belegen. Der Nachweis fällt nicht gänzlich überzeugend aus, da viele Quellen ohne ausreichende Reflexion gegen ihren Wortlaut umgedeutet werden, damit sie die Generalthese bestätigen. Jedoch ist ROSENSTEIN darin Recht zu geben, dass er den römischen Umgang mit unterlegenen Feldherren als erklärungsbedürftiges Phänomen einordnet: Manche Konsuln, die verheerende Niederlagen erlitten hatten, wie z. B. Marcus Terentius Varro bei Cannae, wurden in Rom äußerst nachsichtig behandelt, während sie in anderen antiken Kulturen mit der Hinrichtung oder zumindest schweren Strafen hätten rechnen müssen.

Unterlegene Feldherren

4.4 Das Heer in den Bürgerkriegen der Späten Republik

Die Quellenzeugnisse zur Größe einer Legion sind auch in der Späten Republik uneinheitlich. In der Forschung geht man zumeist davon aus, dass die Sollstärke der neuen, in Kohorten untergliederten Legion mit 4800 Soldaten im früheren Rahmen blieb [4: KEPPIE, Making 64f.], es wird aber auch die These vertreten, Marius habe die Zahl der Soldaten einer Legion auf 6000 erhöht [DE LIGT, Roman Manpower and Recruitment During the Middle Republic, in: 4: ERDKAMP, Companion, 114–131, hier 115]. Einigkeit besteht hingegen darin, dass der Übergang vom Manipel zur Kohorte als jahrzehntelanger Prozess, nicht als abrupter Wechsel erfolgte. BELL [4.4: Tactical Reform] sieht die Kohorte, die von Polybios erstmals im Zusammenhang mit Scipios Feldzug in Spanien 206 v. Chr. erwähnt wird (Pol. 11,23,1), als Antwort auf die Besonderheiten des spanischen Kriegsszenarios, das von mühseligen Guerillakämpfen, weniger von großen Schlachten geprägt war. Darauf habe man mit der Einteilung der Legion in Kohorten reagiert, was nicht nur zur Bildung größerer taktischer Einheiten als zuvor, sondern auch zu einer kompakteren Aufstellung der ganzen Legion geführt habe. Für offene Feldschlachten, wie sie vor allem gegen die Heere hellenistischer Könige ausgefochten wur-

Aufbau der Legion

Einführung der Kohorte

den, sei die Manipulartaktik hingegen nach wie vor wirksam gewesen. Die *velites* seien nach BELL nicht von Marius abgeschafft worden, sondern erst von Lucullus auf dessen Feldzügen gegen Mithridates (74–66 v. Chr.). Während BELL die Veränderung allein unter taktischen Gesichtspunkten betrachtet, betont KEPPIE [4: Making of the Roman Army 63–67] den Zusammenhang mit der veränderten Rekrutierungspraxis: Die Abkehr vom Prinzip, dass jeder Legionär seine Ausrüstung selbst mitbringen musste, habe die Möglichkeit zu einer Vereinheitlichung eröffnet, so dass die Differenzierung in *hastati*, *principes* und *triarii* habe abgeschafft werden können. GOLDSWORTHY [1: Roman Army] sucht die Gründe dafür, dass sich die Kohorte als taktische Einheit durchsetzte, in der Befehlsübermittlung: Denn der Legionskommandant sei durch die Reduzierung der Einheiten von 30 auf zehn in die Lage versetzt worden, den Einheiten auch im Gefecht Befehle zu erteilen. Dadurch sei die taktische Flexibilität erhöht worden, was vor allem an Caesars Kriegsschilderungen ablesbar sei.

Während die taktischen Entwicklungen von der Forschung nur am Rande untersucht wurden, schenkte man der veränderten Rekrutierung viel Aufmerksamkeit; der Fokus lag dabei vor allem auf der Frage nach den Ursachen des Wandels. Nach der traditionellen Ansicht [z. B. 4.4: TOYNBEE, Hannibal's Legacy; 4.4: HOPKINS, Conquerors and Slaves 29f.] sei es im 2. Jahrhundert v. Chr. zu einer Krise des italischen Kleinbauerntums und einer Schwächung der römischen Wehrkraft gekommen:

„Wehrkrise"? Die Verwüstungen des 2. Punischen Krieges, vor allem aber die lange Abwesenheit wegen der Kriege in Übersee hätten viele Bauern in wirtschaftliche Schwierigkeiten gebracht, die letztlich zum Verkauf der Höfe an Großgrundbesitzer geführt hätten; diese hätten riesige, von Sklaven bewirtschaftete Latifundien eingerichtet. Von dieser Sichtweise ist man in den letzten Jahrzehnten aus einer Reihe von Gründen abgekommen: Archäologische Feldforschungen konnten keine Belege für ein Sterben der Kleinbauernhöfe liefern, und es gibt auch keine Zeugnisse dafür, dass die Abwesenheit der Hofbesitzer zu verspäteten Ernten oder anderen Nachteilen in der Bewirtschaftung geführt hätten [4.2: ROSENSTEIN, Rome at War 50–52]. Es ist auch darauf hingewiesen worden [4.4: RICH, Supposed Manpower Shortage; DE LIGT, Roman Manpower], dass es im 2. Jahrhundert v. Chr. wohl zu keiner Zeit einen Mangel an Rekruten gegeben habe. Auch bezüglich der sozialen Zusammensetzung des rö-

Proletarisierung mischen Heeres werden inzwischen die Kontinuitäten betont; man geht der Armee davon aus, dass bereits vor Marius die ärmere Landbevölkerung überproportional stark in der Armee vertreten gewesen sei [4.4: GABBA, Esercito 3–30; 4.1: BRUNT, Roman Manpower 403–308. 635–668]. Auch nach dem Übergang zum Freiwilligenheer kam die überwältigende Mehrheit der Legionäre aus ländlichem Milieu. Wenn es das politische Ziel gegeben haben sollte, die ärmsten Schichten der stadtrömischen Plebs zu

Soldaten zu machen und damit den sozialen Druck in der Hauptstadt zu verringern, wurde es nicht erreicht [4.4: GABBA, Esercito 56-61].

Die Begriffe „Heeresklientel" oder „Heeresgefolgschaft" werden in der Folge VON PREMERSTEINS (s.u. Kap. II.5.4) häufig im Zusammenhang mit den postmarianischen Legionen benutzt, doch sie sind nicht unproblematisch; denn dass die Soldaten ihrem Feldherrn folgten, war in der Späten Republik kein Automatismus, vielmehr wurden sie sich ihrer politischen Macht zunehmend bewusst. Selbst Caesar, dem die Soldaten auf seinen gallischen Feldzügen und im Bürgerkrieg auch unter strapaziösen Umständen zumeist willig folgten, sah sich bisweilen mit dem Unwillen der Truppen konfrontiert; Feldherren, die weniger geschickt im Umgang mit ihrem Heer waren, wie z. B. Lucius Licinius Lucullus, scheiterten trotz militärischer Erfolge an Meutereien in ihrem Heer. Die Erforschung des Heeres als eines Subjekts der römischen Politik begann mit BOTERMANN [4.4: Soldaten], die in einer sehr gründlichen, allerdings auf den engen zeitlichen Rahmen der Jahre 44/43 v. Chr. begrenzten Studie untersuchte, unter welchen Umständen sich die Soldaten als loyal erwiesen bzw. meuterten oder desertierten. Dabei spielten materielle Motive, so BOTERMANN, eine sehr wichtige Rolle, aber nicht die einzige: Zwar hätten die Veteranen Caesars dessen Erben Octavian auch deswegen unterstützt, weil sie sich um die von Caesar bewilligten Vergünstigungen sorgten, aber auch der Wunsch nach Rache für ihren ermordeten Feldherrn sei wichtig gewesen.

„Heeresklientel"

Mehrere Arbeiten haben die Fragestellungen BOTERMANNS aufgenommen und die soldatischen Handlungsmuster in der Zeit zwischen Marius und Caesar nachgezeichnet. ERDMANN [4.4: Rolle des Heeres] kann zeigen, dass die von BOTERMANN beobachtete politische Aktivität der Soldaten bereits vor Caesars Ermordung einsetzte; ihre Studie leidet allerdings darunter, dass ohne Begründung von einem „Berufsheer" gesprochen wird, das von der zivilen Gesellschaft strikt geschieden gewesen sei; Reflexionen über das Verhältnis von soldatischer Identität zu Bürgeridentität fehlen [dazu 4.4: DAHLHEIM, Armee eines Weltreiches 198–200]. DE BLOIS [4.4: Roman Army] hebt besonders die Bedeutung der Zenturionen und Militärtribunen hervor, die als Mittler zwischen der Führung und den Mannschaften fungierten und für die Aufrechterhaltung der Disziplin in kritischen Situationen verantwortlich waren. Wenn Feldherren es nicht verstanden, diese Ränge an sich zu binden, konnte es leicht zu Meutereien kommen. Für HARMAND [4.4: Armée et soldat 278–299] dienen diese Meutereien als Belege für die schlechte Disziplin spätrepublikanischer Heere, vor allem in der Zeit zwischen dem Bundesgenossenkrieg und dem 1. Triumvirat. Erst Caesar habe ein besseres Verständnis für die sozialen Nöte der Soldaten an den Tag gelegt, womit sich die Anhänglichkeit seiner Soldaten erklären lasse. Allerdings konzentriert sich HARMAND zu einseitig auf materielle Bedürfnisse, wäh-

Soldaten als Subjekt der Politik

Meutereien

rend DE BLOIS wie BOTERMANN auch das Statusempfinden einbezieht und damit besser erklären kann, warum es manchen Feldherren gelang, die Disziplin im Heer auch in kritischen Situationen aufrecht zu erhalten, während andere an dieser Aufgabe scheiterten.

Veteranenversorgung   Grundlegend zur wirtschaftlichen Situation der Soldaten ist SCHNEIDER [4.4: Veteranenversorgung], der die Entwicklung des Soldes, die mögliche Bereicherung durch Beute und die Zuwendungen nach der Entlassung aus dem Heer berücksichtigt; trotz dieser verschiedenen Möglichkeiten, die materielle Situation zu verbessern, sei nur wenigen Römern ein sozialer Aufstieg durch den Legionärsdienst gelungen. Die Größe der Parzellen, die Veteranen bei ihrer Ansiedlung erhielten, lag zwischen zwei und 200 *iugera* (1 *iugerum* ~ 0,25 ha), zumeist bei 20 bis 50 *iugera*. Ähnliche Zahlen gibt KEPPIE [4.4: Colonisation] an, der eine genaue Aufstellung der überlieferten Veteranenansiedlungen liefert.

Gegen die Vorstellung, Sulla habe eine strikte Trennung zwischen dem zivilen Konsulat und der mit Truppenkommandos verbundenen Promagistratur vorgenommen, hat jüngst BLÖSEL [4.4: Demilitarisierung] Stellung bezogen; er führt dazu einige Konsuln an, die bereits vor Ablauf ihrer
Militärische   Amtszeit in die Provinz gingen. Des weiteren untersucht BLÖSEL diejenigen Senatoren, die nach ihrer Prätur die Verwaltung einer Provinz und damit ein militärisches Kommando verweigerten; er kann zeigen, dass dies nicht als Ausdruck eines generellen politischen Desinteresses zu erklären sei, da die betreffenden Personen häufig das Konsulat errangen. Vielmehr zeige sich hier, dass die Heerführung im Vergleich zu anderen politischen Handlungsfeldern, vor allem dem Prozesswesen, an Bedeutung verloren habe. In dieser Hinsicht kann man für die Späte Republik eine ambivalente Entwicklung beobachten: Auf der einen Seite wurden die großen Konflikte innerhalb der römischen Nobilität nicht mehr in den politischen Institutionen, sondern auf dem Schlachtfeld entschieden, so dass für die ehrgeizigsten unter den Senatoren ein eigenes Heer unbedingt notwendig war; in der Breite hingegen verlor die römische Führungsschicht an militärischer Kompetenz.

5. Römische Kaiserzeit

Quellen   Die Quellenlage ist für die kaiserzeitliche Armee bedeutend besser als für die republikanische [s. die Auswahl bei 1: CAMPBELL, Roman Army]. Die Ursache liegt in den veränderten Strukturen: Das Heer der Kaiserzeit war in festen Lagern stationiert, die archäologisch sehr gut erforscht sind, ebenso wie die Grenzanlagen; auch bildeten die kaiserzeitlichen Berufssoldaten eine eigene gesellschaftliche Gruppe, die in der epigraphischen Überlieferung klar zu greifen ist. Auch die Administration der

Armee hat zahlreiche Zeugnisse hinterlassen, etwa die Militärdiplome [5: ECK/WOLFF, Heer und Integrationspolitik]. Obwohl die literarischen Quellen, vor allem Flavius Josephus und Tacitus, auch für die Kaiserzeit eine wichtige Rolle spielen, wird die militärgeschichtliche Forschung in dieser Epoche im Wesentlichen auf der Grundlage der archäologischen und epigraphischen Zeugnisse bestritten.

5.1 Entstehung und Struktur des kaiserzeitlichen Berufsheeres

Eine ausführliche, mehrere Phasen unterscheidende Darstellung der augusteischen Heerespolitik liefert KEPPIE [4: Making 132–171], der die Leistung des Augustus relativiert, indem er die Kontinuitäten zur Bürgerkriegszeit betont. Doch so richtig die Feststellung ist, dass Augustus seine Berufsarmee nicht aus dem Nichts schuf und seine Reformen nicht nur durch gestalterischen Willen, sondern auch durch vielerlei Zwänge bedingt waren, z. B. die Notwendigkeit einer soliden Finanzierung, haben doch andere zu Recht betont, dass einige wichtige Weichenstellungen weder durch die Bürgerkriegszeit festgelegt noch selbstverständlich waren: beispielsweise die Trennung des Landheeres in Legionen und *auxilia* oder die Differenzierung in Prätorianergarde und Grenztruppen [5: LE BOHEC, Römische Armee 207–209]. RAAFLAUB [5.1: Militärreformen] bezeichnet die Neuordnung des Heeres als wichtigsten Baustein bei der Errichtung des Prinzipats; oberstes Ziel sei es demnach gewesen, die *politische* Bedeutung der Legionen zu beschneiden, ein Ziel, dem die Verkleinerung des Heeres und die Aufteilung der Armee in viele Standorte geschuldet waren. Die Reform sei erfolgreich gewesen, weil die neue Ordnung die materiellen Bedürfnisse und die Statusinteressen der Soldaten befriedigt habe und die Truppenbefehlshaber bis zum Ende der julisch-claudischen Epoche die beste Möglichkeit für eigenes Fortkommen im loyalen Dienst für den Kaiser gesehen hätten.

<small>Ziele der Heeresreform</small>

Einen Überblick über die Einheiten der römischen Armee bietet LE BOHEC [5: Römische Armee 36f. 234f.], der die Stärke des römischen Heeres zur Zeit des Tiberius auf ungefähr 300 000 Mann beziffert; die Armee wuchs allerdings im Verlauf des Prinzipats an und überschritt um die Mitte des 2. Jahrhunderts die Marke von 400 000 Soldaten [z. B. ECK, Friedenssicherung und Krieg in der römischen Kaiserzeit. Wie ergänzt man das römische Heer?, in: 5.1: EICH, Verwaltung, 87–110, hier 88–90]. Zur Geschichte der Legionen war lange Zeit der RE-Artikel von RITTERLING [5.1: *Legio*] maßgeblich, bis er in einem großen Gemeinschaftsunternehmen aktualisiert wurde [5.1: LE BOHEC/WOLFF, Légions de Rome]: Der erste Band enthält Einzeldarstellungen für jede Legion, der zweite Band behandelt übergreifende Aspekte, beispielsweise die ikonographische Re-

<small>Heeresgröße</small>

präsentation der Legionen oder die Architektur der Legionslager. Um einen Überblick über die Dislokation der Truppen im Römischen Reich zu gewinnen, ist die neuere Untersuchung von FARNUM [5.1: Positioning] sehr nützlich: FARNUM liefert zahlreiche Tabellen und Karten, in denen sich insbesondere die Verschiebung von Truppenmassen zwischen Augustus und Diokletian gut erkennen lässt, allerdings sind die Belege sehr spärlich gehalten und manche Angaben widersprüchlich.

Dislokation

Für die *auxilia* ist CHEESMAN [5.1: *Auxilia*] immer noch ein unverzichtbares Standardwerk, auch wenn es in vielen Punkten durch neuere epigraphische Forschungen überholt ist. Als Materialsammlung ist HOLDER [5.1: Studies on the *Auxilia*] wichtig, vor allem wegen der Liste der Militärdiplome von Augustus bis Trajan und der darauf basierenden Prosopographie. SADDINGTON [5.1: Development of Auxiliary Forces] behandelt den Übergang von der ungeregelten Aushebung von Hilfstruppen während der Republik hin zu den regulären *auxilia* der Kaiserzeit; neben den augusteischen Reformen sieht er Einschnitte unter Claudius und Vespasian. Trotz aller Standardisierung blieben allerdings die regionalen Unterschiede groß; so wurden in manchen Fällen *auxilia* mit der Zielsetzung ausgehoben, bestimmte Legionen zu unterstützen, während in anderen keine solche Kopplung zwischen Legion und Hilfstruppen zu beobachten ist.

auxilia

Wichtig für die kaiserzeitliche Flotte ist nach wie vor das Werk von STARR [5.1: Roman Imperial Navy]. Seine Position, dass die augusteische Flotte nicht mit kaiserlichen Sklaven und Freigelassenen, sondern mit freien Peregrinen bemannt worden sei, hat sich in der Forschung durchgesetzt [vgl. 5.1: KIENAST, Kriegsflotten 9–47]. Dies ändert aber nichts am niederen Rang der Flottensoldaten, wie man daran ablesen kann, dass unter ihnen noch weniger römische Bürger zu finden sind als unter den *auxilia*; auch konnte STARR zeigen, dass die wenig romanisierten Reichsteile, vor allem Ägypten, die größten Kontingente an Flottensoldaten stellten. Während STARR einen breiten Überblick über die Flotte liefert, konzentriert sich KIENAST auf einzelne ausgewählte Problemfelder; neben der Rechtsstellung der Flottensoldaten behandelt er die politische Bedeutung der Flotte, die im 1. Jahrhundert groß war: Nach KIENAST [5.1: Kriegsflotten 48–81] bemühten sich mehrere Kaiser sehr um die Unterstützung der italischen Flottenmannschaften, da diese rasch in Rom eingreifen und somit ein gewisses Gegengewicht zu den Prätorianern bilden konnten. Zu neueren Forschungen, insbesondere zu den provinzialen Flotten, siehe SADDINGTON [5.1: *Classes*].

Flotte

Hinsichtlich der Administration des Heeres hat jetzt ein von EICH [5.1: Verwaltung der kaiserzeitlichen Armee] herausgegebener Tagungsband der Forschung wichtige Impulse verliehen. Der Band stellt sich gegen die in der Forschung diskutierte Alternative einer entweder „staatlichen" oder „privatwirtschaftlichen" Versorgung, und betont das Nebeneinander und die Verflechtungen zwischen beiden Modi; auch wird das Heer nicht nur als Objekt der Administration, sondern als Verwaltungssubjekt untersucht. In dieser Optik erscheint das Heer als ein Motor der Entwicklung komplexer Verwaltungsstrukturen im Römischen Reich.

<small>Heer als Verwaltungssubjekt</small>

Für die Befehlsstruktur ist die durch VON DOMASZEWSKI [5.1: Rangordnung] erstellte Übersicht über die möglichen Karrieren in den einzelnen Truppenteilen von großem Wert. ALFÖLDY [5.1: Generalität] behandelt ein allgemeines Problem, das sich den Kaisern bei der Ernennung von Truppenführern stellte: Die Statusorientierung der römischen Gesellschaft erforderte es, dass alle höheren Posten in der Armee, mit Ausnahme des Prätorianerpräfekten und des Präfekten Ägyptens, mit Senatoren zu besetzen waren. Unter diesen fähige Befehlshaber zu finden war nicht einfach, zumal es keine Offiziersschulen gab. Die Lösung bestand nach ALFÖLDY darin, dass Kaiser begabte junge Senatoren, zumeist solche ohne namhafte Vorfahren, gezielt förderten; seit dem 2. Jahrhundert wurden vermehrt fähige Ritter zu Senatoren ernannt und anschließend in hohe Kommandoposten eingesetzt.

<small>Generäle</small>

5.2 Rekrutierung und Alltag der Soldaten

Die Grundlagen für die Erforschung der Rekrutierungspraxis sind in den 1950er Jahren gelegt worden [für die Legionen: 5.2: FORNI, Reclutamento; für die Auxiliartruppen: 5.2: KRAFT, Rekrutierung]. In der Folge entstanden für einzelne Truppeneinheiten detaillierte Untersuchungen [5.2: LE BOHEC, IIIème Légion], so dass sich für die regionale und soziale Herkunft der Soldaten recht präzise Angaben machen lassen: Eine nach Provinzen gegliederte Übersicht liefert MANN [5.2: Legionary Recruitment], eine gute Zusammenfassung LE BOHEC [5: Römische Armee 74–114]. Die römische Armee ist die bestdokumentierte Großgruppe der Antike, und schon MOMMSEN sah – bei aller methodischen Vorsicht – hier eine Möglichkeit, sich über Statistiken den historischen Prozessen zu nähern [dazu 5.2: SCHEIDEL, Rekruten und Überlebende 232].

<small>Statistische Methoden</small>

Die These einer „Verbäuerlichung" der römischen Armee seit dem 2. Jahrhundert, die ROSTOVTZEFF [5.2: Social and Economic History 495–500] formuliert hatte – dieser sah im Bürgerkrieg von 238 einen Klassenkampf zwischen den Soldaten-Bauern und den Zivil-Städtern –, ist inzwischen widerlegt. In der kaiserzeitlichen Armee ist entgegen der Annahme ROSTOVTZEFFS zu keiner Zeit ein Klasseninteresse wahrnehmbar, und der Anteil von Soldaten aus dem städtereichen Italien nahm zwar vom 1. zum 3. Jahrhundert ab, wie bereits FORNI [5.2: Reclutamento 65-75; vgl. auch 5.2: MANN, Legionary Recruitment] nachweisen konnte; doch gleichzeitig erfolgte im römischen Reich ein Urbanisierungsprozess, so dass der Anteil von Soldaten städtischer Herkunft in etwa gleich ge-

<small>Soziale Herkunft der Rekruten</small>

blieben sein dürfte. In der *legio III Augusta* nahm der Anteil von Soldaten aus Hafenstädten im Verlauf des 2. Jahrhunderts ab, die Rekruten aus den Grenzprovinzen hingegen gewannen zahlenmäßig an Bedeutung – bei diesen wird es sich häufiger um Söhne von Soldaten gehandelt haben [LE BOHEC, IIIème Légion].

Regionale Rekrutierung

Im ganzen Reich nahm die lokale Rekrutierung im Verlauf der Kaiserzeit zu. Doch KRAFT [5.2: Rekrutierung 139] konnte gegen MOMMSEN [5.2: *Militum provincialium patriae*] auch Fälle aus der ersten Hälfte des 1. Jahrhunderts anführen. Auch ist die Ansicht MOMMSENS, die Verlagerung der Rekrutierung in die Stationierungsregionen sei auf kaiserliche Initiative zurückzuführen – er sah vor allem Vespasian, Hadrian und Septimius Severus als Neuerer – inzwischen durch die Vorstellung eines langsamen und fließenden Prozesses ersetzt worden [so schon 5.2: FORNI, Reclutamento 85–102]. Auch sind vielfältige Sonderfälle konstatiert worden: Aus Gallien sind offenbar viele Rekruten nach Africa geschickt worden, Ägypten stellte zahlreiche Flottensoldaten.

Zwei miteinander verknüpfte Forschungsprobleme betreffen den Jahresbedarf der Armee an neuen Rekruten und die Zahl der Entlassungen.

Bedarf an Rekruten

Aus der 25-jährigen Dienstzeit, wie sie im frühen Prinzipat üblich wurde, errechnet sich ein jährlicher Bedarf von 4 % der Sollstärke, folglich von 240 Mann pro Legion, wenn man diese mit 6000 Mann ansetzt [5.2: FORNI, Reclutamento 30; 5.1: ECK, Friedenssicherung und Krieg 92f.]. Allerdings berücksichtigt diese Rechnung nicht die Todesfälle während der Dienstzeit; SCHEIDEL [5.2: Rekruten und Überlebende] kommt aufgrund umfassender statistischer Untersuchungen zum Ergebnis, dass selbst in Friedenszeiten nur die Hälfte eines Jahrgangs die Entlassung erlebte, während schwerer Kriege war die Mortalitätsrate natürlich noch weit höher.

Wehrpflicht und Freiwillige

Die Wehrpflicht bestand in der Kaiserzeit fort, sowohl für römische Bürger als auch für Peregrine, und sie galt nicht nur auf dem Papier, sondern hatte praktische Auswirkungen. Es ist vor allem BRUNTS [5.2: Volunteering and Conscription] Verdienst, frühere Vorstellungen einer reinen Freiwilligenarmee [so noch 5.2: MANN, Legionary Recruitment 50 mit Anm. 548] relativiert zu haben: BRUNTS These, dass zwar in der Regel die Freiwilligen (*voluntarii*) ausreichten, bei erhöhtem Truppenbedarf jedoch auch zu Aushebungen (*dilectus*) gegriffen wurde, ist inzwischen Konsens. Während BRUNT selbst auf die in der literarischen Überlieferung bezeugten Aushebungen in Notsituationen hinwies, z. B. nach der Niederlage des Varus, konnten neuere epigraphische Untersuchungen die Praxis schärfer konturieren. ECK [5.1: Friedenssicherung und Krieg 95–100] zeigte anhand einer Gruppe von Militärdiplomen, wie 133/134 in Thrakien Tausende von Soldaten für den Flottendienst in Misenum ausgehoben wurden. Sie wurden dort benötigt, um Lücken zu füllen, denn die Mannschaften von Misenum waren in großer Zahl in den Osten abkommandiert worden, um an der Niederschlagung des Bar-Kochba-

Aufstandes mitzuwirken. Für diesen Einsatz brauchte man Männer mit militärischer Erfahrung, weshalb man hier nicht auf die Neuanwerbung römischer Bürger setzte. Stattdessen ordnete man die Flottenmannschaften – unter Verleihung des römischen Bürgerrechts – in die Legionen ab und rekrutierte zum Ersatz Peregrine, die langsam an die Aufgaben in der Armee herangeführt werden konnten, da sie sich in Misenum keinen akuten militärischen Herausforderungen stellen mussten. Auch andere von Eck herangezogene Beispiele legen nahe, dass die Peregrinen weit stärker von Zwangsaushebungen betroffen waren als die römischen Bürger.

<small>Rekrutierung in Notsituationen</small>

Aber auch in den Legionen gab es Soldaten, die sich nicht freiwillig gemeldet hatten, sondern zwangsrekrutiert worden waren. Dies führt zur Frage, warum Desertionen, die in anderen Armeen mit langer Dienstzeit und einem gewissen Anteil an Zwangsrekrutierten häufig vorkamen, in der römischen Armee kein signifikantes Problem darstellten. Die Behandlung dieser Frage ordnete Flaig [5.2: Den Kaiser herausfordern 131–173] in eine Analyse der Soziologie der römischen Legionen ein. Das Berufsheer der Kaiserzeit bezeichnet er als „totale Organisation", die vom Rest der Gesellschaft weitgehend abgeschottet gewesen sei und in der alle regionalen und sozioökonomischen Zuordnungen hinter der Identität als Soldat verschwanden. Die intensive Sozialisation der Rekruten habe dazu geführt, dass die Unterschiede zwischen den Freiwilligen und den Zwangsrekrutierten eingeebnet worden seien. MacMullen [5.2: Legion as Society] führte die hohe Kampfmoral römischer Truppen gemäß der so genannten Buddy-Theorie, die in bezug auf moderne Armeen entwickelt wurde, auf die Solidarität innerhalb der Kleingruppe zurück, die durch das gemeinsame Lagerleben eine enge emotionale Bindung entwickelt habe. Flaig hingegen sieht den Grund in der Internalisierung eines rigiden Ehrenkodexes: Er verweist hier auf die Vielzahl von Auszeichnungen und Strafen, die permanent die Leistungsstandards in der Armee verdeutlichten, und auf die für antike Verhältnisse beispiellose Bedeutung der Feldzeichen: Diese symbolisierten die Ehre einer Einheit, deren Verlust war folglich eine Schande für alle betroffenen Soldaten. Die Kampfmoral habe sich folglich nicht allein an den unmittelbar bekannten Kameraden ausgerichtet, sondern sei auf die Armee als Organisation bezogen gewesen.

<small>Soziologie der Legionen</small>

<small>Gründe für hohe Kampfmoral</small>

Die hohe Bedeutung der Zenturionen ergab sich nach Flaig [Den Kaiser herausfordern 144–152] aus dem Umstand, dass die Legionskommandanten militärische „Amateure" waren, da zivile und militärische Karrieren nicht getrennt waren. Unterhalb des Zenturionats gab es eine Fülle von Posten, Breeze [5.2: Career Structure] schätzt diese auf etwa 1100 pro Legion. Breeze konnte gegen von Domaszewski [5.1: Rangordnung] nachweisen, dass es eine fixe Aufstiegsleiter nicht gab, wohl aber bestimmte Regeln: So wurden die in den Quellen häufig genannten

<small>Zenturionen</small>

Posten *tesserarius*, *optio* und *signifer* zwar nicht in stereotyper Reihenfolge durchlaufen, wohl aber nacheinander, ohne dass dazwischen ein anderer Posten eingenommen wurde [vgl. 5.1: EICH, Verwaltung 14].

Tägliches Leben   Einen Einblick in das tägliche Leben der Soldaten im Nordwesten des Reiches liefern schlaglichtartig die Täfelchen aus Vindonissa/Windisch in der Schweiz und aus Vindolanda in England [dazu 5.2: WHITTAKER, Supplying the Army], aber weitaus besser ist, dank der papyrologischen Überlieferung, der Kenntnisstand für Ägypten [s. die Quellensammlung von 5.2: FINK, Military Records]; exemplarisch sei auf die Quellen für das Armeelager in Didymoi verwiesen [5.2: CUVIGNY, Didymoi]. Das Material ist von ALSTON [5.2: Soldier and Society] ausgewertet und in einen größeren Kontext eingeordnet worden. Nach ALSTON nahm Ägypten zwar in ökonomischer und administrativer Hinsicht eine Sonderstellung im Imperium Romanum ein, hinsichtlich der militärischen Strukturen aber sei es mit anderen Regionen durchaus zu vergleichen. Folglich besäßen die Ergebnisse über den Tagesablauf und die rechtliche Stellung der Soldaten in Ägypten allgemeine Relevanz. Eine Annäherung durch die experimentelle Archäologie unternahm JUNKELMANN [1: Legionen des Augustus].

  Die Verbindungen von Soldaten mit Frauen wurden von PHANG [5.2: Marriage] einer gründlichen Untersuchung unterzogen. Das von

Heiratsverbot Augustus erlassene Heiratsverbot habe nicht primär darauf abgezielt, den Söhnen von Soldaten die Legitimität zu verweigern und ihnen damit den Militärdienst und die mit ihm verbundene Aussicht auf das Bürgerrecht attraktiver zu machen; vielmehr sei es darum gegangen, die Trennung zwischen Soldaten und Zivilgesellschaft einzuschärfen. Die Auxiliarsoldaten besaßen nach der *honesta missio* einen Anspruch auf das Bürgerrecht, der auch für ihre künftigen Ehefrauen und ihre Kinder galt. Doch 140 wurde die Gesetzeslage verschärft, indem den während der Dienstzeit geborenen Kindern das Bürgerrecht verweigert wurde; nach PHANG [5.2: Marriage 333–337] bildete diese Regelung eine Reaktion auf die Praxis, dass Auxiliarsoldaten jungen Peregrinen das Bürgerrecht verschafften, indem sie diese als eigene Kinder ausgaben. Dauerhafte Bindungen gingen die Soldaten nach dem epigraphischen und papyrologischen Befund erst in den späteren Dienstjahren ein, als ihre materielle Stellung aufgrund eines höheren Soldes oder aufgrund von Erbschaften besser war. PHANG untersucht auch die homosexuellen Beziehungen von Soldaten, ebenso die überlieferten Fälle von sexueller Belästigung im Lager.

  In einigen Inschriften wird als Geburtsort von Soldaten das „Lager" angegeben (*origo castris*); was damit gemeint ist, wird in der Forschung kontrovers diskutiert. Herkömmlicherweise nahm man an, dass damit die Söhne von Soldaten bezeichnet wurden, die während der Dienstzeit mit den Konkubinen in den *canabae* gezeugt worden waren. MÓCSY [5.2: Pannonien 174–180; dagegen 5.2: VITTINGHOFF, Rechtliche Stellung] hingegen interpretierte *origo castris* als fiktive Heimatsangabe, die von denjenigen Soldaten benutzt wurde, die, als sie in die Legion eingetreten waren, lediglich den Status von Peregrinen besessen und deshalb keine legitime Herkunftsbezeichnung hätten vorweisen können.

5.3 Strategie und Taktik

Seit dem Erscheinen von LUTTWAKs Werk [5.3: Grand Strategy] gibt es eine kontroverse und weit über das Gebiet der Alten Geschichte hinausgehende Debatte über eine eventuelle „grand strategy" des römischen Reiches. Der Autor, selbst kein Historiker, sondern Berater der amerikanischen Regierung in strategischen Fragen, skizzierte nach dem Vietnam-Debakel, welche Lehren das Imperium Romanum für eine künftige „grand strategy" der USA liefern könne; unter diesem Begriff ist der Einsatz von Ressourcen – nicht nur von Truppen und Waffen, sondern auch von Geld, Infrastruktur und diplomatischen Beziehungen – im Rahmen einer umfassenden Konzeption zu verstehen. Konkret ging es für LUTTWAK um die Frage, wie die Römer ihre Grenzen verteidigten.

<small>Luttwak: Grand Strategy</small>

Dabei unterscheidet er drei Phasen römischer Grenzstrategie: Unter der julisch-claudischen Dynastie habe man die Grenzgebiete als undefinierte Zonen römischer Expansion verstanden und eine gute Balance zwischen direkter und indirekter Kontrolle unterhalten; die Klientelkönige hätten zentrale Aufgaben in der Grenzverteidigung übernommen, die römischen Ressourcen seien dadurch geschont worden. Von den Flaviern bis zu den Severern habe die römische Administration eine klare Differenzierung zwischen beherrschtem und unbeherrschtem Raum angestrebt, und deshalb seien die Grenzen des Reiches durch statische, geplante und sichtbare Verteidigungslinien gesichert worden, zumeist unter Einbeziehung von natürlichen Grenzen wie Rhein oder Donau, aber auch unter Bau von Befestigungssystemen wie dem oberrheinisch-rätischen Limes. Dieses Konzept der Grenzverteidigung sei nach LUTTWAK weniger effizient gewesen, da die Römer größere Ressourcen zur Abwehr von Einfällen hätten aufwenden müssen. Im 3. Jahrhundert schließlich sei man zu einem Verteidigungssystem in der Tiefe übergegangen: Der Feind sollte nicht mehr direkt an der Grenze zurückgeschlagen, sondern am Eindringen in die Schlüsselregionen des Reiches gehindert werden; Kern dieser elastischen Strategie sei die Stärkung der mobilen Feldarmee gewesen.

<small>Phasen der römischen Grenzverteidigung</small>

Es nimmt angesichts des Hintergrundes nicht wunder, dass das Buch von Projektionen moderner Vorstellungen in die Antike durchzogen ist. Hinter der angeblichen augusteischen Konzeption, Grenzkriege möglichst den Klientelkönigen zu überlassen und die Legionen vor allem als Drohpotenzial zu nutzen, steht die Idee, dass Flugzeugträger erst bei höheren Eskalationsstufen eingesetzt werden sollten [5.3: EICH, Wechsel

<small>Moderne Projektionen</small>

563]. Ein großes Verdienst der Arbeit ist allerdings, eine grundsätzliche Diskussion über den Charakter der römischen Grenzen ausgelöst zu haben.

Die umfassendste Kritik an LUTTWAK übte WHITTAKER [5.3: Rome and its Frontiers], der die Existenz einer „grand strategy" im Imperium Romanum bestritt: Die Römer hätten kein umfassendes Konzept zum effizienten Einsatz ihrer Ressourcen entwickelt, für eine rationale Planung der Grenzen sei kein ausreichendes Wissen vorhanden gewesen. Die Entwicklung der Grenzverläufe zeige, so WHITTAKER, kein strategisches Konzept, sondern akutes Krisenmanagement, und die Kriege der römischen Kaiser seien im Hinblick auf die Kategorien Ehre und Rache kohärent, nicht jedoch hinsichtlich ihrer geostrategischen Konzeption. Vor allem aber streicht WHITTAKER heraus, dass es zu keiner Zeit klar definierte Außengrenzen des Imperium Romanum gegeben habe, da solche dem römischen Anspruch auf Weltherrschaft widersprochen hätten [5.3: Rome and its Frontiers 30–45].

ISAAC [5.3: Limits of Empire] kritisierte LUTTWAKS Thesen von einem anderen Ausgangspunkt aus, indem er danach fragte, welche Aufgaben den einzelnen militärischen Einheiten zugewiesen wurden. Für den Osten des Reiches kommt er zum Ergebnis, dass die römische Armee weniger der Abwehr von äußeren Feinden als der Prävention gegen innere Unruhen diente; die Zersplitterung der Armee in viele kleine Militärlager habe ihre Mobilisierung für äußere Kriege erschwert, aber ihr mehr Präsenz in der Fläche verschafft, was für eine Ausrichtung der Truppen nach innen, d. h. zur Verhinderung von Aufständen in den Provinzen spreche.

Es fehlt aber auch nicht an Stimmen, die trotz Kritik an einzelnen Aussagen LUTTWAKS an der Existenz einer römischen „grand strategy" festhalten; vor allem WHEELER [5.3: Methodological Limits] argumentierte gegen WHITTAKER, dass sich den römischen Quellen durchaus eine rationale Grenzplanung entnehmen lasse. Hierzu ist allerdings festzustellen, dass die Überlieferungslage zu dünn ist, um Einblick in die Ideen der römischen Administration zu erhalten. KAGAN [5.3: Redefining Roman Grand Strategy] veränderte den Fokus und untersuchte die Truppenbewegungen; diese ließen erkennen, dass die römischen Kaiser nach rationalen strategischen Kriterien Schwerpunkte ihrer Ziele setzten. Auch EICH [5.3: Wechsel] hält an der Existenz einer „Fundamentalstrategie" – so seine Übersetzung von „grand strategy" – unter Augustus und nachfolgenden Kaisern fest, betont dabei allerdings den ökonomischen Aspekt: Bei der Einrichtung des Berufsheeres im frühen Prinzipat sei man sich bewusst gewesen, dass die hohen Kosten der Armee durch dauerhaft hohe Einnahmen gedeckt werden müssten. Die augusteischen Kriege seien als „fiskalische Erfassungskriege" zu verstehen, die den besteuerten Herrschaftsraum vergrößern sollten, Hintergrund der einzelnen Kriege sei eine Kosten-Nutzen-Analyse gewesen. In diesen Horizont wird auch die augusteische Germanienpolitik eingeordnet: Während man zunächst geglaubt habe, das Steueraufkommen des Römischen Reiches durch eine Einverleibung des Gebietes bis zur Elbe erhöhen zu können, habe man die Situation nach der Niederlage des Varus neu bewertet. Nun seien die aufzubringenden Kosten höher veranschlagt worden als der zu erwartende Gewinn, und folgerichtig habe man auf eine Eroberung verzichtet. Planungskapazität und Planungswille der römischen Administration werden in diesem Modell sehr hoch veranschlagt, das Streben der Kaiser nach militärischem Ruhm und andere innenpolitische Faktoren für Kriege hingegen nicht berücksichtigt.

Die Varusschlacht selbst hat wegen ihres festen Platzes im historischen Gedächtnis der Deutschen auch in der Forschung große Aufmerksamkeit gefunden. Großes öffentliches Interesse erregte die Lokalisierung der Schlacht, insbesondere nach den Funden von Kalkriese, wo man anhand von Skeletten und zahlreichen Kleinfunden eine Schlacht zwischen Römern und Germanen rekonstruieren konnte. Ob es sich dabei um die berühmte Varusschlacht oder ein anderes der zahlreichen Gefechte handelte, ist nach wie vor offen. Einen Überblick über diese Diskussion und über die Germanenkriege des Augustus liefert WOLTERS [5.3: Schlacht]. *Varusschlacht*

Während die Bewaffnung der römischen Truppen durch erhaltene Waffenreste und zahlreiche Reliefdarstellungen gut dokumentiert ist, gibt es nur wenige Informationen über die römische Schlachtentaktik; die Kampfschilderungen in der Geschichtsschreibung bleiben zumeist allgemein. Die ausführlichste Beschreibung einer römischen Kampfformation liefert Flavius Arrianos der unter Hadrian Statthalter in Kappadokien und in dieser Funktion mit der Abwehr von Alaneneinfällen betraut war; in seiner Schrift *Über die Schlachtordnung gegen die Alanen* schildert er den Marsch und den Schlachtplan, der Bericht über den Kampf selbst ist verloren. Die wichtigste Arbeit zu dieser Schrift ist nach wie vor BOSWORTH [5.3: Arrian and the Alani], der eine gründliche Analyse des Textes sowie eine militärhistorische Kontextualisierung vorlegte. Auffällig an Arrianos' Schlachtordnung ist die defensive Ausrichtung: Der Angriff der alanischen Lanzenreiter sollte durch massiven Beschuss der Bogenschützen und Artillerie abgeschwächt werden, die Legionen ihn wie an einer Mauer abprallen lassen – dazu wurden diese in dichter Phalanx aufgestellt und die ersten Reihen mit Piken bewaffnet. Gegen KIECHLE [5.3: „Taktik"], der darin einen Rückgriff auf die makedonische Kriegführung sah, betont BOSWORTH die Unterschiede zwischen der Phalanx Philipps II. und derjenigen Arrianos'; insbesondere fehle Letzterer ein entscheidendes Element der makedonischen Phalanx, nämlich der Stoßangriff; sie sei vielmehr für eine konkrete taktische Aufgabe entwickelt worden, die Abwehr von Lanzenreitern. *Schlachtordnung des Arrianos* *Phalanx*

Für WHEELER [5.3: Legion as Phalanx] bildete Arrianos' Schrift den Ausgangspunkt für eine eingehendere Beschäftigung mit der römischen

Phalanx. WHEELER nimmt an, dass die Phalanxformation in der römischen Kriegführung zu keinem Zeitpunkt vergessen war und parallel zur Kohortentaktik existierte. In der Kaiserzeit, als die römischen Legionen seltener gegen schwere Infanterie, häufiger dagegen gegen Reitertruppen zu kämpfen hatten, habe sich die geschlossene Formation als überlegen erwiesen; vor allem Trajan habe, so WHEELER, die Entwicklung hin zur Phalanx gefördert. Für MARSDEN [2.9: Artillery 190] bildete der von Arrianos skizzierte massive Artillerieeinsatz ein taktisches Standardelement in der römischen Schlachtenführung des 2. und 3. Jahrhunderts.

Panzerreiter Die üblichen Begriffe für die schwergepanzerten Reiter sind *catafractarii* und *clibanarii*; ausgehend von einer Inschrift aus Klaudiupolis, in der beide Begriffe genannt werden, fasste SPEIDEL [5: Army Studies II, 406-413] *catafractarii* als allgemeinen Begriff für Truppen mit schwerer Panzerung für Ross und Reiter auf, während die *clibanarii* diejenige schwere Kavallerie bezeichneten, die nach dem Vorbild von Parthern und Sassaniden mit Stoßlanze sowie Pfeil und Bogen ausgerüstet war. Dem folgt COULSTON [5.3: Tactical Developments] mit Überlegungen zum Gebrauch der – im Gegensatz zur hellenistischen Kavallerie mit beiden Händen geführten – Lanze und des Bogens auf einem ohne Steigbügel gerittenen Pferd.

5.4 Kaiser und Soldaten

Einigkeit besteht darüber, dass eine enge Verbindung zwischen der politischen Ordnung des Prinzipats und der Berufsarmee bestand und dass die Bürgertruppen, d. h. Legionen und Prätorianer, für die kaiserliche Herrschaft von elementarer Bedeutung waren. Allerdings gehen die Meinungen bei der Frage auseinander, mit welchen Kategorien diese Verbindung zwischen Kaiser und Armee erfasst werden kann.

Heeresklientel Häufig wird die Bezeichnung „Heeresklientel" oder „Heeresgefolgschaft" verwendet (vgl. o. Kap. II.4.4). Dies geht zurück auf VON PREMERSTEIN [5.4: Werden und Wesen 22-26. 73-103], der die Legionäre der Späten Republik und der Kaiserzeit als Klienten der Feldherren betrachtete: Marius habe dafür gesorgt, dass die materiellen Bedürfnisse der Soldaten befriedigt würden, die Soldaten hätten im Gegenzug die politischen Ziele des Feldherrn zu ihren eigenen gemacht. Unter Augustus schließlich sei die gesamte römische Armee zur Klientel eines Mannes geworden, des Princeps. VON PREMERSTEINS zentrales Argument ist der Gefolgschaftseid, den die Legionäre genauso wie Senatoren und andere Bürger leisten mussten: Dieser Eid sei theoretisch freiwillig gewesen und staatsrechtlich irrelevant; er habe eine personale Beziehung zwischen Soldat und Kaiser gestiftet, ein „fast familiäres Band" [5.4: Werden und Wesen 101].

CAMPBELL [5.4: Emperor 182–198] hingegen betrachtete die Legionäre der römischen Kaiserzeit als Söldner und den Kaiser als ihren Dienstherrn. Die Beziehung sei in der Regel stabil gewesen, weil der Kaiser über die Ressourcen eines Weltreichs verfügte und daher seine Truppen pünktlich und gut bezahlen konnte; aber prinzipiell sei es auch möglich gewesen, dass ein Konkurrent die Legionen mit materiellen Versprechungen auf seine Seite brachte, wie die Usurpationen zeigten. FLAIG [5.2: Den Kaiser herausfordern 164–168] hat allerdings die Schwächen dieser These deutlich gemacht, indem er die Unterschiede zwischen hellenistischen Söldnerarmeen und den kaiserzeitlichen Legionen demonstrierte: Die Kampfmoral römischer Legionäre sei, selbst in aussichtsloser Lage in Bürgerkriegen, weit höher gewesen als in Söldnerarmeen üblich, und sowohl der Sold (*stipendium*) als auch die Sonderzuwendungen (Donative) hätten neben der materiellen eine hohe symbolische Bedeutung besessen. Sie hätten eine Beziehung zwischen Kaiser und Truppen geknüpft und aktualisiert, und deshalb habe das Geld unbedingt aus der kaiserlichen Kasse stammen müssen, während bei Söldnerarmeen die Quelle des Solds unerheblich sei.

Legionäre als Söldner?

FLAIG betrachtet die römischen Bürgersoldaten als eine privilegierte Statusgruppe [5.2: Den Kaiser herausfordern 131–164], STÄCKER [5.4: *Princeps* und *miles*] schließt sich in den zentralen Punkten FLAIG an. Da sich die Legionäre in ihren Handlungen stärker an den Kameraden als an den Offizieren orientiert hätten, sei die Armee für Klientelbeziehungen unempfänglich gewesen, der strikte Ehrenkodex habe verhindert, dass die Legionen käuflich wurden. Die Beziehung zwischen Kaiser und Heer habe vielmehr darauf beruht, dass Ersterer die Bürgersoldaten als bevorzugte, ihm nahestehende Gruppe anerkannte. Während CAMPBELL die Donative als Bestechung auffasste [5.4: Emperor 190f.], interpretiert FLAIG sie als „symbolische Geschenke" [5.2: Den Kaiser herausfordern 451–469; ähnlich 5.4: STÄCKER, *Princeps* und *miles* 369–403]. Wichtig sei nicht deren Höhe gewesen, sondern dass sie überhaupt gezahlt wurden; Otho habe Galba im Jahre 69 nicht einfach überboten, sondern sich den Umstand zunutze gemacht, dass Galba sich durch seine Weigerung, den Truppen ein Donativ zu zahlen, in den Augen der Prätorianer als Kaiser disqualifiziert hatte. Ein starkes Argument von FLAIG ist außerdem, dass die Donative, wenn man sie als Bestechung auffasst, in turbulenten Zeiten mit vielen Usurpationen hätten ansteigen müssen; genau dies ist aber nicht der Fall. Auch sei es nie gelungen, einem Kaiser, dessen Ansehen bei der Armee intakt war, die Legionäre durch ein höheres Angebot abtrünnig zu machen, was den symbolischen Gehalt der Donative gegenüber der materiellen Dimension unterstreicht. Pisos Versuch, die syrischen Legionen durch Zuwendungen und Versprechungen auf seine Seite zu ziehen und gegen Germanicus in Stellung zu bringen, sei nur deshalb erfolgreich gewesen, weil man geglaubt habe, Piso handele im Auftrag des Kaisers [5.2: FLAIG, Den Kaiser herausfordern 157]; RAAFLAUB [5.1: Heeresreformen 285f.] sieht hier den Versuch eines Aristokraten, eine eigene Heeresklientel aufzubauen.

Kultstatue oder Ehrenstatue? Die Statue der Kaiser in den Lagern wird üblicherweise als Kultstatue betrachtet, deren Aufstellung für alle Einheiten obligatorisch gewesen sei [5.4: VON PREMERSTEIN, Wesen und Werden 82–85; 5.4: ALFÖLDI, Monarchische Repräsentation 67–74]. Sie habe im Fahnenheiligtum des Lagers gestanden und sei für die Vereidigung der Truppen unverzichtbar gewesen; die Statuen seien ein Instrument der Kaiser gewesen, um das Nahverhältnis zu den Soldaten zu festigen. In Zweifel gezogen wurde diese Interpretation von STÄCKER [5.4: *Princeps* und *miles* 223–291], der die Bedeutung der Kaiserstatuen relativiert: Es habe sich nicht um Kult-, sondern um Ehrenstatuen gehandelt, gesetzt worden seien sie nicht vom Kaiser, sondern von den Truppen selbst, die zur Finanzierung Sammlungen durchführten. STÄCKER verweist dafür auf den epigraphischen Befund und auf die Aufstellungsorte der Statuen: Diese befanden sich nämlich gerade nicht im Fahnenheiligtum, sondern in der Halle des Stabsgebäudes oder auf dem Lagerforum. Die Aufstellungspraxis dieser Statuen unterscheide sich damit nicht grundsätzlich vom zivilen Bereich. Für die Ableistung des Eides seien die Feldzeichen relevant gewesen, nicht die Kaiserstatuen; es sei also bei Herrscherwechseln auch nicht nötig gewesen, rasch alle Lager mit Statuen zu versorgen.

Severer Die severischen Kaiser (193–235) waren für eine besonders soldatenfreundliche Politik bekannt. Unter ihnen wurde zweimal der Sold erhöht, und der erste Kaiser dieser Dynastie, Septimius Severus, soll auf dem Totenbett zu seinen Söhnen gesagt haben: „Haltet Eintracht, bereichert die Soldaten und kümmert euch nicht um den Rest!" (Cass. Dio 77,15,2). BRUNT [5.2: Conscription and Volunteering 211] bezeichnete die Epoche der Severer als „golden age for the soldiery", und die militärhistorische Forschung hat ihr große Aufmerksamkeit gewidmet; eine zusammenfassende Betrachtung ist allerdings erst vor kurzem erschienen [5.4: HANDY, Severer und Heer]. HANDY liefert einen Überblick über die Karrieren der severischen Kaiser vor dem Herrschaftsantritt und arbeitet heraus, dass die zivile Tätigkeit zumeist im Vordergrund stand; in dieser Hinsicht seien die Severer von den nachfolgenden „Soldatenkaisern" (235–284) abzugrenzen. In die Zukunft habe hingegen ihre Heerespolitik verwiesen, denn die von den Severern eingeschlagene Richtung sei von *Organisatorische Entwicklungen* den „Soldatenkaisern" weitergegangen worden. Bei diesen Entwicklungen handelt es sich um eine markante Verstärkung der Reiterei, eine defensivere Ausrichtung der Grenztruppen mit einer zumindest phasenweise gebildeten mobilen Feldarmee, die Anwerbung von Truppen aus reichsfremden Gebieten sowie die Professionalisierung militärischer Laufbahnen, die in den Grenzregionen zu einer geschlossenen Militärgesellschaft geführt habe. Für die Armeen der „Soldatenkaiser" selbst fehlt bislang eine monographische Behandlung, die genannten Entwicklungen sind aber in einer Reihe von Spezialstudien herausgearbeitet worden [zum Forschungsüberblick s. 5.4: SPEIDEL, Heer, sowie LE BOHEC, Les aspects militaires de la crise du III siècle, in: 6: LE BOHEC/WOLFF, Armée romaine, 9–27].

5.5 Die sozioökonomische Bedeutung der Armee

Die Kosten der römischen Armee sind nicht genau zu beziffern, denn es ist zwar die Höhe des Grundsoldes für die einzelnen Truppeneinheiten bekannt, nur ungenau aber der Anteil der Soldaten, die einen erhöhten Satz bezogen. CAMPBELL [5.5: War and Society 84f. 176] schätzt, dass der Sold des römischen Heeres sich vor den severischen Erhöhungen auf mindestens 600 Millionen Sesterzen pro Jahr belief; hinzu kamen die Aufwendungen für Tiere und Futter, für Belagerungsmaschinen, Militärarchitektur und vieles andere. Im Felde stiegen die von der Armee verursachten Kosten stark an, da die Logistik schwieriger zu bewältigen war als im Lager. <!-- Kosten -->

Zur ökonomischen Bedeutung des Heeres sind besonders die Beiträge in ERDKAMP [5.5: Roman Army and Economy] wichtig. STROBEL [5.5: Vom marginalen Grenzraum] untersuchte die Folgen der römischen Truppenpräsenz an Rhein und Donau auf geostrategischer Ebene, zumeist stellt man die Auswirkung auf das Umfeld des Lagers in den Vordergrund. Es ist inzwischen vielfach nachgewiesen worden, dass die Soldaten nicht nur Abnehmer von Nahrungsmitteln und Waren, sondern selbst Produzenten waren; in Vindolanda waren an einem Tag 343 Menschen in den Werkstätten des Lagers beschäftigt [HANEL, Militär als Wirtschaftsfaktor in den Nordwestprovinzen in der frühen und mittleren Kaiserzeit, in: 5.5: HESBERG, Militär als Kulturträger, 117–146, hier 125]. Dabei wird es sich allerdings nur zum Teil um Soldaten gehandelt haben. WHITTAKER [Supplying the Army. Evidence from Vindolanda, in: 5.5: ERDKAMP, Roman Army and Economy, 204–234] hat deutlich gemacht, wie eng verwoben die zivile und die militärische Produktion waren. Für den Osten des Reiches scheinen die wirtschaftlichen Auswirkungen der Armee geringer gewesen zu sein, zumindest stellt ALSTON [5.2: Soldier and Society 117–141] keinen markanten Niederschlag fest. <!-- Grenzregionen -->

Die Bedeutung der *auxilia* für die Integration der Provinzialen wird allgemein anerkannt [z. B. 5.1: KRAFT, Rekrutierung 39f. 138f.; 5: LE BOHEC, Römische Armee 296–298], besonderes Augenmerk wird den Fällen zuteil, in denen deren Integration misslang. Der berühmteste Offizier von Hilfstruppen, der sich gegen Rom stellte, war der Cherusker Arminius (s.o. Kap. I.5.1); berüchtigt ist auch der Bataveraufstand, der in der unübersichtlichen Situation des Jahres 69 ausbrach, als sich nach <!-- Romanisierung -->

dem Ende der julisch-claudischen Dynastie mehrere Kaiser in rascher Folge ablösten. Nach FLAIG [5.5: Römer werden] handelte es sich nicht um eine ethnisch motivierte Rebellion, sondern um einen Kampf der Bataver um ihren Status, symbolisiert am Rekrutierungsverfahren: Während die Bataver zunächst selbst die Männer für die Auxiliarkohorten hätten auswählen können, seien vor der Rebellion die römische Kontrolle verschärft und Aushebungen von römischen Zenturionen durchgeführt worden; damit hätten sich die Bataver von Partnern zu Unterworfenen der Römer herabgestuft gesehen, was sie zu den Waffen getrieben hätte. HAYNES [5.5: Impact of Auxiliary Recruitment 68–71] sieht weniger im Verfahren, sondern im hohen Umfang der Rekrutierungen den Anstoß für den Aufstand.

Bataver-Aufstand

Die Armee bot ehrgeizigen Männern die Möglichkeit sozialen Aufstiegs, und zwar auf verschiedenen Ebenen: Peregrine erreichten das römische Bürgerrecht, arme Bürger konnten sich in der Armee zu einem gut besoldeten Zenturio hocharbeiten, Zenturionen in den Ritterstand aufsteigen, Ritter über eine militärische Karriere senatorischen Rang erreichen. ALFÖLDY [Kaiser, Heer und soziale Mobilität im Römischen Reich, in 1: CHANIOTIS/DUCREY (Hrsg.), Army and Power, 123–150] nennt Beispiele für diese Karrieren, PFERDEHIRT [5.5: Rolle des Militärs] liefert eine statistische Analyse der sozialen Mobilität von Soldaten.

Sozialer Aufstieg

6. Spätantike

Lange Zeit schenkte die Forschung dem spätrömischen Heer kaum Beachtung, obwohl schon Theodor MOMMSEN gefordert hatte, sich intensiv diesem Thema zu widmen [6: Das römische Heerwesen 195]. Seit den späten 1980er Jahren sind nun allerdings zahlreiche wichtige Arbeiten erschienen, zumeist mit der Tendenz, den zuvor allgemein angenommen Niedergang der römischen Armee in der Spätantike zu relativieren oder ganz in Abrede zu stellen. Sehr nützlich ist dazu der Forschungsüberblick von CARRIÉ/JANNIARD [6: L'armée romaine tardive]; ein 2004 erschienener Sammelband [6: LE BOHEC/WOLFF, L'armée romaine] bündelt Beiträge zu den zentralen Fragen der aktuellen Forschung.

Spätantike Dekadenz?

Die militärgeschichtliche Forschung ordnet sich damit in die kontroversen Debatten über Kontinuitäten und Brüche, über den Niedergang oder die ungebrochene Kraft des Imperium Romanum in der Spätantike ein. In der älteren Forschung markierten Diokletian und Konstantin nur eine oberflächliche Stabilisierung, ohne dass der Niedergang der römischen Armee aufgehalten worden sei, für NICASIE [6: Twilight of Empire] hingegen blieben Struktur und Kampfkraft des römischen Heeres bis zur Schlacht von Adrianopel vollkommen intakt. ELTON [6: Warfare] sieht hinsichtlich von Rekrutierung und Qualität des Heeres sogar eine Kontinuität von der Zeit des Augustus bis ins 6. Jahrhundert. Eine Kernfrage stellt sich allerdings für alle, die sich mit dem Thema befassen: Warum war das Römische Reich im späten 4. und im 5. Jahrhundert nicht mehr in der Lage, die Provinzen zu verteidigen?

Die Quellenlage ist sehr ungleichmäßig. Am dichtesten sind die Informationen für das 3. Viertel des 4. Jahrhunderts, da Ammianus Marcellinus trotz aller rhetorischen Stilisierungen detailliert und sachkundig über die militärischen Operationen berichtet, vor allem über die Feldzüge Kaiser Julians, deren Augenzeuge er war [zum Quellenwert s. 6: CRUMP, Ammianus Marcellinus; 6: LE BOHEC, Heer in der Späten Kaiserzeit 13f.]. Die Kriege Justinians sind durch das Werk des Prokop gut dokumentiert; für das 5. Jahrhundert hingegen fehlen solche dichten historiographischen Berichte. Die *notitia dignitatum*, ein ‚Staatshandbuch' aus dem späten 4./frühen 5. Jahrhundert, liefert ein Verzeichnis der römischen Truppeneinheiten, ihr Quellenwert ist jedoch umstritten, vor allem bezüglich der westlichen Reichshälfte [6: KULIKOWSKI, *Notitia dignitatum*]. Einen wichtigen Einblick in den militärischen Alltag liefern die Archive eines ägyptischen Offiziers [6: BELL u. a., Abinneus Archives]. Die Quellen zu den zahlreichen Auseinandersetzungen zwischen Rom und den Sassaniden wurden in einem zweibändigen Werk gesammelt [6: DODGEON/GREATREX/LIEU, Eastern Frontier].

Quellen

6.1 Organisatorische und taktische Entwicklungen

Das meistdiskutierte Problem ist das Verhältnis zwischen den Grenztruppen (*limitanei*) und dem mobilen Feldheer (*comitatenses*). Nach MOMMSEN [6: Das römische Heerwesen 198–208] ist die Teilung der Armee auf Diokletian und Konstantin zurückzuführen: Diese beiden Kaiser hätten ein neues Verteidigungssystem geschaffen, in dem den Grenztruppen nur noch die Abwehr kleinerer Einfälle zugefallen sei. Bei diesen habe es sich um Wehrbauern mit geringerer Kampfkraft gehandelt, die *comitatenses* hätten sie sowohl an Prestige als auch an militärischem Wert weit überragt. Diese These wurde in der Folgezeit zumeist übernommen [z. B. 6.1: GROSSE, Militärgeschichte], lediglich für die Datierung des neuen Systems wurden neue Vorschläge gemacht: SESTON [6.1: Comitatus de Dioclétien] schrieb die Zweiteilung der Armee allein Diokletian zu, GABBA [5: Storia dell'esercito 58–62; vgl. 5.4: SPEIDEL, Heer 690] sah bereits Gallienus als Schöpfer des neuen Systems. LUTTWAK [5.3: Grand Strategy] postulierte für das 4. Jahrhundert eine neue Strategie, die eine Abwehr von Feinden nicht mehr an der Grenze, sondern in der Tiefe des Raumes vorsah. Dieser Teil von LUTTWAKS Arbeit hat nicht solch starke Reaktionen hervorgerufen wie seine Thesen zum frühen Prinzipat

limitanei und *comitatenses*

Verteidigungskonzept

(s.o. Kap. II.5.3), ist aber ebenfalls kontrovers aufgenommen worden. Dezidierte Unterstützung erfuhr er von NICASIE [6: Twilight of Empire 172–184], der die Theorie weiter ausbaute und ein dreistufiges Verteidigungssystem am Werke sah: die *limitanei* an der Grenze zur Bekämpfung von kleineren Einfällen, die regionalen Feldarmeen dahinter und – für den Fall größerer Invasionen – die kaiserliche Armee der *comitatenses*.

Fundamentale Kritik an der Idee einer Tiefenverteidigung wurde von LE BOHEC vorgebracht [6: Heer in der späten Kaiserzeit 171–184], der bei der Terminologie ansetzte: Gemäß LE BOHEC bezeichnete *comitatenses* keine Armee, sondern Leute am kaiserlichen Hof, neben Soldaten und Offizieren auch Sklaven, Frauen und Eunuchen; außerdem werde der Begriff als Ehrentitel gebraucht, und diesen könnten auch *limitanei* tragen, wenn der Kaiser ihre besonderen Verdienste honorierte. Gegen MOMMSEN brachte LE BOHEC außerdem vor, dass die Bezeichnung *limitanei* nur selten in den Quellen benutzt werde und keine pejorative Bedeutung erkennen lasse. Das Zusammenziehen größerer Verbände durch den Kaiser schließlich sei keine Neuerung der Spätantike gewesen, sondern bei größeren Feldzügen seit augusteischer Zeit zu beobachten. Es sei also in dieser Hinsicht kein Bruch zu beobachten; unter Diokletian habe es keine umfassende Reform der römischen Armee gegeben, und die wesentliche Neuerung konstantinischer Zeit sei die Einteilung des Reiches in drei Regionen mit jeweils einem Prätorianerpräfekten, einem *magister equitum* und einem *magister peditum* gewesen. LE BOHECS Argumente gegen eine strategische Neuausrichtung des Römischen Reiches sind bedenkenswert, allerdings ist festzuhalten, dass seit Konstantin die Stärke und militärische Bedeutung der unmittelbar kaisergebundenen Armee zunahm und diese nach Abschluss von Feldzügen nicht mehr aufgelöst wurde.

iuniores und *seniores*

Viele der in der *notitia dignitatum* genannten Einheiten tragen identische Namen und unterscheiden sich lediglich durch die Zusätze *iuniores* bzw. *seniores*. Laut HOFFMANN [6.1: Bewegungsheer 117–130] seien diese Zusätze auf die Heeresteilung zwischen Valentinian I. und Valens im Jahr 364 zurückzuführen: Damals seien die Truppeneinheiten aufgespalten worden, und die Einheiten Valentinians als des älteren Bruders hätten die Bezeichnung *seniores* erhalten, die Einheiten des Valens entsprechend den Zusatz *iuniores*. Diese Theorie wurde jedoch in Zweifel gezogen, als sich auch bei Valens *seniores* nachweisen ließen, und sie wurde hinfällig, als die Zusätze schon für das Jahr 356 belegt wurden. Die Teilung der Einheiten muss also früher stattgefunden haben: LE BOHEC [6: Heer in der späten Kaiserzeit 230] ordnet die Maßnahme in den allgemeinen Trend zu kleineren Einheiten in der Spätantike ein, NICASIE [6: Twilight of Empire 24–38] hingegen platziert sie in den Rahmen einer Armeevergrößerung unter Konstantin: Aus einer Einheit, die hernach *seniores* genannt wurde, habe man einige Offiziere und Soldaten herausgelöst; dieser neue Kern einer Einheit sei anschließend mit Rekruten aufgefüllt worden. Mit dieser

Maßnahme habe man eine gleichmäßige Qualität der Einheiten erzielen wollen.

Laktanz erwähnt in einer viel zitierten Passage (*de mortibus persecutorum* 7), dass sich unter Diokletian das römische Heer mehr als vervierfacht habe, weil jeder der Tetrarchen über zahlreiche Truppen als die früheren Gesamtherrscher habe verfügen wollen. Dies ist sicherlich eine Übertreibung, aber allgemein geht man von einer Vergrößerung der römischen Armee durch Diokletian und Konstantin aus; die Schätzungen für die Gesamtzahl der Truppen unter Einschluss von *limitanei, comitatenses*, Flottensoldaten und Spezialtruppen reichen von 400 000 bis 650 000 Mann [6: ELTON, Warfare 128; 6.1: LEE, War in Late Antiquity 74–77; 6: MOMMSEN, Das römische Militärwesen 257; 6.2: SHAW, War and Violence 141]. Konsens herrscht in der Forschung darüber, dass das Problem der römischen Kriegführung im 4. Jahrhundert nicht in der absoluten Größe, sondern in der Verfügbarkeit der Truppen an den jeweiligen Brennpunkten bestand. Maßgeblich hierzu sind die Überlegungen von DELBRÜCK [1: Geschichte der Kriegskunst, Bd. 2, 333–351] und NICASIE [6: Twilight of Empire 202–207 mit Tab. II und III]: Zosimos und andere Gewährsleute geben zwar für manche Heere Zahlen von 100 000 Mann und mehr an [s. die Zusammenstellung bei 6: NICASIE, Twilight of Empire 204f.], doch dabei handelt es sich um massive Übertreibungen; Angaben bei Vegetius und Ammianus Marcellinus deuteten vielmehr darauf hin, dass Heere von 20 000 Mann auch für kaiserliche Feldzüge als stattlich angesehen wurden. Der Umstand, dass die Gesamtzahl der Soldaten stieg, die auf dem Schlachtfeld verfügbaren Soldaten jedoch an Zahl zurückgingen, ist ein starkes Indiz für eine zunehmende Ortsbindung der Soldaten. Auch wenn LE BOHEC [6: Heer in der Späten Kaiserzeit 141–143] zu Recht darauf verweist, es sei kein völlig neues Phänomen der Spätantike gewesen, dass römische Soldaten Landwirtschaft betrieben, so bleibt dennoch MACMULLENS [6.1: Soldier and Civilian 13–21] Feststellung richtig, dass Soldaten nun viel mehr Zeit für die Bestellung der Felder aufwendeten und daher an Kampfkraft und Mobilität verloren.

Über die administrativen Neuerungen hinsichtlich der Truppenversorgung liefern ägyptische Papyri Aufschluss, die von MITTHOF [6.1: *Annona militaris*] gesammelt und ausgewertet wurden. MITTHOF konnte eine Reform unter Diokletian nachweisen, durch die der militärischen Führung die Kontrolle von Eintreibung und Verteilung des Proviants entzogen wurde; die Ernährung der Truppen sollte nun mit einer Kombination aus Steuern und Liturgien unter Aufsicht ziviler Beamter gewährleistet werden. Ziel sei nicht nur eine bessere Versorgung der Soldaten, sondern auch ein Ausgleich zwischen Militär und Zivilbevölkerung gewesen. Nach MITTHOF sei das neue System recht erfolgreich gewesen, auch wenn es in der Spätantike einige Zeugnisse über hungernde römische Soldaten gebe; dies ordnet MITTHOF mittels historischer Vergleiche in die generelle Schwierigkeit ein, stehende Heere in der Vormoderne zu unterhalten. Die Papyri liefern auch Hinweise für Übergriffe von Soldaten auf die Zivilbevölkerung; gegen ROSTOVTZEFFS [5.2: Social and Economic History 454] Annahme einer spätantiken Soldateska, die mehr Interesse am Ausplündern römischer Städte als am Kampf gegen die Feinde gehabt habe, betont MITTHOF den Ausnahmecharakter solcher Übergriffe.

<small>Übergriffe auf Zivilbevölkerung</small>

Die Bewaffnung spätantiker Soldaten wird ausführlich von SOUTHERN/ DIXON [6: Late Roman Army 89-126] und COULSTON/BISHOP [4: Roman Military Equipment 160-182] behandelt; beide Werke stützen sich auf gründliche Analysen des archäologischen Materials. Herausgearbeitet werden dabei zwei gegenläufige Trends: Auf der einen Seite kam es in der Spätantike zu einer stärkeren Vereinheitlichung der Bewaffnung, indem deren Produktion nun durch große staatliche *fabricae*, nicht mehr durch kleinere, privat betriebene Werkstätten erfolgte; auf der anderen Seite führte die Aufnahme von „Barbaren" in das Heer zu einer weiteren Diversifizierung der Bewaffnung.

<small>Waffen</small>

Was die Taktik betrifft, so betont NICASIE [6: Twilight of Empire 187-194] gemäß seiner Generalthese die Kontinuität von der augusteischen Zeit bis ins 4. Jahrhundert; sein zentrales Argument ist, dass die schwere Infanterie auch in der Spätantike den Kern jedes römischen Heeres bildete. Andere hingegen, vor allem FERRILL [6.1: Fall of the Roman Empire 42. 47-49], betonen die Verschiebung der Gewichte von der Infanterie zur Kavallerie; FERRILL konstatiert eine markante Verschlechterung der Qualität des Fußvolks und erblickt darin – in seiner monokausal militärgeschichtlich orientierten Untersuchung – die entscheidende Ursache für den Untergang des Römischen Reiches. Die Stärke von ELTONS [6: Warfare in Roman Europe 45-88] Ansatz liegt darin, dass er ausführlich die Kampfesweise der Gegner Roms untersucht und daraus die Vielgestaltigkeit der militärischen Aufgaben ableitet, die römische Truppen in ihren Kämpfen gegen Germanen, Perser und andere Gegner bewältigen mussten. ELTON betont auch die Verschiebung hin zum Fernkampf: In der Spätantike seien die römischen Heere in der Regel darauf bedacht gewesen, den Nahkampf hinauszuzögern, um ihre Überlegenheit hinsichtlich von Bogenschützen und anderen Fernwaffen auszunutzen [ebd. 250-257].

<small>Taktik</small>

<small>Fernkampf</small>

Die Schlachten selbst werden in der Forschung zumeist noch aus der Perspektive des Feldherrnhügels erforscht, insbesondere wurden Julians Schlachtenführung bei Straßburg und Valens' Fehler bei Adrianopel vielfach analysiert [z. B. 1: DELBRÜCK, Kriegskunst, Bd. 2, 303-332; 6.1: FERRILL, Fall of the Roman Empire 56-64; 6: NICASIE, Twilight of Empire 219-256; 6: LE BOHEC, Heer der Späten Kaiserzeit 52-54. 238-240]. Eine Betonung der soldatischen Schlachterfahrung, der „Face of Battle"-Ansatz, wurde hingegen von LEE eingefordert [6.1: War in Late Antiquity 123–133], der die physischen und psychischen Belastungen herausarbeitet, denen die Soldaten bei den erbitterten und mit vielfältigen technischen Hilfsmitteln geführten Belagerungen in den Kriegen zwischen Römern und Sassaniden ausgesetzt waren.

Die Bedeutung von Festungen und Belagerungen in der Kriegführung der Spätantike wurde vielfach betont 6: [NICASIE, Twilight of Empire 126–145; 6.1: LEE, War in Late Antiquity 98–100]. Wiederum steht hier die Frage von Kontinuität und Wandel im Zentrum der Forschungskontroversen. SOUTHERN/DIXON [6: Late Roman Warfare 127–147] betonen die Neuentwicklungen im Festungsbau seit der Zeit Diokletians: Die Mauerstärke habe zugenommen, um besseren Widerstand gegen Belagerungsmaschinen leisten zu können, der zuvor übliche rechteckige Grundriss von Militärlagern sei zugunsten quadratischer Anlagen aufgegeben worden, die Türme seien massiv verstärkt worden; als neuer Standardtypus habe sich das *quadriburgium* mit vier massiven Ecktürmen durchgesetzt. LE BOHEC [6: Heer in der Späten Kaiserzeit 118–130] hingegen verweist darauf, dass sich quadratische Festungsanlagen, z. B. die *castra Dionysiados* im Nildelta, bereits vor der Zeit der Tetrarchie nachweisen ließen und außerdem die spätantiken Anlagen eine große Varietät aufwiesen; als entscheidende Entwicklung der Spätantike betrachtet er die Tendenz zu zahlreichen kleineren Festungen, um eine bessere Kontrolle und Aufklärung von Straßen, Brücken, Küsten und Flüssen zu erreichen. [Festungen]

Die Erforschung des spätantiken See- und Flusskriegs [grundlegend dazu 5.1: KIENAST, Kriegsflotten 124–157] hat in jüngeren Jahren durch die experimentelle Archäologie neue Impulse erhalten [1: SCHÄFER, *Lusoria*; 1: HIMMLER/KONEN/LÖFFL, *Exploratio Danubiae*]. Die „Regina" wurde nach dem Vorbild von Mainzer Wracks der Zeit um 400 gebaut, es handelt sich um den Schiffstyp der *navis lusoria*, der vor allem zur flussgestützten Grenzverteidigung eingesetzt wurde. Wie Experimente zeigten, war dieses Schiff, anders als eine Triëre der griechischen Klassik, auch von einer ungeübten Besatzung recht gut zu beherrschen und damit auf die konkreten Bedürfnisse abgestimmt – die Mannschaft wird zumeist aus Landsoldaten bestanden haben. Eine Expedition auf der Donau von Regensburg nach Budapest, durchgeführt in Analogie zur Fahrt Julians gegen Constantius II. im Jahr 361, erwies die Manövrierfähigkeit wie auch die Geschwindigkeit eines spätantiken Schiffs, es wurden bis zu 100 Kilometer pro Tag zurückgelegt. [Nachbau von Schiffen]

6.2 Die ‚Barbarisierung' des Römischen Heeres

BOAK [6.1: Manpower Shortage] führte die Rekrutierungsprobleme im spätantiken römischen Heer auf einen Bevölkerungsrückgang zurück, der während der Krise des 3. Jahrhunderts eingetreten sei. Dagegen wurde angeführt [z. B. 6.2: SHAW, War and Violence 135], dass die römische Armee nur ungefähr 1 % der Menschen des Reiches umfasst habe; bei einer solch niedrigen Quote sei ein Zusammenhang zwischen Soldatenmangel und demographischen Entwicklungen unwahrscheinlich, selbst wenn, was in der neueren Forschung auch bezweifelt wird, die Bevölkerung im 3. Jahrhundert tatsächlich signifikant schrumpfte.

<small>Ursachen für Soldatenmangel</small>

Andere haben die spätantiken Rekrutierungsprobleme gänzlich in Abrede gestellt oder zumindest angezweifelt, dass es gegenüber den vorangegangenen Jahrhunderten markante Veränderungen gegeben habe. Vielmehr sei der Kriegsdienst in Italien seit augusteischer Zeit unbeliebt gewesen, die Mannschaftsstärke habe aber immer durch das Menschenreservoir der Provinzen gehalten werden können. NICASIE [6: Twilight of Empire 83–96] schließt aus dem Umstand, dass in der Spätantike manchen Provinzen Geld (*aurum tironicum*) anstelle von Rekruten abverlangt wurde – ein Soldat wurde mit 30 Solidi veranschlagt, für die Ausrüstung waren weitere 6 Solidi zu entrichten –, auf eine ausreichende Anzahl von Rekruten. Nach SHAW [6.2: War and Violence 135] habe sich die Dienstunwilligkeit in Italien und einigen Kernprovinzen vom 1. bis zum 4. Jahrhundert nicht prinzipiell verändert, man habe in der Spätantike aber andere Konsequenzen daraus gezogen, indem man planmäßig die Steuergelder aus dem Zentrum für Rekrutierungen an der Peripherie eingesetzt habe.

Auch LEPPIN [Truppenergänzungen in einer außergewöhnlichen Situation. Theodosius der Große und die Rekrutierungen nach Adrianopel, in 5.1: EICH, Verwaltung, 187–199] geht von einem permanenten Mangel an geeigneten und dienstwilligen Rekruten aus und untersucht, welche Maßnahmen die römische Administration in der Notlage nach der Niederlage von Adrianopel ergriff. Zahlreiche Gesetze belegen das Bestreben, die Rekrutierung auf eine neue Basis zu stellen: Bergleute und Bauern wurden zu den Waffen gerufen, in anderen Gesetzen allerdings der Ausschluss von Sklaven und Handwerkern geringen Ansehens aus der Armee eingeschärft. Trotz eines eklatanten Mangels an Soldaten stand nach LEPPIN das Bemühen um die Reinheit der Armee einer Massenrekrutierung im Wege; stattdessen habe man sich – neben der Anwerbung von Goten – darauf verlassen, dass die Soldaten selbst genug Nachwuchs produzieren würden, um die Mannschaftsstärke halten zu können.

<small>Folgen der Barbarisierung</small>

Die ältere Forschung zweifelte weder an einer massenhaften Aufnahme von Germanen in das römische Heer noch an den verhängnisvollen Folgen dieser Entwicklung. Für DELBRÜCK [1: Geschichte der Kriegskunst,

Bd. 2, 288–301] und GROSSE [6.1: Militärgeschichte 257–262] markierte die zweite Hälfte des 3. Jahrhunderts einen Umschwung, als die römische Armeeführung aufgrund der Rekrutierungsschwierigkeiten lieber auf Germanen als auf römische Bürger zurückgriff. Seit Konstantin hätten die Germanen auch immer mehr höhere Posten eingenommen, zur Zeit von Kaiser Julian hätten sie bereits die Hälfte der Offiziersposten innegehabt. Das Eindringen von „Barbaren" in die Armee habe die Disziplin untergraben und die Kampfkraft geschwächt, am Verzicht auf Marschlager zeige sich der Niedergang der römischen Kriegführung, die ihre organisatorische Überlegenheit über die Feinde verloren habe. Auch sei auf die Loyalität der germanischen Truppen kein Verlass gewesen.

SANDER [6.2: Germanisierung] sah bereits in der frühen Kaiserzeit ein massives Eindringen von Germanen und Germanischem in die römische Armee: Seiner Ansicht nach hätten germanische Auxiliareinheiten die Hauptlast der Kämpfe getragen, germanische Kampftaktiken wie die Keilformation und germanische Waffen wie das lange Hiebschwert seien von den Römern übernommen worden. Doch die Argumente SANDERS sind nicht überzeugend; dieser kann zwar darauf verweisen, dass die Schlacht am Mons Graupius (s.o. Kap. I.5.3) nach Tacitus' Schilderung (Agricola 29–37) von den batavischen Einheiten gewonnen wurde, während die Legionäre kaum in den Nahkampf eingriffen, doch zumeist entschieden die Legionen die Schlachten. Die taktischen und waffentechnischen Veränderungen während der Kaiserzeit sind weniger als Übernahme von den Germanen denn als Anpassung an die neuen Anforderungen zu verstehen.

Größere Bedeutung hat eine neuere Forschungstradition, welche eine ‚Barbarisierung' des römischen Heeres relativiert oder gänzlich in Abrede stellt. Den anspruchsvollsten Versuch in diese Richtung unternahm ELTON [6: Warfare 128–154. 272–277; ihm folgt 6.1: LEE, War in Late Antiquity 84f.], der den Anteil von Germanen anhand der Onomastik zu quantifizieren versuchte. Das Ergebnis einer Analyse von 644 Offizieren, die ELTON in die Kategorien „definitely Roman", „probably Roman", „definitely Barbarian" und „probably Barbarian" einteilte, führte ihn zum Ergebnis, dass die Germanen im römischen Heer im Verlauf des 4. und 5. Jahrhunderts nicht signifikant zahlreicher wurden. NICASIE [6: Twilight of Empire 97–116] kommt mit anderen Methoden zum selben Ergebnis. Aus den Namen die ethnische Identität von Soldaten zu ermitteln, sei nach NICASIE methodisch problematisch, da es sich bei Trägern germanischer Namen um Personen handeln könne, die stark romanisiert gewesen seien. Anstatt auf die Prosopographie richtet er seinen Blick auf die Praktiken des römischen Heeres und versucht, auf dieser Ebene die Argumente für eine ‚Barbarisierung' zu entkräften: Wenn römische Heere den germanischen Schlachtgesang, den *barritus*, angestimmt hätten, sei dies nicht ein Indiz für zahlreiche Germanen im römischen Heer, wie

Anteil der Germanen im römischen Heer

von HOFFMANN [6.1: Bewegungsheer, Bd. 1, 135–137] angenommen, sondern stelle die Übernahme eines germanischen Brauches durch Römer dar. Ebenso lasse sich aus der Schilderhebung, mit der Julian nach der Schlacht von Straßburg 357 zum Kaiser akklamiert wurde, nicht darauf schließen, dass Germanen die Kerntruppen seines Heeres gestellt, sondern vielmehr die Römer germanische Praktiken adaptiert hätten. Auch habe eine Verteilung der unter den Germanen rekrutierten Soldaten auf viele Einheiten dazu geführt, dass diese absorbiert worden und die Heere im Grunde römisch geblieben seien. Wenn zeitgenössische Autoren beklagten, dass die Armee, die das römische Reich gegen die „Barbaren" verteidigen solle, nun selbst zu einem großen Teil aus „Barbaren" bestünde, sei dies nach NICASIE kein Reflex auf akute Entwicklungen, sondern literarischen Topoi geschuldet.

In den jüngsten Arbeiten allerdings plädiert man wieder für eine markante Germanisierung des Heeres. CARRIÉ [Le système de recrutement des armées romaines de Dioclétien aux Valentiniens, in: 6: LE BOHEC/ WOLFF, Armée romaine, 371–387] gelangt anhand der die Rekrutierung betreffenden Gesetze zum Ergebnis, dass zwar Diokletian das Ziel verfolgt habe, die Heeresstärke mit Männern aus dem Reichsgebiet zu sichern, seine Nachfolger hingegen gezielt Reichsfremde angeworben hätten, weil ihnen diese Lösung preiswerter und effizienter erschienen sei. Auch für LE BOHEC [6: Heer in der Späten Kaiserzeit 8. 70–80] steht fest, dass der Anteil von „Barbaren" im römischen Heer deutlich anstieg; er beruft sich vor allem auf die literarischen Quellen und plädiert dafür, die zahlreichen Hinweise, z. B. bei Ammianus Marcellinus und Vegetius, nicht auf Topik zu reduzieren. Die Anwerbung von Reichsfremden habe allerdings nicht auf einer neuen Strategie beruht, sondern auf schlichter Notwendigkeit, da nicht mehr ausreichend geeignete Rekruten im Reich zur Verfügung gestanden hätten. SHEAN [Soldiering 337–350] betont, abseits der rein quantitativen Aspekte, zwei wichtige Unterschiede zwischen den Germanen im spätantiken Heer und den *auxilia* früherer Jahrhunderte: Erstens seien römische Bürger und „Barbaren" nun nicht mehr in getrennte und im Rang abgestufte, sondern in gemischte Einheiten eingeordnet worden, und zweitens sei nun den Germanen eine größere Kampfkraft zugeschrieben worden, und ihre Chancen auf eine militärische Karriere seien, vor allem wenn sie den Weg in die Gardeeinheiten fanden, besser gewesen als für römische Bürger.

Es wird in dieser Debatte deutlich, wie eng die Frage nach den Rekrutierungsproblemen mit der ‚Barbarisierung' des Heeres verknüpft ist. Akzeptiert man die Berichte über Schwierigkeiten, geeignete Soldaten unter den Provinzialen zu finden, kommt man kaum umhin, eine verstärkte Anwerbung von Germanen anzunehmen; postuliert man hingegen einen weiterhin geringen Anteil von Germanen im spätantiken Heer, verbietet es sich, den Berichten über Rekrutierungsschwierigkeiten Glauben zu schenken.

Die Anzahl der Christen in der römischen Armee wird in der vor- Christen
konstantinischen Zeit zumeist sehr gering veranschlagt [5: GABBA, Storia dell'esercito 75–109; 6.2: MACMULLEN, Christianising 44–47; 6: LE BOHEC, Heer der Späten Kaiserzeit 226f.]. Zwar hätten die Christen weder dem römischen Staat an sich noch der römischen Armee fundamentalen Widerstand entgegengesetzt [grundlegend dazu 6.2: BRENNECKE, Bekenntnis und Militärdienst], und der Soldatenberuf sei mit dem christlichen Glauben durchaus zu vereinbaren gewesen, aber dennoch sei die Armee eine nur schwach christianisierte Institution gewesen. Diese Meinung wurde von SHEAN [6.2.: Soldiering 177–215] angegriffen, der einen beträchtlichen Anteil von Christen im Heer postuliert. SHEAN kann darauf verweisen, dass in Dura-Europos ein Kirchenbau severischer Zeit in einem Truppenlager nachgewiesen werden konnte und christliche Soldaten auch durch Grabinschriften bezeugt sind, vor allem aber beruft er sich auf Martyrienberichte. Der berühmteste von diesen handelt von der „Thebäischen Legion", eine ursprünglich in Ägypten stationierte, ganz aus Christen bestehende Einheit, die sich nach der Verlegung nach Gallien weigerte, gegen andere Christen zu kämpfen, und deshalb vollständig hingerichtet wurde. Auch wenn sich SHEAN des problematischen Quellenwerts dieser und anderer Zeugnisse bewusst ist, sieht er sie dennoch als Beweis für eine starke christliche Durchdringung der Armee an.

Vor diesem Hintergrund erscheine nach SHEAN auch die Hinwendung Konstantins zum Christentum in neuem Licht. Konstantin habe den christlichen Teil der Truppen fest an sich binden wollen, und tatsächlich hätten er selbst und seine christlichen Nachfolger mit einer mehr und mehr christianisierten Armee eine starke Stütze ihrer Herrschaft gewonnen; in der Folge sei die Armee ein wichtiges Instrument gewesen, um die Interessen der Kaiser gegen christliche Häretiker und gegen die Heiden im römischen Reich durchzusetzen. Mit dieser Interpretation widerspricht SHEAN der These [6.2: MACMULLEN, Christianizing 44–49], die Christianisierung sei eine wesentliche Ursache für den Niedergang des römischen Heeres gewesen, da die Friedensbotschaft des Christentums die Kampfmoral geschwächt habe und durch die Beseitigung des Kaiserkults die Bindung der Soldaten an den Herrscher gelockert worden sei.

7. Militärschriftstellerei

Beliebtheit der Werke

Die antiken Militärschriftsteller genossen in Mittelalter und früher Neuzeit große Beliebtheit; das Werk des Vegetius beispielsweise liegt in zahlreichen Handschriften und frühen Drucken vor und wurde bis zum 15. Jahrhundert in mehrere Sprachen übersetzt. In der modernen historischen und philologischen Forschung haben die Schriften dagegen kaum Aufmerksamkeit gefunden, neuere Ausgaben und Kommentare sind rar. Daher ist die alte Zusammenstellung von KÖCHLY und RÜSTOW [7: Kriegsschriftsteller] immer noch wertvoll. Neuere Ausgaben mit Kommentaren gibt es für die Poliorketiker [7: WHITEHEAD/BLYTH, Athenaeus Mechanicus; 7: WHITEHEAD, Apollodorus Mechanicus] und Vegetius [7: MÜLLER, Vegetius].

Aineias Taktikos

Im überlieferten Teil der Schrift von Aineias Taktikos ist auffällig, dass sich die genannten Maßnahmen zur Verteidigung der Stadt vor allem nach innen richten: Fremde sollen entwaffnet, öffentliche Plätze kontrolliert, größere Versammlungen von Bürgern vermieden und generell die persönlichen Freiheiten der Einwohner stark beschnitten werden. Es sind weniger die von außen angreifenden Feinde, die als Gefahr angesehen werden, sondern unzufriedene Gruppen innerhalb der Polis. BENGTSON [7: Griechische Polis] zieht Aineias als Kronzeugen für den Niedergang der Polis heran, da seine Schrift die fehlende Identifikation der Bürger mit der Polis beweise; LEHMANN [7: Aeneas Tacticus] hingegen sieht hier einen Reflex auf die unübersichtliche außenpolitische Lage nach der Schlacht von Leuktra 371 v. Chr.: Aineias Taktikos zeichne die Gefahr, dass kleine Verschwörergruppen ihre Polis an die Feinde verrieten, um eine außenpolitische Umorientierung zu erreichen und in diesem Zuge die Macht an sich zu reißen. Die vorgeschlagenen Vorsichtsmaßnahmen zeugten aber von einem ungebrochenen Selbstbehauptungswillen der Polis in schwieriger Lage. Für WINTERLING [7: Polisbegriff und Stasistheorie] belegt die Schrift, dass sich die Grenzen zwischen den einzelnen Polisgesellschaften abgeschwächt und neue, polisübergreifende Strukturen an Bedeutung gewonnen hätten.

Literarische Dimension der Schriften

Während in der frühen Rezeption der praktische Nutzen der Schriften im Vordergrund stand, konzentriert sich die neuere Forschung zumeist auf die literarische Dimension, beispielsweise in einem aktuellen Sammelband zu Polyainos [7: BRODERSEN, Polyainos]. Zu Onasandros lieferte PETERS [7: Untersuchungen] einen ausführlichen Kommentar, der Schwerpunkt wurde dabei auf die Quellenfrage gelegt. AMBAGLIO [7: Trattato] sah in der fast ausschließlichen Benutzung griechischer Autoren durch Onasandros einen Beleg für den kulturellen Selbstbehauptungswillen gebildeter Griechen im Imperium Romanum, indem sie ihre zumindest theoretische Expertise auch auf dem Feld der Kriegführung demonstrierten, auf dem die römische Dominanz in der Praxis offensichtlich war. GALIMBERTI [7: *Strategikòs*] hingegen ordnet die Schrift in einen römischen Horizont ein: Onasandros greife Debatten der Späten Republik auf, z. B. die Polemik des Marius gegen die Praxis, bei der Auswahl von Heerführern den sozialen Status als Messlatte anzulegen. Diese Debatten beschneide er aber in ihrer politischen Bedeutung und enge sie – ganz im Sinne der augusteischen Ordnung – auf das Feld der Kriegführung ein. LE BOHEC [7: Que voulait Onesandros?] identifiziert den Autor mit einem kaiserzeitlichen Freigelassenen und nimmt eine sozialgeschichtliche Interpretation vor: Onasandros habe mit seiner Schrift die militärische Expertise von Freigelassenen dokumentieren und dieser Gruppe den Weg in die höhere Militärlaufbahn ebnen wollen. Onasandros

Die Forschung zu Vegetius hat der Datierungsfrage große Aufmerksamkeit geschenkt. Gratian wird als *divus* bezeichnet, deshalb kann die Schrift nicht vor dessen Tod im Jahr 383 entstanden sein, aber aus dem Text wird nicht eindeutig ersichtlich, um wen es sich bei dem Kaiser handelte, an den die Schrift adressiert war. Die Frage wurde jüngst ausführlich von CHARLES [7: Vegetius in Context] diskutiert, der selbst eine späte Datierung in die Zeit Valentinians III. (425–455) favorisiert. Was den Inhalt der Schrift betrifft, so überwiegt in der Forschung die Kritik [z. B. 7: GORDON, Vegetius]: Vegetius habe kein Verständnis für zeitgenössische militärische Entwicklungen und sei einer anachronistischen Verherrlichung überholter Kriegführung verhaftet, insbesondere seine Bevorzugung der Infanterie zeuge von fehlendem militärischen Sachverstand. Hingegen zeige die ungefähr zeitgleiche Schrift eines unbekannten Autors [maßgebliche Ausgabe: 7: IRELAND, *De rebus bellicis*] eine Offenheit für neue Technologien und neue Taktiken und generell eine andere Einstellung gegenüber den militärischen Anforderungen des spätantiken Reiches: Während Vegetius' Schrift von einem defensiven Denken geprägt ist, schlägt der Anonymus ein offensives Vorgehen gegen die Feinde des Reiches vor. Vegetius

III. Literatur

1. Einleitung

ANDREAU, J./BRIANT, P./DESCAT, R. (Hrsg.), Économie antique. La guerre dans les économies antiques, Saint-Bertrand-de-Comminges 2000.

BEKKER-NIELSEN, T./HANNESTAD, L. (Hrsg.), War as a Cultural and Social Force. Essays on Warfare in Antiquity, Kopenhagen 2001.

BRISSON, J. P. (Hrsg.), Problèmes de la guerre à Rome, Paris 1969.

BURCKHARDT, L. A., Militärgeschichte der Antike, München 2008.

BURRER, F./MÜLLER, H. (Hrsg.), Kriegskosten und Kriegsfinanzierung in der Antike, Darmstadt 2008.

CAMPBELL, J. B., The Roman Army, 31 BC–AD 337. A Sourcebook, London/New York 1994.

CHANIOTIS, A./DUCREY, P. (Hrsg.), Army and Power in the Ancient World, Stuttgart 2002.

CLAUSEWITZ, C. VON, Vom Kriege (1832), Troisdorf [19]1980.

CORVISIER, J.-N., 1985–2005. Vingt ans de travaux sur la guerre grecque antique, in: Revue des Études Militaires Anciennes 2, 2005, 31–56.

COUDRY, M./HUMM, M. (Hrsg.), *Praeda*. Kriegsbeute und Gesellschaft im republikanischen Rom, Stuttgart 2009.

DELBRÜCK, H., Geschichte der Kriegskunst im Rahmen der politischen Geschichte. 4 Bde. (Teil 1: Das Altertum. Von den Perserkriegen bis Caesar, Berlin 1900).

DUCREY, P., Aspects de l'histoire de la guerre en Grèce ancienne 1945–1996, in: BRULÉ, P./OULHEN, J. (Hrsg.), Esclavage, guerre, économie en Grèce ancienne (FS Garlan), Paris 1997, 123–138.

FERGUSON, R. B., Explaining War, in: HAAS, J. (Hrsg.), The Anthropology of War, Cambridge (UK) 1990, 26–55.

FINLEY, M., Soziale Modelle zur Alten Geschichte, in: HZ 239, 1984, 265–308.

GARLAN, Y., La guerre dans l'antiquité, Paris 1972.

GOLDSWORTHY, A. K., The Roman Army at War, 100 BC–AD 200, Oxford 1996.

HIMMLER, F./KONEN, H./LÖFFL, J., *Exploratio Danubiae*. Ein rekonstruiertes spätantikes Flusskriegsschiff auf den Spuren Kaiser Julian Apostatas, Berlin 2009.

HUNT, P., Slaves, Warfare and Ideology in the Greek Historians, Cambridge (UK) 1998.

JUNKELMANN, M., Die Legionen des Augustus. Der römische Soldat im archäologischen Experiment, Mainz ^{6}1994.

KEEGAN, J., The Face of Battle, New York 1976.

KROMAYER, J., Antike Schlachtfelder: Bausteine zu einer antiken Kriegsgeschichte. 4 Bde. Bd. 3,2 von VEITH, G., Bd. 4 von KROMAYER, J./VEITH, G. u. a., Berlin 1903–31.

KROMAYER, J./VEITH, G., Heerwesen und Kriegführung der Griechen und Römer. HdAW IV 3.2, München 1928.

KRUMEICH, G. Militärgeschichte für eine zivile Gesellschaft, in: CORNELISSEN, CH. (Hrsg.), Geschichtswissenschaften. Eine Einführung, Frankfurt am Main 2000, 178–193.

LENDON, J. E., Soldiers and Ghosts. A History of Battle in Classical Antiquity, New Haven 2005.

LLOYD, A. B. (Hrsg.), Battle in Antiquity, London 1996.

LONIS, R., La guerre en Grèce – quinze années de recherche 1968–1983, in: REG 98, 1985, 321–379.

MAIER, F. G., *Neque quies gentium sine armis*. Krieg und Gesellschaft im Altertum, Opladen 1987.

MEISSNER, B. u. a. (Hrsg.), Krieg – Gesellschaft – Institutionen. Beiträge zu einer vergleichenden Kriegsgeschichte, Berlin 2005.

PRITCHETT, W. K., Studies in Ancient Greek Topography. Bd. 2: Battlefields, Berkeley 1969.

RAAFLAUB, K. (Hrsg.), War and Peace in the Ancient World, Oxford 2007.

SABIN, PH., The Face of Roman Battle, in: JRS 90, 2000, 1–17.

SABIN, PH., Lost Battles. Reconstructing the Great Clashes of the Ancient World, London/New York 2007.

SABIN, PH./VAN WEES, H./WHITBY, M. (Hrsg.), The Cambridge History of Greek and Roman Warfare. Bd. 1: Greece, the Hellenistic World, and the Rise of Rome. Bd. 2: Rome from the Late Republic to the Late Empire, Cambridge (UK) 2007.

SAGE, M. M., Warfare in Ancient Greece. A Sourcebook, London/New York 1996.

SAGE, M. M., The Republican Roman Army. A Sourcebook, London/New York 2008.

SCHÄFER, CH., *Lusoria*. Ein Römerschiff im Experiment. Rekonstruktionen, Tests, Ergebnisse, Hamburg 2008.

SCHLIEFFEN, A. GRAF VON, Cannae, Berlin ^{3}1936.

SCHULZ, R., Feldherren, Krieger und Strategen. Krieg in der Antike von Achill bis Attila, Stuttgart 2012.

SHAY, J., Achilles in Vietnam. Combat Trauma and the Undoing of Character, New York 1994.

STIETENCRON, H./RÜPKE, J. (Hrsg.), Töten im Krieg, Freiburg/München 1995.

TRITLE, L. A., From Melos to My Lai. War and Survival, London/New York 2000.

WELWEI, K.-W., Unfreie im antiken Kriegsdienst. 3 Bde., Wiesbaden 1974–1988.

2. Archaisches und klassisches Griechenland

DROYSEN, H., Heerwesen und Kriegführung der Griechen, Freiburg 1889.

DUCREY, P., Guerre et guerriers dans la Grèce antique, Fribourg 1985.

HANSON, V. D., The Western Way of War. Infantry Battle in Classical Greece, London u. a. 1989.

HANSON, V. D., The Wars of the Ancient Greeks and their Invention of Western Military Culture, London 1999.

JARVA, E., Archaiologia on Archaic Greek Body Armour, Rovaniemi 1995.

JEHNE, M., *Koine eirene*. Untersuchungen zu den Befriedungs- und Stabilisierungsbemühungen in der griechischen Poliswelt des 4. Jahrhunderts v. Chr., Stuttgart 1994.

LÄMMER, M., Der sogenannte Olympische Friede in der griechischen Antike, in: Stadion 8/9, 1982/83, 47–83.

LONIS, R., Guerre et religion en Grèce à l'époque classique, Paris 1979.

MEIER, CH., Die Rolle des Krieges im klassischen Athen, in: HZ 251, 1990, 555–605.

MUTH, S., Gewalt im Bild. Das Phänomen der medialen Gewalt im Athen des 6. und 5. Jahrhunderts v. Chr., Berlin 2008.

PRITCHETT, W. K., The Greek State at War. 5 Bde., Berkeley 1971–91.

PROST, F. (Hrsg.), Armées et sociétés de la Grèce classique. Aspects sociaux et politiques de la guerre aux Ve et IVe s. av. J-C., Paris 1999.

RECKE, M., Gewalt und Leid. Das Bild des Krieges bei den Athenern im 6. und 5. Jahrhundert v. Chr., Istanbul 2002.

RICH, J./SHIPLEY, G. (Hrsg.), War and Society in the Greek World, London 1993.

SCHMITZ, W., Die Opfer des Krieges. Xenophon und die Wahrnehmung des Krieges in der griechischen Historiographie, in: RATHMANN, M. (Hrsg.), Studien zur antiken Geschichtsschreibung, Bonn 2009, 55–84.

SNODGRASS, A. M., Arms and Armour of the Greeks, Baltimore ^{2}1999.

TRITLE, L. A., A New History of the Peloponnesian War, Oxford u. a. 2010.

VAN WEES, H. (Hrsg.), War and Violence in Ancient Greece, London 2000.

VAN WEES, H.., Greek Warfare. Myths and Realities, London 2004.

VERNANT, J.-P. (Hrsg.), Problèmes de la guerre en Grèce ancienne, Paris 1968.

2.1 Kriegführung bei Homer

BUCHHOLZ, H. G. (Hrsg.), Kriegswesen, 2 Bde. (Archaeologia Homerica I E), Göttingen 1977–1980.

FINLEY, M. I., The World of Odysseus, Cleveland/New York ^{2}1962.

GREENHALGH, P. A. L., Early Greek Warfare. Horsemen and Chariots in the Homeric and Archaic Ages, Cambridge (UK) 1973.

HELLMANN, O., Die Schlachtszenen der Ilias, Stuttgart 2000.

KOLB, F., Ein neuer Troia-Mythos? Traum und Wirklichkeit auf dem Grabungshügel von Hissarlik, in: BEHR, H.-J. u. a. (Hrsg.), Troia – ein Mythos in Geschichte und Rezeption, Braunschweig 2003, 8–40.

LATACZ, J., Kampfparänese, Kampfdarstellung und Kampfwirklichkeit in der Ilias, bei Kallinos und Tyrtaios, München 1977.

LATACZ, J., Troia und Homer. Der Weg zur Lösung eines alten Rätsels, Leipzig ^{5}2005.

NILSSON, M. P., Die Hoplitentaktik und das Staatswesen, in: Klio 22, 1928, 240–249.

PATZEK, B., Homer und Mykene: mündliche Dichtung und Geschichtsschreibung, München 1992.

PRITCHETT, W. K., A Recent Theory of Homeric Warfare, in: DERS., Studies in Ancient Greek Topography, Amsterdam 1991, 181–190.

SINGOR, H. W., Nine against Troy, in: Mnemosyne 44, 1991, 17–62.

ULF, C. (Hrsg.), Der neue Streit um Troia. Eine Bilanz, München 2003.

VAN WEES, H., Status Warriors. War, Violence, and Society in Homer and History, Amsterdam 1992.

VAN WEES, H., The Homeric Way of War. The Iliad and the Hoplite Phalanx, in: G & R 41, 1994, 1–18. 131–155.

WEBER, G., Neue Kämpfe um Troia. Genese, Entwicklung und Hintergründe einer Kontroverse, in: Klio 88, 2006, 7–33.

2.2 Die Hoplitenphalanx

ANDREWES, A., The Greek Tyrants, London 1956.

BERENT, M., Anthropology and the Classics: War, Violence, and the Stateless Polis, in: CQ 50, 2000, 257–289.

CARTLEDGE, P., Hoplites and Heroes. Sparta's Contribution to the Technique of Ancient Warfare, in: JHS 97, 1977, 11–23.

CAWKWELL, G. L., Orthodoxy and Hoplites, in: CQ 39, 1989, 375–389.

GOLDSWORTHY, A. K., The *Othismos*, Myths and Heresies. The Nature of Hoplite Battle, in: War in History 4, 1997, 1–26.

HANSON, V. D. (Hrsg.), Hoplites: the Classical Greek Battle Experience, London u. a. 1991.

HELBIG, W., Über die Einführungszeit der geschlossenen Phalanx, in: Sitzungsberichte der Königlich Bayerischen Akademie der Wissenschaften. Philosophisch-philologische und historische Klasse 1911, 12. Abhandlung, München 1911, 3–41.

HURWIT, J. W., Reading the Chigi Vase, in: Hesperia 71, 2002, 1–22.

KRENTZ, P., The Nature of Hoplite Battles, in: Classical Antiquity 4, 1985, 50–61.

LORIMER, H. L., The Hoplite Phalanx, with Special Reference to the Poems of Archilochos and Tyrtaeus, in: The Annual of the British School at Athens 42, 1947, 76–138.

LUGINBILL, R. D., *Othismos*: The Importance of the Mass-Shove in Hoplite Warfare, in: Phoenix 48, 1994, 51–61.

RAAFLAUB, K., Soldiers, Citizens, and the Evolution of the Early Greek Polis, in: MITCHELL, L. G./RHODES, P. J. (Hrsg.), The Development of the Polis in Archaic Greece, London/New York 1997, 49–59.

RAY, F. E., Land Battles in 5th Century B.C. Greece. A History and Analysis of 173 Engagements, Jefferson/London 2011.

SALMON, J., Political Hoplites?, in: JHS 97, 1977, 84–101.

SCHWARTZ, A., Reinstating the Hoplite. Arms, Armour and Phalanx Fighting in Archaic and Classical Greece, Stuttgart 2009.

SNODGRASS, A. M., The Hoplite Reform and History, in: JHS 84, 1965, 110–122.

SNODGRASS, A. M., The „Hoplite Reform" Revisited, in: Dialogues d'histoire ancienne 19, 1993, 47–63.

WEBER, M., Wirtschaft und Gesellschaft. Teilband 5: Die Stadt, hrsg. von W. NIPPEL, Tübingen 2000.

2.3 Sparta

CARTLEDGE, P., Spartan Education, in: DERS., Spartan Reflections, London 2001, 79-90.

CHRISTESEN, P., Xenophon's *Cyropaedia* and Military Reform in Sparta, in: JHS 126, 2006, 47–65.

FERGUSON, W. S., The Zulus and the Spartans. A Comparison of their Military System, in: Harvard African Studies 2, 1918, 197–234.

HODKINSON, S./POWELL, A. (Hrsg.), Sparta. New Perspectives, London 1999.

HODKINSON, S./POWELL, A. (Hrsg.), Sparta & War, Swansea 2006.

HUNT, P., Helots at the Battle of Plataea, in: Historia 46, 1997, 129–144.

KENNELL, N. M., The Gymnasium of Virtue. Education and Culture in Ancient Sparta, Chapel Hill/London 1995.

LAZENBY, J. F., The Spartan Army, Warminster 1985.

LÉVY, E., Sparte, Paris 2003.

LUTHER, A./MEIER, M./THOMMEN, L. (Hrsg.), Das frühe Sparta, Stuttgart 2006.

2.4 Athen

ANDERSON, J. K., Military Theory and Practice in the Age of Xenophon, Berkeley 1970.

BURCKHARDT, L. A., Bürger und Soldaten. Aspekte der politischen und militärischen Rolle athenischer Bürger im Kriegswesen des 4. Jahrhunderts v. Chr., Stuttgart 1996.

CHRIST, M. R., Conscription of Hoplites in Classical Athens, in: CQ 51, 2001, 398–422.

CROWLEY, J., The Psychology of the Athenian Hoplite. The Culture of Combat in Classical Athens, Cambridge/Mass. 2012.

DELORME, J., Gymnasion. Étude sur les monuments consacrés à l'éducation en Grèce (des origines à l'empire romain), Paris 1960.

FORNARA, C. W., The Athenian Board of Generals from 501 to 404, Wiesbaden 1971.

HAMEL, D., Athenian Generals. Military Authority in the Classical Period, Leiden 1998.

HANSEN, M. H., Demography and Democracy, Herning 1985.

MANN, CH., Krieg, Sport und Adelskultur. Zur Entstehung des griechischen Gymnasions, in: Klio 80, 1998, 7–21.

OBER, J./HEDRICK, CH. (Hrsg.), *Demokratia*. A Conversation on Democracies, Ancient and Modern, Princeton 1996.

PRITCHARD, D. M. (Hrsg.), War, Democracy and Culture in Classical Athens, Cambridge (UK)/New York 2010.

RIDLEY, R. T., The Hoplite as Citizen. Athenian Military Institutions in their Social Context, in: L'antiquité classique 48, 1979, 508–548.

ROBINSON, E., Greek Democracies and the Debate over Democratic Peace, in: HANSEN, M. H./DUCREY, P. (Hrsg.), Démocratie athénienne - démocratie moderne. Tradition et influences, Genf 2010, 277–306.

ROSIVACH, V. J., Zeugitai and Hoplites, in: Ancient History Bulletin 16, 2002, 33–43.

2.5 Seekrieg

CECCARELLI, P., Sans thalassocratie, pas de démocratie? Le rapport entre thalassocratie et démocratie à Athènes dans la discussion du Ve et IVe siècle av. J.-C., in: Historia 42, 1993, 444–470.

FINLEY, M. I., Democracy Ancient and Modern, London 1973.

GABRIELSEN, V., Financing the Athenian Fleet. Public Taxation and Social Relations, Baltimore/London 1994.

GRAHAM, A. J., Thucydides 7.13.2 and the Crews of Athenian Triremes, in: TAPhA 112, 1992, 257–270 (mit Addendum in: TAPhA 128, 1998, 89–114).

JORDAN, B., The Athenian Navy in the Classical Period. A Study of Athenian Naval Administration and Military Organization in the 5. and 4. Centuries B.C., Berkeley 1975.

KALLET-MARX, L., Money, Expense and Naval Power in Thucydides' History 1-5.24, Berkeley/Los Angeles 1993.

LAZENBY, J. F., The *Diekplous*, in: G & R 34, 1987, 169–177.

MORRISON J. S./COATES, J. F./RANKOV, N. B., The Athenian Trireme. The History and Reconstruction of an Ancient Greek Warship, Cambridge (UK) ^{2}2000.

ROSIVACH, V. J., Manning the Athenian Fleet, 433–426 BC, in: AJAH 10, 1985, 41–66.

TILLEY, A., Seafaring in the Ancient Mediterranean. New Thoughts on Triremes and other Ancient Ships, Oxford 2004.

WHITEHEAD, I., The *Periplous*, in: G & R 34, 1987, 178–186.

2.6 Der ‚Charakter' des Krieges

BURKERT, W., Homo necans. Interpretationen altgriechischer Opferriten und Mythen, Berlin/New York 1972.

CONNOR, W. R., Early Greek Land Warfare as Symbolic Expression, in: P & P 119, 1988, 3–28.

DAYTON, J. C., The Athletes of War. An Evaluation of the Agonistic Elements in Greek Warfare, Toronto 2005.

HANSON, V. D., Warfare and Agriculture in Classical Greece, Pisa 1983.

KRENTZ, P., Fighting by the Rules. The Invention of the Hoplite *Agôn*, in: Hesperia 71, 2002, 23–39.

OBER, J., The Rules of War in Classical Greece, in: DERS., The Athenian Revolution. Essays on Ancient Greek Democracy and Political Theory, Princeton 1996, 53–71.

SCHAEFER, H., Staatsform und Politik. Untersuchungen zur griechischen Geschichte des 6. und 5. Jahrhunderts, Leipzig 1932.

2.7 Söldner

AYMARD, A., Mercenariat et histoire grecque, in: Études d'histoire ancienne, Paris 1967, 487–498.

BEST, J. G., Thracian Peltasts and their Influence on Greek Warfare, Groningen 1969.

BETTALLI, M., I mercenari nel mondo greco I: Dalle origini alla fine del V sec. a.C., Pisa 1995.

DALBY, A., Greeks Abroad. Social Organisation and Food among the Ten Thousand, in: JHS 112, 1992, 16–30.

HAIDER, P., Griechen im Vorderen Orient und in Ägypten bis ca. 590 v. Chr., in: ULF, CH. (Hrsg.), Wege zur Genese griechischer Identität. Die Bedeutung der früharchaischen Zeit, Berlin 1996, 59–115.

KAPLAN, P., The Social Status of the Mercenary in Archaic Greece, in: GORMAN, V./ROBINSON, E. W. (Hrsg.), Oikistes (FS Graham), Leiden u. a. 2002, 229–243.

LANE FOX, R. (Hrsg.), The Long March. Xenophon's Anabasis, Old and New, New Haven 2004.

LEE, J. W. I., A Greek Army on the March. Soldiers and Survival in Xenophon's Anabasis, Cambridge (UK) 2007.

LISSARRAGUE, F., L'autre guerrier. Archers, peltastes, cavaliers dans l'imagerie attique, Paris 1990.

LURAGHI, N., Traders, Pirates, Warriors. The Proto-History of Greek Mercenary Soldiers in the Eastern Mediterranean, in: Phoenix 60, 2006, 21–47.

MARINOVIC, L. P., Le mercenariat grec au IVe siècle av. n.è. et la crise de la polis, Paris 1988.

MCKECHNIE, L. P., Greek Mercenary Troops and their Equipment, in: Historia 43, 1994, 297–305.

NIEMEIER, W.-D., Archaic Greeks in the Orient. Textual and Archaeological Evidence, in: Bulletin of the American Schools of Oriental Studies 322, 2001, 11–32.

NUSSBAUM, G. B., The Ten Thousand. A Study in Social Organization and Action in Xenophon's Anabasis, Leiden 1967.

PARKE, H. W., Greek Mercenary Soldiers from the Earliest Times to the Battle of Ipsus, Oxford 1933.

ROY, J., The Mercenaries of Cyrus, in: Historia 16, 1967, 287–323.

STOLL, O., Gemeinschaft in der Fremde. Xenophons „Anabasis" als Quelle zum Söldnertum im Klassischen Griechenland?, in: Göttinger Forum für Altertumswissenschaft 5, 2002, 123–183.

TRUNDLE, M. F., Greek Mercenaries from the Late Archaic Period to Alexander, London/New York 2004.

WHITEHEAD, D., Who Equipped Mercenary Troops in Classical Greece?, in: Historia 40, 1991, 105–113.

2.8 Die Veränderung der Kriegführung im 4. Jahrhundert v. Chr.

CONNOLLY, P., Experiments with the Sarissa. The Macedonian Pike and Cavalry Lance – a Functional View, in: Journal of Roman Military Equipment Studies 11, 2000, 103–112.

HAMMOND, N. G. L./GRIFFITH, G. T., A History of Macedonia, Bd. 2: 550–336 B.C., Oxford 1979.

HAMMOND, N. G. L., What may Philip have Learned as a Hostage in Thebes?, in: GRBS 38, 1997, 355–372.

HANSON, V. D., Epameinondas, The Battle of Leuktra (371 BC) and the „Revolution" in Greek Battle Tactics, in: Classical Antiquity 7, 1988, 190–207.

KONECNY, A., *Katekopsen ten moran Iphikrates*. Das Gefecht bei Lechaion im Frühsommer 390 v. Chr., in: Chiron 31, 2001, 79–127.

SCHULZ, R., Militärische Revolution und politischer Wandel. Das Schicksal Griechenlands im 4. Jahrhundert v. Chr., in: HZ 268, 1999, 281–310.

TUPLIN, CH., The Leuctra Campaign. Some Outstanding Problems, in: Klio 69, 1987, 72–107.

2.9 Fortifikation und Belagerung

ADAM, J.-P., L'architecture militaire grecque, Paris 1982.

CAMPBELL, D. B., Besieged. Siege Warfare in the Ancient World, Oxford u. a. 2006.

CONWELL, D. H., Connecting a City to the Sea. The History of the Athenian Long Walls, Leiden/Boston 2008.

DUCREY, P., La muraille est-elle un élément constitutif d'une cité?, in: HANSEN, M. H. (Hrsg.), Sources for the Ancient Greek City-State, Kopenhagen 1995, 245–256.

FREDERIKSEN, R., Greek City Walls of the Archaic Period (900–480 BC), Oxford 2011.

GARLAN, Y., Recherches de poliorcétique grecque, Paris 1974.

KAGAN, D., The Peloponnesian War, London/New York 2003.

KERN, P. B., Ancient Siege Warfare, Bloomington 1999.

LAWRENCE, A. W., Greek Aims in Fortification, Oxford 1979.

LERICHE, P./TRÉZINY, H. (Hrsg.), La fortification dans l'histoire du monde grec, Paris 1982.

LOMAN, P., No Woman no War. Women's Participation in Ancient Greek Warfare, in: G & R 51, 2004, 34–54.

MAIER, F. G., Griechische Mauerbauinschriften. 2 Bde., Heidelberg 1959–1961.

MAIER, F. G., Nordost-Tor und persische Belagerungsrampe in Alt-Paphos, Mainz 2008.

MARSDEN, F. G., Greek and Roman Artillery. Historical Development, Oxford 1969.

OBER, J., Early Artillery Towers. Messenia, Boiotia, Attica, Megarid, in: AJA 91, 1987, 569–604.

OBER, J., Thucydides, Pericles, and the Strategy of Defense, in: DERS., The Athenian Revolution. Essays on Ancient Greek Democracy and Political Theory, Princeton 1996, 72–85.

3. Hellenismus

CHANIOTIS, A., War in the Hellenistic World. A Social and Cultural History, Malden 2005.

COUVENHES, J.-CH. u. a. (Hrsg.), Pratiques et identités culturelles des armées hellénistiques du monde méditerranéen, Bordeaux 2011.

COUVENHES, J.-CH./FERNOUX, H. L. (Hrsg.), Les cités grecques et la guerre en Asie Mineure à l'époque hellénistique, Tours 2004.

GRIFFITH, G. T., The Mercenaries of the Hellenistic World, Groningen 1935.

LAUNEY, M., Recherches sur les armées hellénistiques. 2 Bde., Paris 1949/50.

MARSDEN, E. W., Polybios as a Military Historian, in: GABBA, E. (Hrsg.), Polybe, Genf 1974, 269–301.

MEISSNER, B., Die Kultur des Krieges, in: WEBER, Gr. (Hrsg.), Kulturgeschichte des Hellenismus: von Alexander dem Großen bis Kleopatra, Stuttgart 2007, 202–223.

MORRISON, J. S./COATES, J. F., Greek and Roman Oared Warships, Oxford 1996.

MURRAY, W., The Age of Titans. The Rise and Fall of the Great Hellenistic Navies, Oxford 2012.

SEKUNDA, N., Hellenistic Infantry Reform in the 160s BC, Lodz 2001.

TARN, W. W., Hellenistic Military and Naval Developments, Cambridge (UK) 1930.

WALBANK, F. W., A Historical Commentary on Polybius. 3 Bde., Oxford 1957–1979.

3.1 Der Alexanderzug

ASHLEY, J. R., The Macedonian Empire. The Era of Warfare under Philip II and Alexander the Great, 359–323 BC, Jefferson/NC 1998.

BOSWORTH, A. B., Conquest and Empire. The Reign of Alexander the Great, Cambridge (UK) 1988.

CARNEY, E., Macedonians and Mutiny. Discipline and Indiscipline in the Army of Philip and Alexander, in: CPh 91, 1996, 19–44.

ENGELS, D., Alexander the Great and the Logistics of the Macedonian Army, Berkeley 1978.

FULLER, J. F. C., The Generalship of Alexander the Great, London 1958.

GAEBEL, R. E., Cavalry Operations in the Ancient Greek World, Norman 2002.

HANSON, V. D., Carnage and Culture. Landmark Battles in the Rise of Western Power, New York u. a. 2001.

HECKEL, W., The Marshals of Alexander's Empire, London 1992.

HECKEL, W., King and „Companions": Observations on the Nature of Power in the Reign of Alexander, in: ROISMAN, J. (Hrsg.), Brill's Companion to Alexander the Great, Leiden 2003, 197–225.

LANE FOX, R., Alexander the Great, London 1973.

STRAUSS, B. S., Alexander. The Military Campaign, in: ROISMAN, J. (Hrsg.), Brill's Companion to Alexander the Great, Leiden 2003, 133–158.

3.2 Die Heere der hellenistischen Könige

AUSTIN, M. M., Hellenistic Kings, War and the Economy, in: CQ 36, 1986, 450–466.

BAR-KOCHVA, B., The Seleucid Army. Organization and Tactics in the Great Campaigns, Cambridge (UK) 1976.

EPPLETT, CH., War Elephants in the Hellenistic World, in: HECKEL, W./TRITLE, L./WHEATLEY, P. (Hrsg.), Alexander's Empire. Formulation to Decay, Claremont 2007, 209–232.

GEHRKE, H.-J., Der siegreiche König. Überlegungen zur hellenistischen Monarchie, in: AKG 64, 1982, 247–277.

HAMMOND, N. G. L., The Battle of Pydna, in: JHS 104, 1984, 38–47.

HAMMOND, N. G. L., The Campaign and Battle of Cynoscephalae (197 BC), in: JHS 108, 1988, 60–82.

HATZOPOULOS, M. B., L'organisation de l'armée Macédonienne sous les Antigonides, Athen 2001.

LENDLE, O., Texte und Untersuchungen zum technischen Bereich der antiken Poliorketik, Wiesbaden 1983.

LESQUIER, J., Les institutions militaires de l'Égypte sous les Lagides, Paris 1911.

PFEIFFER, S., Zur Einquartierung von Soldaten des ptolemäischen Heeres. Rechtsgrundlagen, Konflikte und Lösungsstrategien, in: DERS., (Hrsg.), Äypten unter fremden Herrschern zwischen persischer Satrapie und römischer Provinz, Frankfurt 2007, 165–185.

REINACH, A.-J., Les mercenaires et les colonies militaires de Pergame, in: Revue archéologique 12, 1908, 174–218. 364–389; 13, 1909, 102–119. 363–377; 14, 1909, 55–70.

ROISMAN, J., Alexander's Veterans and the Early Wars of the Successors, Austin 2012.

SCULLARD, H. H., The Elephant in the Greek and Roman World, Ithaca 1974.

UEBEL, F., Die Kleruchen Ägyptens unter den ersten sechs Ptolemäern, Berlin 1968.

WINNICKI, J. K., Ptolemäerarmee in Thebais, Wroclaw 1978.

3.3 Das Militär der hellenistischen Poleis

GABRIELSEN, V., The Naval Aristocracy of Hellenistic Rhodes, Aarhus 1997.

GRUEN, E. S., The Polis in the Hellenistic World, in: ROSEN, R. M./FARRELL, J. (Hrsg.), Nomodeiktes (FS Ostwald), Ann Arbor 1993, 339–354.

HABICHT, C., Athen: Die Geschichte der Stadt in hellenistischer Zeit, München 1995.

KAH, D., Militärische Ausbildung im hellenistischen Gymnasion, in: DERS./SCHOLZ, P. (Hrsg.), Das hellenistische Gymnasion, Berlin 2004, 47–90.

WIEMER, H.-U., Krieg, Handel und Piraterie. Untersuchungen zur Geschichte des hellenistischen Rhodos, Berlin 2002.

WILLIAMS, M. F., Philopoemen's Special Forces. Peltasts and a New Kind of Greek Light-Armed Warfare, in: Historia 53, 2004, 257–277.

4. Römische Republik

ADCOCK, F. E., The Roman Art of War under the Republic, Cambridge (Mass.) 1940.

CORNELL, T., The Beginnings of Rome. Italy and Rome from the Bronze Ages to the Punic Wars (c. 1000–264 BC), London 1995.

COULSTON, J. C./BISHOP, M. C., Roman Military Equipment. From the Punic Wars to the Fall of Rome, Oxford ^{2} 2006.

ERDKAMP, P. (Hrsg.), A Companion to the Roman Army, Malden 2007.

JAMES, S., Rome and the Sword. How Warriors and Weapons Shaped Roman History, London 2011.

KEPPIE, L., The Making of the Roman Army, London 1984.

LAZENBY, J. F., Hannibal's War. A Military History of the Second Punic War, Warminster 1978.

LAZENBY, J. F., The First Punic War. A Military History, London 1996.

RAWSON, E., The Literary Sources for the Pre-Marian Army, in: PBSR 39, 1971, 13–31.

ROTH, J. P., The Logistics of the Roman Army at War, 264 B.C.–A.D. 235, Leiden 1999.

4.1 Organisation, Rekrutierung, Heeresstärke

BRUNT, P. A., Italian Manpower: 225 B.C.–A.D. 14, Oxford 1971.

HARRIS, W. V., Roman Warfare in the Economic and Social Context of the 4th Century BC, in: EDER, W. (Hrsg.), Staat und Staatlichkeit in der frühen römischen Republik, Stuttgart 1990, 494–510.

RAWLINGS, L., Condottieri and Clansmen, in: HOPWOOD, K. (Hrsg.), Organised Crime in Antiquity, London 1999, 97–127.

TIMPE, D., Das Kriegsmonopol des römischen Staates, in: EDER, W. (Hrsg.), Staat und Staatlichkeit in der frühen römischen Republik, Stuttgart 1990, 368–387.

4.2 Bewaffnung und Kampftaktik

BURNS, M. T., The Homogenisation of Military Equipment under the Roman Republic, in: Digressus Suppl. 1, 2003, 60–85.

KOON, S., Phalanx and Legion. The „Face" of Punic War Battle, in: HOYOS, D. (Hrsg.), A Companion to the Punic Wars, Chichester 2011, 77–94.

MCCALL, J. B., The Cavalry of the Roman Republic. Cavalry Combat and Élite Reputations in the Middle and Late Republic, London/New York 2002.

OAKLEY, P. S., Single Combat in the Roman Republic, in: CQ 35, 1985, 392–410.

L. RAWLINGS, Army and Battle during the Conquest of Italy (350–264 BC), in: 4: ERDKAMP, Companion, 45–62.

ROSENSTEIN, N. S., Rome at War. Farms, Families, and Death in the Middle Republic, Chapel Hill/London 2004.

ROSENSTEIN, N. S., Phalanges in Rome?, in: FAGAN, G. G./TRUNDLE, M. (Hrsg.), New Perspectives on Ancient Warfare, Leiden 2010, 289–303.

ZHMODIKOV, A., Roman Republican Heavy Infantrymen in Battle (IV–II centuries BC), in: Historia 49, 2000, 67–78.

4.3 Rituale des Krieges

ALBERT, S., *Bellum iustum*. Die Theorie des „gerechten Krieges" und ihre praktische Bedeutung für die auswärtigen Auseinandersetzungen Roms in republikanischer Zeit, Kallmünz 1980.

BASTIEN, J.-L., Triomphe Romain et son utilization politique à Rome aux trois derniers siècles de la république, Rom 2007.

BEARD, M., The Roman Triumph, Cambridge (Mass.) 2007.

CHAMPION, C. B. (Hrsg.), Roman Imperialism. Readings and Sources, Oxford 2004.

FLAIG, E., Ritualisierte Politik. Zeichen, Gesten und Herrschaft im Alten Rom, Göttingen 2003.

FRANK, T., Roman Imperialism, New York 1914.

HARRIS, W. V., War and Imperialism in Republican Rome, 327–70 B.C., New York/Oxford 1979.

HEUSS, A., Die völkerrechtlichen Grundlagen der römischen Außenpolitik in republikanischer Zeit, Leipzig 1933.

ITGENSHORST, T., *Tota illa pompa*. Der Triumph in der römischen Republik, Göttingen 2005.

LIEBS, D., *Bellum iustum* in Theorie und Praxis, in: AVENARIUS, M. (Hrsg.), *Ars iuris* (FS Behrends), Göttingen 2009, 305–318.

LORETO, L., Il *bellum iustum* e i suoi equivoci. Cicerone ed una componente della rappresentazione romana del Völkerrecht antico, Neapel 2001.

MOMMSEN, TH., Römisches Staatsrecht. Bd. III.1, Leipzig 1887.

ÖSTENBERG, I., Staging the World. Spoils, Captives, and Representation in the Roman Triumphal Procession, Oxford 2009.

ROSENSTEIN, N. S., *Imperatores Victi*. Military Defeat and Aristocratic Competition in the Middle and Late Republic, Berkeley 1990.

RÜPKE, J., *Domi militiae*. Die religiöse Konstruktion des Krieges in Rom, Stuttgart 1990.

VERSNEL, H., *Triumphus*. An Inquiry into the Origin, Development and Meaning of the Roman Triumph, Leiden 1970.

WIEDEMANN, TH., The *Fetiales*. A Reconsideration, in: CQ 36, 1986, 478–490.

4.4 Das Heer in den Bürgerkriegen der Späten Republik

BELL, M. J. V., Tactical Reform in the Roman Republican Army, in: Historia 14, 1965, 404–422.

BLÖSEL, W., Die Demilitarisierung der römischen Nobilität von Sulla bis Caesar, in: DERS./HÖLKESKAMP, K.-J. (Hrsg.), Von der *militia equestris* zur *militia urbana*. Prominenzrollen und Karrierefelder im antiken Rom, Stuttgart 2011, 55–80.

DE BLOIS, L. The Roman Army and Politics in the First Century B.C., Amsterdam 1987.

BOTERMANN, H., Die Soldaten und die römische Politik in der Zeit von Caesars Tod bis zur Begründung des Zweiten Triumvirats, München 1968.

DAHLHEIM, W., Die Armee eines Weltreiches. Der römische Soldat und sein Verhältnis zu Staat und Gesellschaft, in: Klio 74, 1992, 197–220.

ERDMANN, E., Die Rolle des Heeres in der Zeit von Marius bis Caesar, Neustadt 1972.

GABBA, E., Esercito e società nella tarda repubblica Romana, Florenz 1973.

HARMAND, J., L'armée et le soldat à Rome de 107 à 50 avant notre ère, Paris 1967.

HOPKINS, K., Conquerors and Slaves, Cambridge (UK) 1978.

KEPPIE, L., Colonisation and Veteran Settlement in Italy 47–14 BC, London 1983.

RICH, J. W., The Supposed Roman Manpower Shortage of the Later Second Century B.C., in: Historia 32, 1983, 287–331.

SCHNEIDER, H.-C., Das Problem der Veteranenversorgung in der späteren römischen Republik, Bonn 1977.

TOYNBEE, R., Hannibal's Legacy. The Hannibalic War's Effects on Roman Life, Oxford 1965.

5. Römische Kaiserzeit

ECK, W./WOLFF, H. (Hrsg.), Heer und Integrationspolitik. Die römischen Militärdiplome als historische Quelle, Köln/Wien 1986.

GABBA, E., Per la storia dell'esercito romano in età imperiale, Bologna 1974.

LE BOHEC, Y., Die römische Armee. Von Augustus zu Konstantin d. Gr., Stuttgart 1993 (franz. 1989).

RICH, J./SHIPLEY, G. (Hrsg.), War and Society in the Roman World, London 1993.

SPEIDEL, M. P., Roman Army Studies. Bd. 1, Amsterdam 1984; Bd. 2, Stuttgart 1992.

5.1 Entstehung und Struktur des kaiserzeitlichen Berufsheeres

ALFÖLDY, G., Die Generalität des römischen Heeres, in: Bonner Jahrbücher 169, 1969, 233–246.

CHEESMAN, G. L., *Auxilia* of the Roman Army, Oxford 1914.

DOMASZEWSKI, A. VON, Die Rangordnung des römischen Heeres, Köln u. a. ²1967.

EICH, A. (Hrsg.), Die Verwaltung der kaiserzeitlichen römischen Armee (FS H. Wolff), Stuttgart 2009.

FARNUM, J. H., The Positioning of the Roman Imperial Legions, Oxford 2005.

HOLDER, P. A., Studies on the *Auxilia* of the Roman Army from Augustus to Trajan, Oxford 1980.

KIENAST, D., Untersuchungen zu den Kriegsflotten der römischen Kaiserzeit, Bonn 1966.

LE BOHEC, Y./WOLFF, C. (Hrsg.), Les légions de Rome sous le Haut-Empire. 3 Bde., Paris 2000–2003.

RAAFLAUB, K., Die Militärreformen des Augustus und die politische Problematik des frühen Prinzipats, in: BINDER, G. (Hrsg.), Saeculum Augustum I: Herrschaft und Gesellschaft, Darmstadt 1987, 246–307.

RITTERLING, E., s.v. *legio*, in: RE XII 1, 1924, 1186–1328; RE XII 2, 1925, 1329–1837.

SADDINGTON, D .B., *Classes*. The Evolution of the Roman Imperial Fleets, in: 4: ERDKAMP, Companion, 201–217.

SADDINGTON, D. B., The Development of Auxiliary Forces from Caesar to Vespasian (49 B.C.–A.D. 79), Harare 1982.

STARR, CH. G., The Roman Imperial Navy 31 B.C.–A.D. 324, Cambridge (UK) ²1960.

5.2 Rekrutierung und Alltag der Soldaten

ALSTON, R., Soldier and Society in Roman Egypt, London 1995.

BREEZE, D .J., The Career Structure below the Centurionate during the Principate, in: ANRW II.1, 435–451.

BRUNT, P. A., Conscription and Volunteering in the Roman Imperial Army, in: DERS., Roman Imperial Themes, Oxford 1990, 188–214.

CUVIGNY, H. (Hrsg.), Didymoi. Une garnison romaine dans le désert oriental d'Égypte. II – les textes, Kairo 2012.

FINK, R. O., Roman Military Records on Papyrus, Cleveland 1971.

FLAIG, E., Den Kaiser herausfordern. Die Usurpation im Römischen Reich, Frankfurt 1992.

FORNI, G., Il reclutamento delle legioni da Augusto a Diocleziano, Mailand 1953.

KRAFT, K., Zur Rekrutierung von Alen und Kohorten an Rhein und Donau, Bern 1951.

LE BOHEC, Y., La IIIème Légion Auguste, Paris 1989.

MACMULLEN, R., The Legion as Society, in: Historia 33, 1984, 440–456.

MANN, J. C., Legionary Recruitment and Veteran Settlement during the Principate, London 1983.

MÓCSY, A., Pannonien und das römische Heer. Ausgewählte Aufsätze, Stuttgart 1992.

MOMMSEN, TH., *Militum provincialium patriae*, in: Ephemeris Epigraphica 5, 1884, 159–249.

PHANG, S., The Marriage of Roman Soldiers (13 BC–AD 235). Law and Family in the Imperial Society, Leiden 2001.

ROSTOVTZEFF, M., The Social and Economic History of the Roman Empire. 2 Bde., Oxford ^{2}1957.

SCHEIDEL, W., Rekruten und Überlebende. Die demographische Struktur der römischen Legionen in der Prinzipatszeit, in: Klio 77, 1995, 232–254.

SCHMETTERER, CH., Die rechtliche Stellung römischer Soldaten im Prinzipat, Wiesbaden 2012.

VITTINGHOFF, F., Die rechtliche Stellung der *canabae legionis* und die Herkunftsangabe „*castris*", in: Chiron 1, 1971, 299–318.

WHITTAKER, C. R., Supplying the Army. Evidence from Vindolanda, in: 5.5: ERDKAMP, Roman Army and Economy, 204–234.

5.3 Strategie und Taktik

BOSWORTH, A. B., Arrian and the Alani, in: HStClPh 81, 1977, 217–255.

COULSTON, J., Roman, Parthian and Sassanid Tactical Developments, in: FREEMAN, P./KENNEDY, D. (Hrsg.), The Defence of the Roman and Byzantine East, Oxford 1986, 59–75.

EICH, A., Der Wechsel zu einer neuen *grand strategy* unter Augustus und seine langfristigen Folgen, in: HZ 288, 2009, 561–611.

ISAAC, B., The Limits of Empire. The Roman Army in the East, Oxford 1990.

KAGAN, K., Redefining Roman Grand Strategy, in: Journal of Military History 70, 2006, 333–362.

KIECHLE, F., Die „Taktik" des Flavius Arrianus, in: 45. Bericht der Römisch-Germanischen Kommission, Berlin 1965, 87–129.

LUTTWAK, E., The Grand Strategy of the Roman Empire, from the First Century A.D. to the Third, Baltimore 1976.

WHEELER, E. L., The Legion as Phalanx, in: Chiron 9, 1979, 303–318.

WHEELER, E. L., Methodological Limits and the Mirage of Roman Strategy, in: Journal of Military History 57, 1993, 7–41. 215–240.

WHITTAKER, C. R., Rome and its Frontiers. The Dynamics of Empire, London/New York 2004.

WOLTERS, R., Die Schlacht im Teutoburger Wald. Arminius, Varus und das römische Germanien, München 2008.

5.4 Kaiser und Soldaten

ALFÖLDI, A., Die monarchische Repräsentation im römischen Kaiserreiche, Darmstadt 1970.

CAMPBELL, J. B., The Emperor and the Roman Army, 31 BC–AD 235, New York/Oxford 1984.

HANDY, M., Die Severer und das Heer, Berlin 2009.

PREMERSTEIN, A. VON, Vom Werden und Wesen des Prinzipats, aus dem Nachlass herausgegeben von H. VOLKMANN, München 1937.

SPEIDEL, M. P., Das Heer, in: JOHNE, Kl.-P. (Hrsg.), Die Zeit der Soldatenkaiser. Krise und Transformation des Römischen Reiches im 3. Jahrhundert n. Chr. (235–284), Berlin 2008, 673–690.

STÄCKER, J., *Princeps* und *miles*. Studien zum Bindungs- und Nahverhältnis von Kaiser und Soldat im 1. und 2. Jahrhundert n. Chr., Hildesheim 2003.

5.5 Die sozioökonomische Bedeutung der Armee

CAMPBELL, J. B., War and Society in Imperial Rome, New York 2002.

DE BLOIS, L./LO CASCIO, E. (Hrsg.), Impact of the Roman Army (200 BC–AD 476). Economic, Social, Political, Religious, and Cultural Aspects, Leiden 2007 (Impact of Empire 6).

ERDKAMP, P. (Hrsg.), The Roman Army and the Economy, Amsterdam 2002.

FLAIG, E., Römer werden um jeden Preis? Integrationskapazität und Integrationswilligkeit am Beispiel des Bataveraufstandes, in: WEINMANN-WALSER, M. (Hrsg.), Historische Interpretationen (FS G. Walser), Stuttgart 1995, 45–60.

HAYNES, I. P., The Impact of Auxiliary Recruitment on Provincial Societies from Augustus to Caracalla, in: DE BLOIS, L. (Hrsg.), Administration, Prosopography, and Appointment Policies in the Roman Empire, Amsterdam 2001 (Impact of Empire 1), 62–83.

HESBERG, H. VON (Hrsg.), Das Militär als Kulturträger in römischer Zeit, Köln 1999.

PFERDEHIRT, B., Die Rolle des Militärs für den sozialen Aufstieg in der römischen Kaiserzeit, Mainz 2002.

STROBEL, K., Vom marginalen Grenzraum zum Kernraum Europas. Das Römische Heer als Motor der Neustrukturierung historischer Landschaften und Wirtschaftsräume, in: DE BLOIS/LO CASCIO (Hrsg.), Impact, 207–238.

6. Spätantike

BELL H. I. u. a., The Abinneus Archive. Paper of a Roman Army Officer in the Reign of Constantius II., Oxford 1962.

CARRIÉ, J.-M./JANNIARD, S., L'armée romaine tardive dans quelques travaux récents. 1ère partie: L'institution militaire et les modes de combat, in: Antiquité Tardive 8, 2000, 321–341; 2ème partie: Stratégies et techniques militaires, in: Antiquité Tardive 9, 2001, 351–361; 3ème partie: Fournitures militaires, recrutement et archéologie des fortifications, in: Antiquité Tardive 10, 2002, 427–442.

CRUMP, G., Ammianus Marcellinus as Military Historian, Wiesbaden 1975.

DODGEON, M. H./GREATREX, G./LIEU, S. N. C., The Roman Eastern Frontier and the Persian Wars. A Documentary History. Part I (AD 226–363), London/New York 1991; Part II (AD 363–630), London/New York 2002.

ELTON, H., Warfare in Roman Europe, A.D. 350–425, Oxford 1995.

KULIKOWSKI, M., The *Notitia dignitatum* as a Historical Source, in: Historia 49, 2000, 358–377.

LE BOHEC, Y., Das römische Heer in der späten Kaiserzeit, Stuttgart 2010 (franz. 2007).

LE BOHEC, Y./WOLFF, C. (Hrsg.), L'armée romaine de Dioclétien à Valentinien Ier, Paris 2004.

Mommsen, Th., Das römische Militärwesen seit Diocletian, in: Hermes 24, 1889, 195–279.

Nicasie, M., Twilight of Empire. The Roman Army from the Reign of Diocletian until the Battle of Adrianople, Leiden 1998.

Southern, P./Dixon, K., The Late Roman Army, London 1996.

6.1 Organisatorische und taktische Entwicklungen

Boak, A. E. R., Manpower Shortage and the Fall of the Roman Empire, London 1955.

Ferrill, A., The Fall of Rome. The Military Explanation, New York 1986.

Grosse, R., Römische Militärgeschichte von Gallienus bis zum Beginn der byzantinischen Themenverfassung, Berlin 1920.

Hoffmann, D., Das spätrömische Bewegungsheer und die *Notitia Dignitatum*. 2 Bde., Düsseldorf 1969/70.

Lee, A. D., War in Late Antiquity. A Social History, Malden 2007.

MacMullen, R., Soldier and Civilian in the Later Roman Empire, Cambridge/Mass. 1963.

Mitthof, F., *Annona militaris*. Die Heeresversorgung im spätantiken Ägypten. 2 Bde., Florenz 2001.

Seston, W., Du *comitatus* de Dioclétien aux *comitatenses* de Constantin, in: Historia 4, 1955, 284–296.

6.2 Die ‚Barbarisierung' des römischen Heeres

Brennecke, H. Ch., „An fidelis ad militiam converti possit"? [Tertullian, de idolatria 19,1] Frühchristliches Bekenntnis und Militärdienst im Widerspruch?, in: Wyrwa, D. u. a. (Hrsg.), Die Weltlichkeit des Glaubens in der Alten Kirche (FS U. Wickert), Berlin/New York 1997, 45–100.

Burns, Th., Barbarians within the Gates of Rome. A Study of Roman Military Policy and the Barbarians, ca. 375–425 A.D., Bloomington 1994.

MacMullen, R., Christianizing the Roman Empire, New Haven 1984.

Sander, E., Die Germanisierung des römischen Heeres, in: HZ 160, 1939, 1–34.

Shaw, B. D., War and Violence, in: Bowersock, G. W. (Hrsg.), Late Antiquity. A Guide to the Postclassical World, Cambridge/Mass. 1999, 130–169.

Shean, J. F., Soldiering for God. Christianity and the Roman Army, Leiden/Boston 2010.

WHITBY, M., Emperors and Armies, AD 235–395, in: SWAIN, S./EDWARDS, M. (Hrsg.), Approaching Late Antiquity. The Transformation from Early to Late Empire, Oxford 2004, 156–185.

7. Militärschriftstellerei

Aeneas Tacticus, Asclepiodotus, and Onasander. Translated by Illinois Greek Club, London 1962.

AMBAGLIO, D., I trattato „Sul comandante" di Onasandro, in: Athenaeum 59, 1981, 353–371.

BENGTSON, H., Die griechische Polis bei Aeneas Tacticus, in: Historia 11, 1962, 458–468.

BRODERSEN, K. (Hrsg.), Polyainos. Neue Studien, Berlin 2010.

CHARLES, M. B., Vegetius in Context. Establishing the Date of the *Epitoma Rei Militaris*, Stuttgart 2007.

GALIMBERTI, A., Lo *Strategikòs* di Onasandro, in: SORDI, M. (Hrsg.), Guerra e diritto nel mondo greco e romano, Mailand 2002, 141–154.

GORDON, C. D., Vegetius and his proposed Reforms of the Army, in: EVANS, J.A.S. (Hrsg.), Polis and Imperium (FS E.T. Salmon), Toronto 1974, 35–58.

IRELAND, R. I., De rebus bellicis, Oxford 1979.

KÖCHLY, H./RÜSTOW, W., Griechische Kriegsschriftsteller. 2 Bde., Leipzig 1853–1855.

LE BOHEC, Y., Que voulait Onesandros?, in: BURNAND, Y./LE BOHEC, Y. (Hrsg.), Claude de Lyon. Émpereur Romain, Paris 1979, 169–179.

LEHMANN, G. A., Aeneas Tacticus und die politisch-soziale Krise der zeitgenössischen Polis-Welt. Einige kritische Anmerkungen, in: Index. Quaderni camerti di studi romanistici 17, 1989, 105–115.

MÜLLER, F. L., Vegetius. *Epitoma rei militaris* – Abriß des Militärwesens, Stuttgart 1997.

PETERS, W., Untersuchungen zu Onasander, Bonn 1972.

WHITEHEAD, D./BLYTH, P. H., Athenaeus Mechanicus, On Machines (*Peri mēchanēmatōn*), Translated with Introduction and Commentary, Stuttgart 2004.

WHITEHEAD, D., Apollodorus Mechanicus, Siege-matters (*Poliorkētika*), Translated with Introduction and Commentary, Stuttgart 2010.

WINTERLING, A., Polisbegriff und Stasistheorie des Aeneas Tacticus. Zur Frage der Grenzen der griechischen Polisgesellschaften im 4. Jahrhundert v. Chr., in: Historia 40, 1991, 193–229.

Abkürzungen

AJA	American Journal of Archaeology
AJAH	American Journal of Ancient History
AKG	Archiv für Kulturgeschichte
ANRW	Aufstieg und Niedergang der römischen Welt
CPh	Classical Philology
CQ	Classical Quarterly
G & R	Greece & Rome
GRBS	Greek, Roman and Byzantine Studies
HdAW	Handbuch der Altertumswissenschaften
HStClPh	Harvard Studies in Classical Philology
HZ	Historische Zeitschrift
JHS	Journal of Hellenic Studies
JRS	Journal of Roman Studies
P & P	Past & Present
PBSR	Papers of the British School at Rome
RE	Realencyclopädie der classischen Altertumswissenschaft
REG	Revue des études grecques
TaPha	Transactions and Proceedings of the American Philological Association

Register

Personenregister

Achilleus   3–5, 26, 62, 89f.
ADAM, J.-P.   84f.
ADCOCK, F. E.   97
Agamemnon   3
Agricola   46
Agrippa   41
Ailianos   56
Aineias Taktikos   56, 86, 134
ALBERT, S.   103f.
Alexander der Große   1, 21, 23–28, 35, 53, 59, 62, 88–92, 95
ALFÖLDY, G.   113, 122, 124
Alkaios   17
ALONSO, V.   63f.
ALSTON, R.   116, 123
AMBAGLIO, D.   134
Ammianus Marcellinus   52f., 125, 127, 132
Amompharetos   72
ANDERSON, J. K.   74, 82
ANDREAU, J.   61, 79
ANDREWES, A.   68
Antigonos Monophthalmos   28, 87
Antiochos III.   31
Antiochos IV.   94
Apollodoros Mechanikos   56
Apries   17
Archilochos   6, 17, 67
Ares   1
Aristophanes   16
Aristoteles   71
Arminius   43, 123
Arrianos   47, 56, 119f.
ASHLEY, J. R.   90
Asklepiodotos   56
Athenaios Mechanikos   56
Augustinus   1, 104
Augustus   31, 39–42, 103, 106, 109, 111, 116, 118, 120, 125
Aurelian   49
AUSTIN, M. M.   91, 94
AYMARD, A.   80

BAKER, P.   80
Bar Kochba   115
BAR-KOCHVA, B.   92, 94
BASTIEN, J.-L.   106f.
BEARD, M.   106
BEKKER-NIELSEN, T.   74, 94
BELL, H. I.   125
BELL, M. J. V.   107f.
Bellona   36
BENGTSON, H.   134
BERENT, M.   70
BEST, J. G.   81f.
BESTON, P.   87, 91
BETTALLI, M.   81
BLÖSEL, W.   110
BLOIS, L. DE   109f.
BLYTH, P. H.   134
BOAK, A. E. R.   130
BOSWORTH, A. B.   89f., 119
BOTERMANN, H.   109f.
BREEZE, D. J.   115
BRENNECKE, H. CH.   133
BRIANT, P.   61
BRODERSEN, K.   134
BRUN, P.   95
BRUNT, P. A.   99, 108, 114, 122
BURCKHARDT, L. A.   62, 71, 73f., 80, 84, 100
BURKERT, W.   77
BURNS, M. T.   100
BURRER, F.   61, 77, 96

Caesar, Gaius Julius   1, 39f., 54, 56, 97, 108f.
Caligula   48
CAMPBELL, D. B.   86, 93
CAMPBELL, J. B.   62, 110, 121
CARNEY, E.   89
CARRIÉ, J.-M.   124, 132
CARTLEDGE, P.   68, 72
Cassius Dio   105
CAWKWELL, G. L.   69
CECCARELLI, P.   76
CHAMPION, C. B.   102
CHANIOTIS, A.   88, 90, 95, 124
CHANKOWSKI, A. S.   96
CHARLES, M. B.   135

CHEESMAN, G. L.   112
CHRIST, M. R.   73
CHRISTESEN, P.   72
Cicero, Marcus Tullius   104
Civilis, Gaius Julius   43
Claudius   48, 112
CLAUSEWITZ, C. VON   60, 88
COATES, J. F.   88, 93
CONNOLLY, P.   84
CONNOR, W. R.   78
Constantius II.   129
CONWELL, D. H.   85
Corbulo, Gnaeus Domitius   47
Cornelius Nepos   82
CORNELL, T.   97, 99
CORVISIER, J.-N.   62
COUDRY, M.   61
COULSTON, J.   120
COUVENHES, J.-CH.   88, 95f.
CROWLEY, J.   74
CRUMP, G.   125
CUVIGNY, H.   116

DAHLHEIM, W.   109
DALBY, A.   81
Dareios III.   24–26
DAYTON, J. C.   78f.
DELBRÜCK, H.   59f., 62, 83f., 99f., 127f., 130
DELORME, J.   73
Demetrios Poliorketes   27, 29, 93
DESCAT, R.   61
DETIENNE, M.   77
Diodor   82, 87
Diokletian   49f., 52, 54, 124–127, 129, 132
Diomedes   3
Dionysios von Halikarnassos   103, 105
Dionysios I.   22, 86
DIXON, K.   128f.
DODGEON, M. H.   125
DOMASZEWSKI, A. VON   113, 115
Domitian   41
DROYSEN, H.   79
Drusus   41
DUCAT, J.   71
DUCREY, P.   62f., 71, 79, 82, 84, 124

ECK, W.   111, 114f.
EICH, A.   111f., 116–118, 130
ELTON, H.   124, 127f., 131
ENGELS, D.   90

Epameinondas   20, 59, 63, 83
EPPLETT, CH.   93
ERDKAMP, P.   107, 123
ERDMANN, E.   109
Eumenes   28, 87, 90f.
Euripides   16

FARNUM, J. H.   112
FERGUSON, R. B.   62, 71
FERNOUX, H. L.   88, 95f.
FERRILL, A.   128
FINK, R. O.   116
FINLEY, M.   60f., 66f., 71, 76
FLAIG, E.   105, 115, 121f., 124
Flavius Josephus   45, 111
FORNARA, C. W.   73
FORNI, G.   113f.
FOXHALL, L.   79
FRANK, T.   102
FREDERIKSEN, R.   84
Frontinus   56
FULLER, J. F. C.   89f.

GABBA, E.   108f., 125, 133
GABRIELSEN, V.   76f., 96
GAEBEL, R. E.   90, 92
Gaius Gracchus   38
Galba   48, 121
GALIMBERTI, A.   135
Gallienus   125
GARLAN, Y.   59, 61, 63, 79, 85f., 88, 93, 96
GEHRKE, H.-J.   91, 93
Germanicus   121
Glaukos   3
GOLDSWORTHY, A. K.   61, 69f., 108
GORDON, C. D.   135
GRAHAM, A. J.   77
Gratian   135
GREATREX, G.   125
GREENHALGH, P. A. L.   66, 68
GRIFFITH, G. T.   83, 88, 91
GROSSE, R.   125, 131
GRUEN, E. S.   95

HABICHT, C.   95
Hadrian   44, 47, 114, 119
HAIDER, P.   79f.
HAMEL, D.   73
HAMMOND, N. G. L.   83, 94
HANDY, M.   122
HANEL   123

HANNESTAD, L.   74, 94
Hannibal   59
HANSEN, M. H.   73, 76
HANSON, V. D.   61–63, 69, 71, 74, 79, 83, 89
HARMAND, J.   109
HARRIS, W. V.   98, 102, 105
HATZOPOULOS, M. B.   93
HAYNES, I. P.   124
HECKEL, W.   89f.
HEDRICK, CH.   74, 76
Hektor   3
HELBIG, W.   68
HELLMANN, O.   67
Herakles   89
Heraklit   1
Herodot   1, 10, 17, 68, 72, 75
HESBERG, H. VON   123
HEUSS, A.   102
HIMMLER, F.   62, 129
HODKINSON, S.   71f.
HOFFMANN, D.   126, 132
HOLDER, P. A.   112
Homer   1–5, 8f., 28, 64–69, 87, 90
HOPKINS, K.   108
HORNBLOWER, S.   72
HUMBLE, N.   72
HUMM, M.   61
HUNT, P.   61, 72, 77
HURWIT, J. W.   68

Iphikrates   19, 82
IRELAND, R. I.   135
ISAAC, B.   118
ITGENSHORST, T.   105f.

JANNIARD, S.   124
JARVA, E.   64, 68
JEHNE, M.   64
JORDAN, B.   76
Julian   49, 125, 128f., 131f.
JUNKELMANN, M.   62, 116
Jupiter   36
Justinian   55, 125

KAGAN, D.   85
KAGAN, K.   118
KAH, D.   95
KALLET-MARX, L.   77
KAPLAN, P.   79f.
KEEGAN, J.   61
KENNELL, N. M.   72

KEPPIE, L.   97, 99, 107f., 110f.
KERN, P. B.   86, 88
KIECHLE, F.   119
KIENAST, D.   112, 129
Klearchos   62
Kleisthenes   11
Kleopatra   31, 103
KÖCHLY, H.   134
KOHL, M.   88
KOLB, F.   65
KONECNY, A.   82
KONEN, H.   62, 129
Konstantin   49–51, 53, 124–127, 131, 133
KOON, S.   101
KRAFT, K.   113f., 123
KRENTZ, P.   69f., 78
KROMAYER, J.   59f., 82, 87, 94
KRUMEICH, G.   59f.
KULIKOWSKI, M.   125
Kyros der Große   72, 89
Kyros der Jüngere   18

LÄMMER, M.   64
Laktanz   127
LANE FOX, R.   81
LATACZ, J.   65–67
LAUNEY, M.   87, 92f., 95
LAWRENCE, A. W.   84
LAZENBY, J. F.   69, 72, 75, 79, 98
LE BOHEC, Y.   111, 113f., 123–129, 132f., 135
LEE, A. D.   127, 129, 131
LEHMANN, G. A.   134
LENDLE, O.   93
LENDON, J. E.   61, 67, 72, 82, 87, 89f., 96, 99, 101
Leo VI.   57
LEPPIN, H.   130
LESQUIERS, J.   92
LÉVÊQUE, P.   87
LÉVY, E.   72
LIEBS, D.   104
LIEU, S. N. C.   125
LIGT, L. DE   107f.
LISSARAGUE, F.   81
Livius   32, 103
LLOYD, A. B.   83, 89
LÖFFL, J.   62, 129
LOMAN, P.   86
LONIS, R.   62, 77
LORETO, L.   104

LORIMER, H. L. 68
Lucullus, Lucius Licinius 108f.
LUGINBILL, R. D. 69
LURAGHI, N. 79f.
LUTHER, A. 71
LUTTWAK, E. 117f., 125
Lykurg 71

MA, J. 95
MACMULLEN, R. 115, 127, 133
MAIER, F. G. 61, 84f.
MANN, CH. 73
MANN, J. C. 113f.
Marcus Antonius 31, 40
Marcus Aurelius 48, 103
Marcus Petronius Fortunatus 44
MARINOVIC, L. P. 80
Marius, Gaius 38f., 107–109, 120, 135
Mars 36
MARSDEN, E. W. 87
MARSDEN, F. G. 86, 88, 96, 120
Maxentius 51
Maximinus Thrax 48, 51
MCCALL, J. B. 101f.
MCKECHNIE, L. P. 81
MEIER, CH. 63, 77, 86
MEISSNER, B. 67, 70, 87, 90
MIGEOTTE, L. 96, 113
Mithridates 39, 108
MITTHOF, F. 127f.
MÓCSY, A. 116
MOMMSEN, TH. 102, 114, 124–127
MORRISON, J. S. 62, 75f., 88, 93
MÜLLER, F. L. 134
MÜLLER, H. 61, 77, 96
MURRAY, W. 88
MUTH, S. 64

Nabis 97
Nestor 3, 5
NICASIE, M. 124, 126–132
NIEMEIER, W.-D. 79
NILSSON, M. P. 65, 68
NUSSBAUM, G. B. 81

OAKLEY, P. S. 101
OBER, J. 74, 76, 78, 85f.
Octavian *siehe* Augustus
ÖSTENBERG, I. 106
OGDEN, D. 83
Onasandros 56, 134f.
Otho 121

PARKE, H. W. 79f., 82, 88
PARKER 70
Pausanias 72
Perikles 11, 85
PETERS, W. 134
PFEIFFER, S. 92
PFERDEHIRT, B. 124
PHANG, S. 116
Philipp II. 20f., 24f., 82–84, 90, 94, 119
Philopoimen 97
Piso, Gnaeus Calpurnius 121
Plutarch 82
Polyainos 56, 134
Polybios 32f., 35f., 56, 84, 87, 91, 93, 97f., 101, 104, 107
Pompeius, Gnaeus 40
Poros 24f., 27
POWELL, A. 71f.
PREMERSTEIN, A. VON 109, 120, 122
PRITCHARD, D. M. 75
PRITCHETT, W. K. 60, 63, 65, 69, 74, 80, 82, 87, 94
Prokop 1, 53, 125
PROST, F. 63, 71, 80
Ptolemaios II. 92f.
Ptolemaios IV. 93
Pyrrhos 35, 90

RAAFLAUB, K. 63, 67, 70f., 76, 111, 122
RAWLINGS, L. 98f.
RAWSON, E. 98
RECKE, M. 64
REINACH, A.-J. 91
RICH, J. 63, 79, 108
RIDLEY, R. T. 74
RITTERLING, E. 111
ROBINSON, E. 75
ROMILLY, J. DE 77
ROSENSTEIN, N. S. 99, 102, 107f.
ROSIVACH, V. J. 74, 76
ROSTOVTZEFF, M. 113, 128
ROTH, J. P. 102
ROY, J. 81
RÜPKE, J. 62, 103–105
RÜSTOW, W. 134

SABIN, PH. 61f., 100f.
SADDINGTON, D. B. 112
SAGE, M. M. 62
Sallust 38, 56
SALMON, J. 68, 70
SANDER, E. 131

Sarpedon 3
Schäfer, Ch. 62, 129
Schaefer, H. 77
Scheidel, W. 113f.
Schlieffen, A. Graf von 59
Schliemann, H. 64
Schmitz, W. 64
Schneider, H.-C. 110
Schulz, R. 84
Schwartz, A. 61, 69
Scipio, Publius Cornelius 107
Scullard, H. H. 92
Seianus, Lucius Aelius 48
Seleukos I. 27
Septimius Severus 45, 48, 114, 122
Seston, W. 125
Severus Alexander 51
Shaw, B. D. 127, 130
Shay, J. 62
Shean, J. F. 132f.
Shipley, G. 63, 79
Singor, H. W. 66
Snodgrass, A. M. 64f., 68, 70
Southern, P. 128f.
Speidel, M. P. 120, 123, 125
Stäcker, J. 121f.
Starr, Ch. G. 112
Stietencron, H. 62
Strauss, B. S. 76, 89
Strobel, K. 123
Sueton 48
Sulla, Lucius Cornelius 39, 110

Tacitus 45–47, 111, 131
Tarn, W. W. 88, 92
Themistokles 13
Thukydides 1, 56, 68, 75, 77, 86
Tiberius 41, 48, 111
Tilley, A. 75
Timpe, D. 98, 103
Toynbee, R. 108
Trajan 46, 48
Tritle, L. 62
Trundle, M. F. 79–81
Tuplin, Ch. 83

Tyrtaios 10, 67

Uebel, F. 92

Valens 50, 52, 126, 128
Valentinian I. 54, 126
Valentinian III. 135
Valerian 49
Valerius Maximus 38
van Wees, H. 61–63, 66–70, 72, 74, 78, 80, 86f., 95
Varro, Marcus Terentius 107
Varus 114, 119
Vegetius 56, 127, 132, 135
Veith, G. 59, 82, 87
Vernant, J.-P. 60, 63, 71, 74, 77, 87
Versnel, H. 105f.
Vespasian 44, 112, 114
Vidal-Naquet, P. E. 74
Vitruv 56
Vittinghoff, F. 116

Walbank, F. W. 88
Weber, G. 65
Weber, M. 68
Welwei, K.-W. 61, 72, 77
Wheeler, E. L. 118–120
Whitby, M. 62
Whitehead, D. 81, 134
Whitehead, I. 75
Whittaker, C. R. 116, 118, 123
Wiedemann, Th. 102f.
Wiemer, H.-U. 96f.
Williams, M. F. 97
Winnicki, J. K. 93
Winterling, A. 134
Wolff, H. 111, 123, 132
Wolters, R. 119

Xenophon 18, 56, 71, 75, 81–83
Xerxes 15

Zeus-Ammon 26
Zhmodikov, A. 100

Orts- und Sachregister

Achäer 9, 31, 97
Actium, Schlacht von 31, 40
Adrianopel, Schlacht von 50, 124, 128, 130
Ägina 13
Ägypten 17, 23f., 26, 44, 66, 92f., 103, 105, 112–114, 116, 127f., 133
Ätoler 19, 31
agogé 9, 72
Agonale Kriegführung 77–79
Antigoniden 23, 27, 31, 93
Arkadien 18, 56
Auszeichnungen 115
auxilia 42f., 46f., 49, 111–113, 116, 123f., 131f.

Begräbnis 12, 133
bellum iustum 37f., 103f.
Beute 2f., 8, 16, 18, 25, 29, 37, 52, 61, 91, 98, 102f., 105f., 110
Bildkunst 1, 6, 48, 64, 66–68, 81
Bündnisse 3, 9, 14, 20f., 33, 37
Bündnisverträge 77, 86, 99, 103f.
Bürgerkrieg 2, 8, 18, 31, 38–40, 79, 86, 107–111, 113, 121
Bürgersoldat 8f., 12, 30, 32, 55, 74, 79f., 84, 95, 121
Bundesstaat 30, 97

canabae 45, 116
Cannae, Schlacht von 35, 60, 107
Chaironeia, Schlacht von 12, 21
Chigi-Kanne 68
clibanarii 120
comitatenses 51f., 125f.
Cremona, Schlacht von 46

Dekeleia 22, 86
Diplomatie 17, 37, 55, 63, 97, 117
Disziplin 10f., 20, 36, 44, 47, 53, 72, 76, 82, 89, 109f., 131
– Strafen 25, 32, 47, 54, 115
Donativ 48, 121f.
Donau 43, 47, 49f., 52, 55, 117, 123, 129

Ehre 1, 3, 7f., 15f., 18, 20f., 29, 32, 40, 44f., 77, 79, 93, 115, 118f., 121, 126
Eid 17, 33, 43, 91, 120, 122

Elefanten 23, 25, 27–29, 92f., 101
Elitetruppen 9, 19–21, 25, 47, 53, 83, 94
Ephebie 12, 30, 74
Erziehung 9, 30, 71f., 95f.
Etrurien 33, 99, 105

Feldherr 8, 16, 19, 25, 35, 37, 39, 41, 47, 53, 55, 59, 63f., 82, 87f., 90, 94, 101, 105–107, 109f., 120, 128
Fetialen 37, 98, 103–105
foederati 55
Frauen 44–46, 78, 86, 95, 116f., 126
– als Opfer des Krieges 3, 16, 78, 128
Friedensverträge 17, 63f., 91

Gallien 39, 44, 50, 52, 54f., 100f., 109, 114, 133
gentiles 55
Germanien 38, 42, 50f., 54f., 119, 128, 130–133
Grand Strategy 117–119, 125

Heeresgrößen 24, 26, 33, 39f., 42, 52, 99, 111, 127
Heldentum 3–5, 8, 15f., 25, 29, 48, 61, 89–91
Heloten 9f., 71f., 78
Hoplit 2, 5–20, 67–79, 82f.
– als Söldner 17f.
– Bewaffnung 5f., 19, 68
– Kampfesweise 7f., 15, 19f., 67–70, 82f.
– Sozialer Status 8, 11, 68, 70, 74

Indien 24, 92f.

Karthago 21f., 31, 36, 100f.
Kataphrakten 27, 47, 120
Katapult 15, 22f., 29f., 86, 95
Kohorte 38, 41f., 47, 107f., 120
Kommandostruktur 9–11, 15, 18, 21, 24, 31f., 35, 41–43, 50f., 55, 72f., 93, 108, 110, 113, 115f.
Kosten 14f., 17f., 22, 28, 41, 61, 77, 84, 87, 96, 111, 118f., 123, 130
Kriegskritik 1, 16
Kriegslisten 56, 78
Kriegsrecht 77f.

Kriegswaisen 12, 91
Kynoskephalai, Schlacht von 94

laeti 55
Legat 41f., 50
Legionär
- Bewaffnung 34, 38, 46, 52f., 100f., 119, 127f.
- Dienstzeit 32, 41, 43
- Herkunft 44
- Kampfesweise 33–35, 46, 53, 99–101, 107f., 119f.
- Musterung 43
- Zensus 33, 38
Leuktra, Schlacht von 9, 20, 63, 82f., 134
Limes 117
limitanei 51, 125f.
lóchos 10, 81
Logistik 2, 14, 25, 43, 47, 51, 81, 90, 102, 123, 127

Manipel 33–100, 107f.
Marathon, Schlacht von 8
Messenien 9, 22
Militärdiplom 111f., 114
Militärtribun 33, 42, 51, 109
Mons Graupius, Schlacht am 46
móra 10, 19

Olympia 8, 64
othismós 7, 69

Paphos 85
Parther 47, 49, 120
Peloponnesischer Krieg 10, 16f., 19, 21f., 63, 76, 80, 82, 85
Peltast 17, 19, 81f.
Pergamon 88, 91
Periöken 10, 72
Perser 7, 13–15, 17, 21, 24–26, 64, 69, 72, 78, 81, 85
Phalanx
- bei Homer 66f.
- Kampfesweise 7f., 19f., 34, 61, 68–70
- makedonische 20, 25, 27, 35, 62, 82–84, 92, 94, 100
- römische 33, 53, 99f., 119f.
- Tiefe 7
phalera 48
Phylen 4, 11f., 73

Piräus 22
Piraterie 12, 36, 98
Plataiai, Schlacht von 8, 10, 72
Poliorketik 15, 23, 25, 29f., 46f., 53, 56, 84–86, 88, 93, 96, 123, 129, 134
pomerium 36
Prätorianer 42, 48, 50f., 111–113, 120f., 126
Privatkriege 2, 8, 36, 98f., 103
prómachoi 3f., 65f.
Ptolemäer 23, 92–94
Pydna, Schlacht von 35, 94

Rekrutierung 11, 18f., 32f., 38, 43–45, 50, 54, 73, 76, 81, 87, 92f., 96, 108f., 113–115, 124f., 130, 132
Religion 16, 36–38, 60, 77, 87f., 104f., 122, 133
- Christen 133
- Opfer 7, 16
Rhein 43f., 49–52, 117, 123
Rhodos 23, 27, 29f., 93, 96f.
Romanisierung 44, 49, 112, 123f., 131

Salamis (Zypern), Schlacht von 29
Samniten 100
Sarissa 20, 25, 27, 31, 35, 62, 83f., 97
Sassaniden 47, 49, 51–53, 120, 125, 128f.
scholae palatinae 51
Seekrieg 12–15, 30, 36, 43, 53, 74, 88, 96, 112
- Kampfesweise 13–15, 29, 75
- Kosten 77
- Schiffstypen 13, 23, 62, 75
Seleukiden 23, 26–28, 31, 92–94
Sklaven 14, 16, 22, 32, 38, 44, 61, 76–78, 86, 106, 108, 112, 130
Söldner 2, 6, 8, 12, 14, 16–19, 24, 26f., 30, 55, 77, 79–81, 88, 91, 93, 121
Sold 18, 29, 41f., 49, 54f., 82, 91
Sphakteria, Schlacht von 19
Sport 9, 12, 73
Strategen 11, 31, 56, 73, 97
Streitwagen 5, 27, 66f.
Syrakus 17, 22, 81, 86

Tetrarchie 50, 127, 129
Thessalien 7, 82
Triëre 13–15, 17, 29, 62, 75–77, 129
Triumphzug 36–38, 41, 105–107
Tropaion 8

Truppenlager 36, 42, 45, 48, 97, 105, 110, 112, 115f., 118, 122f., 133
Tyrannis 17, 22, 68, 70, 81

Varusschlacht 47, 119
velites 33f., 38, 108
Verrat 21, 86, 134
Veteranen 39f., 44f., 54, 109f.
vexillatio 43, 51
Vindolanda 49, 116, 123
Vindonissa 116
Völkerwanderung 50

Wehrpflicht 9, 11, 32, 43, 45, 73, 76, 114
Wehrverfassung
 – in Athen 11f., 73–75, 84
 – in Rom 32f., 38–43, 50f., 99, 108f.
 – in Sparta 9f., 71f.

Zenturio 35, 42, 44, 109, 115f., 124
Zerstörungen 1, 30, 79f., 85f., 108
Zweikampf 3, 65, 67, 69, 90, 101

Enzyklopädie der griechisch-römischen Antike

Band 1
Winfried Schmitz
Haus und Familie im antiken Griechenland
2007. X, 191 S.
ISBN 978-3-486-58376-2

Band 2
Winfried Schmitz
Haus und Familie im antiken Rom

Band 3
Aloys Winterling
Die griechische Gesellschaft

Band 4
Aloys Winterling
Die römische Gesellschaft

Band 5
N.N.
Politische Organisation im klassischen Griechenland

Band 6
Monika Bernett
Politische Organisation im republikanischen Rom

Band 7
Ernst Baltrusch
Außenpolitik, Bünde und Reichsbildung in der Antike
2008. X, 219 S.
ISBN 978-3-486-58401-1

Band 8
Gregor Weber
Antike Monarchie

Band 9
Christian Mann
Antikes Militär
2013, X, 168 S.
ISBN 978-3-486-59682-3

Band 10
Sitta von Reden
Antike Wirtschaft

Band 11
Tanja S. Scheer
Griechische Geschlechterverhältnisse
2011. XII, 180 S.
ISBN 978-3-486-59684-7

Band 12
Tanja Scheer
Römische Geschlechterverhältnisse

Band 13
Bernhard Linke
Antike Religion
2014
ISBN 978-3-486-59702-8

Band 14
N.N.
Das frühe Christentum

www.ingramcontent.com/pod-product-compliance
Lightning Source LLC
Chambersburg PA
CBHW031402230426
43670CB00006B/618